MARSILIUS VON PADUA

Der Verteidiger des Friedens

D1734839

Auf Grund der
Übersetzung von Walter Kunzmann
bearbeitet von Horst Kusch

Auswahl und Nachwort
von Heinz Rausch

PHILIPP RECLAM JUN. STUTTGART

Originaltitel: Defensor Pacis

Universal-Bibliothek Nr. 7964[3]
Alle Rechte vorbehalten. © für diese Ausgabe 1971 Philipp Reclam jun.,
Stuttgart. Nachdruck aus *Leipziger Übersetzungen und Abhandlungen
zum Mittelalter*, Reihe A, Band 2, Teil I, hrsg. von Prof. Dr. Ernst
Engelberg, Institut für Deutsche Geschichte der Karl-Marx-Universität,
Prof. Dr. Horst Kusch †, Philologisches Institut der Karl-Marx-Universi-
tät. Mit Genehmigung des Verlages Rütten & Loening, Berlin
Gesamtherstellung: Reclam, Ditzingen. Printed in Germany 1985
ISBN 3-15-007964-0

Teil I

KAPITEL I

Das Thema der Abhandlung in aller Kürze, der Anlaß dazu und die Einteilung des Buches

§ 1 *Jedem Reich muß ja Ruhe erwünscht sein, in der die Völker gedeihen und der Nutzen der Menschen gewahrt wird. Denn sie ist der edlen Künste schöne Mutter. Sie vervielfältigt der Sterblichen Geschlecht in immer sich erneuernder Folge, hebt den Wohlstand und bildet die Gesittung. Und als unwissend in solch wichtigen Dingen erkennt man den, bei dem man merkt, daß er nach der Ruhe überhaupt nicht gefragt hat.*

Cassiodor hat im ersten seiner Briefe[1] in der eben zitierten Stelle Annehmlichkeiten und Früchte der Ruhe und des Friedens im staatlichen Leben geschildert; er wollte durch diese Früchte – die besten – das Beste für den Menschen überhaupt aufzeigen, d. h., indem er das Befriedigende eines solchen Lebens anschaulich machte, das ohne Frieden und Ruhe niemand gewinnen kann, und wollte dadurch den Willen der Menschen antreiben, untereinander Frieden zu halten und damit die Ruhe zu haben. Hierin hat er sich in Übereinstimmung mit des seligen Hiob Meinung geäußert, der in seinem 22. Kap.[2] gesagt hat: *Du sollst Frieden halten, und durch ihn wirst du die besten Früchte haben.* Friede sollte ja deswegen, so hat Christus, Gottes Sohn, bestimmt, für Anbruch seines Geburtstages Zeichen und Bote sein, als er durch den Gesang der himmlischen Heerscharen an diesem Tage verkündigen ließ[3]: *Ehre sei Gott in der Höhe und Friede auf Erden den Menschen, die guten Willens sind.* Deshalb wünschte er auch seinen Jüngern sehr oft Frieden. Daher erzählt Johannes[4]: *Jesus kam, trat mitten unter die Jünger und sprach: Friede sei mit euch!* Frieden untereinander zu wahren, mahnte er sie und sprach bei Markus[5]: *Frieden haltet unter euch!* Diesen nicht nur untereinander zu halten, sondern ihn auch anderen zu wünschen, lehrte er sie; daher schreibt Matthäus[6]: *Wenn ihr ein Haus betretet, so grüßt es mit den Worten: Friede diesem Hause.* Friede war wiederum das Erbe, das er beim Herannahen der Leidens- und Sterbenszeit seinen Jüngern letztwillig hinterließ, wenn er bei Johannes im 14. Kap.[7] sagte: *Frieden hinterlasse ich euch, meinen Frieden gebe ich euch.* Nach seinem Vorbild haben als seine wahren Erben und Nachfolger die Apostel ihn denen gewünscht, an die sie durch ihre Briefe evangelische Lehren und Mahnungen richteten, in der Erkenntnis, die Früchte des Friedens seien die besten, wie aus Hiob angeführt und von Cassiodor ausführlich dargestellt worden ist.

§ 2 Aber weil *Entgegengesetztes* ganz von selbst *Entgegengesetztes hervorruft*[8], so werden aus dem Gegenteil der Ruhe, der Zwietracht, für jedes Staatswesen oder Reich die schlimmsten Früchte und Nachteile hervorgehen, wie man an dem italischen Reich zur Genüge sehen kann und wohl allen klar vor Augen liegt. Solange nämlich dessen Bewohner friedlich zusammen lebten, genossen sie mit Behagen die eben aufgezählten Früchte des Friedens und erstarkten durch sie und in ihnen so gewaltig, daß sie die gesamte bewohnbare Erde ihrer Herrschaft unterwarfen. Als unter ihnen aber Zwietracht und Streit entstand, wurde ihr Reich von Leiden und Nöten vieler Art heimgesucht und kam unter fremder und verhaßter Völker Herrschaft. So ist es auch jetzt wieder durch Streit überall zerrissen, fast aufgelöst, so daß jedem, der es besetzen will und irgendwie die Macht dazu hat, der Einmarsch nunmehr leicht offensteht. Ein solches Ergebnis ist ja nicht verwunderlich; denn – in dem Werke über Jugurtha bezeugt es Sallust[9] – *Durch Eintracht wachsen kleine Dinge, durch Zwietracht zerfallen die größten.* Durch die Zwietracht in den Abweg des Irrtums verführt, werden die Bewohner eines befriedigenden Lebens beraubt, wenn sie statt der erstrebten Ruhe die schwersten Leiden, statt der

Freiheit das harte Tyrannenjoch beständig auf sich nehmen müssen und so schließlich unglücklicher geworden sind als die zivilisierte Menschheit sonst; so wird ihr angestammter Name, der denen, die ihn anriefen, Ruhm und Unverletzlichkeit zu gewähren pflegte, ihnen als Schimpfwort von den übrigen Nationen vorgehalten.

§ 3 In dieses Dunkel nun werden die Unglücklichen jählings gestürzt durch ihre Zwietracht und ihren Streit miteinander, der, wie für ein Lebewesen die Krankheit, so für ein Staatswesen ein schlimmer Zustand ist; das erkennt man deutlich. Zwar sind dessen elementare Ursachen sehr zahlreich, und viele sind untereinander verbunden; wie sie unter gewöhnlichen Umständen entstehen können, hat sie der große Philosoph fast alle in seiner Lehre vom Staat[10] beschrieben; dennoch gibt es außer diesen Ursachen eine ganz einzigartige und tief verborgene, an der das römische Reich schon lange gelitten hat und beständig leidet; sie ist sehr ansteckend, immer auf der Lauer, sich ebenso in alle übrigen Gemeinwesen und Reiche einzuschleichen, und sie hat tatsächlich in die meisten von ihnen gierig, wie sie ist, einzudringen versucht. Diese Ursache und deren Ursprung und Art hat weder Aristoteles noch ein anderer Philosoph seiner oder einer früheren Zeit in den Blick bekommen können. Es ist und war dies nämlich eine ganz irrige Meinung – wir müssen sie später noch gründlich erörtern –, die aber gefaßt wurde als Nachwirkung einer Wunderwirkung, die lange nach des Aristoteles Zeiten von der höchsten Ursache hervorgerufen worden ist; dieses Wunder geht über die Möglichkeit der unteren Natur und die gewöhnliche Wirksamkeit der Ursachen in den Dingen hinaus. Diese zweifellos sophistische Meinung, die doch das Gesicht des Guten und Nützlichen trägt, ist der Menschheit ganz verderblich gewesen und droht jedem Gemeinwesen und jedem Vaterlande, wenn ihr nicht Einhalt geboten wird, schließlich unerträglichen Schaden zu erzeugen.

§ 4 Nun sind, wie gesagt, die Früchte des Friedens oder

der Ruhe die besten, die Schäden des Gegenteils aber, des Streites, unerträglich; deshalb müssen wir Frieden wünschen; wenn wir ihn nicht haben, ihn gewinnen; wenn er gewonnen ist, ihn wahren und das Gegenteil, den Streit, mit allen Mitteln abweisen. Dabei sich gegenseitig zu helfen, sind auch die einzelnen Brüder und um so mehr die Kollegien und Gemeinschaften verpflichtet, ebensosehr aus dem Gefühl der Liebe zu Gott wie aus der Bindung und dem Recht der menschlichen Gesellschaft. Dazu mahnt uns auch Plato nach dem Zeugnis Ciceros, Über die Pflichten, B. 1[11]; Plato hat nämlich gesagt: *Nicht für uns allein sind wir geboren; einen Teil unseres Daseins beansprucht das Vaterland, einen Teil die Freunde.* Platos Meinung fügt Cicero im folgenden noch hinzu: *Und es wird, wie die Stoiker lehren, alles, was auf der Erde erzeugt wird, zum Gebrauch der Menschen geschaffen, die Menschen aber sind der Menschen wegen erzeugt. Hierin müssen wir der Natur als Führerin folgen, müssen das für die Allgemeinheit Nützliche allen zugänglich machen.* Weil der gemeinsame Nutzen nicht gering wäre, ja sogar die Notwendigkeit besteht, den Trug der eben genannten ganz besonderen Ursache der Streitigkeiten aufzudecken, die allen Reichen und Gemeinschaften nicht geringen Schaden androht, so ist jeder gehalten, wachsame Sorge und sorgfältige Mühe darauf zu verwenden, und zwar jeder, der das Gesamtwohl will und fähig ist, das Nützliche zu erkennen. Solange dieser Trug nämlich ungeklärt ist, kann man sich vor dieser Pest gar nicht retten noch deren verderbliche Wirkung aus den Reichen oder Gemeinwesen vollkommen herausschneiden.

§ 5 Niemand aber darf diese Aufgabe vernachlässigen aus Furcht oder Trägheit oder irgendeinem boshaften Sinn. Denn im zweiten Brief an Timotheus im 1. Kap.[12] heißt es: *Gott hat uns nicht gegeben den Geist der Furcht, sondern der Kraft und der Liebe,* der Kraft, sag ich, und der Liebe, die Wahrheit offenkundig zu machen, weshalb ebenda der Apostel hinzufügt: *Daher schäme dich nicht des Zeugnisses von unserem Herrn.* Dies aber war das Zeugnis der Wahrheit, das abzulegen Christus nach seinen eigenen Worten in die Welt gekommen ist; er hat ja bei Johannes im 18. Kap.[13] gesagt: *Ich bin dazu geboren und dazu in die Welt gekommen, daß ich für die Wahrheit zeugen soll*, die Wahrheit, die das Menschengeschlecht zum ewigen Heil führt. Seinem Beispiel folgend, müssen wir uns daher um die Lehre der Wahrheit bemühen, die die eben genannte Pest in den Staatswesen zum Erlöschen bringen kann zum Segen der Menschheit, besonders der Christus-Verehrer, um die Wahrheit, die, sag ich, zum Wohl des staatlichen Lebens führt und auch zum ewigen Heil nicht wenig beiträgt. Sich darum zu bemühen, ist derjenige um so stärker verpflichtet, dem der Geber der Gnaden die Einsicht in diese Verhältnisse in höherem Maße eingehaucht hat; und schwer sündigt durch Undank, wer das weiß und kann und es doch unterläßt, nach dem Zeugnis des Jakobus im 4. Kap.[14] seines kanonischen Briefes: *Wer da weiß, Gutes zu tun, und tut's nicht, dem ist es Sünde.* Denn nicht anders wird diese Bosheit, der Menschheit gemeinsame Feindin, völlig zerschlagen werden, und nicht anders werden die verderblichen Früchte, die sie bisher hervorgebracht hat, verdorren: erst muß das Unrecht ihrer Ursache oder Wurzel bloßgelegt und nachgewiesen werden; denn nur auf diesem, auf keinem anderen Wege kann sicher die zwingende Macht der Staatsregierung darangehen, dieser Bosheit ruchlose Schutzherren und hartnäckige Verteidiger endgültig niederzuzwingen.

§ 6 Daher habe ich den eben angeführten Mahnungen Christi, der Heiligen und der Philosophen Beachtung geschenkt und sie befolgt, i c h , ein Nachkomme Antenors[15]; aus dem Geiste der Einsicht in diese Probleme, wenn irgendeine Gnadengabe ⟨der Einsicht⟩ mir anvertraut ist, auch aus dem Geiste der Zuversicht, der mir gespendet ist von oben – von ihm kommt nach dem Zeugnis des Jakobus im 1. Kap.[16] seines kanonischen Briefes *alle gute Gabe und alle vollkommene Gabe, von oben vom Vater des Lichtes* –, aus

Ehrfurcht vor dem Geber, aus dem Trieb zur Verbreitung der Wahrheit, aus glühender Liebe zu Vaterland und Brüdern, aus Mitleid mit den Unterdrückten und zu deren Schutz, aus dem Wunsche, die Unterdrücker und die, die das erlauben, von dem Abweg des Irrtums zurückzurufen, die jedoch, die dem entgegentreten sollen und können, anzufeuern, ⟨habe ich im folgenden die Hauptergebnisse meines Nachdenkens niedergeschrieben;⟩ ganz besonders auch im Blick auf Dich, der Du als Diener Gottes diesem Werke endgültige Erfüllung geben wirst, die, so wünscht es, ihm von außen zuteil werden soll, hochberühmter Ludwig, Römischer Kaiser; Dir ist ja aus altem, geradezu ganz besonderem Recht des Blutes und ebenso infolge Deiner einzigartigen heldenhaften Natur und Deiner herrlichen Tatkraft eingeboren und gesichert der Trieb, die Ketzer auszurotten, die Wahrheit des rechten Glaubens und jede wissenschaftliche Lehre zu fördern und zu erhalten, die Laster auszutilgen, den Bemühungen um die Tugenden mehr Raum zu schaffen, die Streitigkeiten auszulöschen, Frieden oder Ruhe überall zu verbreiten und zu nähren; im Blick auf Dich habe ich diese Hauptergebnisse nach einer Zeit sorgfältiger und angespannter Forschung niedergeschrieben in der Überzeugung, aus ihnen könne eine Art Hilfe erwachsen für Deine wachsame Majestät; deren Sorge ist es doch, auf die vorhin beschriebenen Irrungen und andere, die auftauchen, und die Interessen des Staates ihre Aufmerksamkeit zu richten.

§ 7 Es ist also mein Vorsatz, mit Gottes Hilfe nur diese einzigartige Ursache des Haders bloßzulegen. Denn Zahl und Wesen derjenigen Ursachen zu wiederholen, die schon Aristoteles festgestellt hat, wäre überflüssig. Von d e r Ursache aber, die weder Aristoteles in den Blick bekommen konnte noch deren Bestimmung nach ihm ein anderer, der es gekonnt hätte, vorgenommen hat, wollen wir den Schleier lüften, damit man sie von allen Staaten oder Städten in Zukunft leicht ausschließen kann, die tüchtigen Herrscher dann aber ganz sorglos und die Untertanen ruhig leben können;

das ist ja als wünschenswertes Ziel im Anfang dieses Werkes hingestellt worden, als notwendig für die, die das Glück des Staatsbürgers genießen sollen, das in dieser Welt von den menschenmöglichen Wunschzielen als das höchste erscheint und als der Endzweck des menschlichen Handelns.

§ 8 Daher werde ich die eben genannte Aufgabe, die ich mir gestellt habe, in drei Teilen durchführen. In dem ersten werde ich das, was mir als Ziel vorschwebt, beweisen mit sicheren, vom menschlichen Geist gefundenen Methoden auf Grund von feststehenden Sätzen, die jedem denkenden Menschen unmittelbar einleuchten, der nicht verdorben ist von Natur, durch eine verkehrte Gewohnheit oder Neigung. Im zweiten Teil werde ich das, was ich bewiesen zu haben glaube, durch Zeugnisse der Wahrheit bestätigen, die für alle Ewigkeit begründet sind, und durch autoritative Äußerungen ihrer heiligen Erklärer und ferner auch anderer anerkannter Lehrer des christlichen Glaubens; so ruht dieses Buch in sich, keiner Bestätigung von außen bedürftig. Von dieser Grundlage aus werde ich auch falsche Meinungen bekämpfen, die meinen Ergebnissen widersprechen, und die Trugschlüsse der Gegner aufdecken, die durch ihre Verschleierungen ein Hemmnis sind. In dem dritten werde ich gewisse Schlußfolgerungen oder sehr nützliche Lehren bringen, die die Staatsbürger, die Regierenden wie die Regierten, beachten müssen und die auf Grund der vorausgehenden Ergebnisse eine einleuchtende Gewißheit haben. Jeden dieser Teile werde ich in Kapitel zerlegen und jedes Kapitel in bestimmte Paragraphen teilen, in mehr oder weniger, je nach dem Umfang des Kapitels; der eine Vorteil der genannten Gliederungen wird eine Erleichterung beim Auffinden der in Frage kommenden Stelle sein, auf die die Leser dieses Werkes zurückverwiesen werden sollen: von den späteren Teilen und Kapiteln auf frühere. Daraus wird eine Verkürzung des Umfangs folgen, ein weiterer Vorteil. Wenn wir nämlich in späteren Ausführungen irgendeine Wahrheit, die früher hinreichend bewiesen oder zur Gewißheit erhoben worden ist,

wieder aufnehmen um ihrer selbst willen oder um anderes
zu beweisen, werden wir ohne eine überflüssige neue Beweisführung den Leser auf den Teil, das Kapitel und den Paragraphen verweisen, wo der Beweis vorgeführt ist, damit er
so sich mit Leichtigkeit des in Frage stehenden ⟨Gedankens⟩
vergewissern kann.

KAPITEL II

Die Grundfragen, die in diesem Buche aufgeworfen
werden, und die Unterscheidung und Bestimmung der
Bedeutungen des Ausdrucks regnum ⟨Reich, Königtum,
Staat⟩

§ 1 Wenn wir nun unsere Aufgabe in Angriff nehmen,
wollen wir erst einmal die Begriffe Ruhe und Unruhe eines
Staates oder einer Stadt herausarbeiten, zuerst den Begriff
der Ruhe; denn ist dieser nicht geklärt, so kann man notwendigerweise den Begriff Unruhe nicht feststellen. Da dies
beides Zustände einer Stadt oder eines Staates zu sein scheinen, was nach Cassiodor unterstellt werden soll, so werden
wir sogleich im Anschluß daran Begriff und Zweck der Stadt
oder des Staates klar herausarbeiten; dann werden auch die
Beschreibungen der Ruhe und ihres Gegenteiles deutlicher
hervortreten.

§ 2 Wir wollen nun nach der eben angegebenen Ordnung
die Ruhe der Stadt oder des Staates beschreiben; damit aber
nicht wegen der Vieldeutigkeit der Bezeichnungen bei unserem Unternehmen eine Unklarheit entsteht, so dürfen wir
nicht übersehen, daß »regnum« in einer Bedeutung eine Vielzahl von Städten oder Provinzen in sich schließt, die unter
e i n e r Regierung zusammengehalten sind; bei dieser Auffassung ist »regnum« nicht verschieden von Stadt hinsichtlich
der Staatsform, sondern vielmehr nach dem Umfang. In

einer anderen Auffassung bedeutet »regnum« eine bestimmte
Art von gemäßigter Regierung oder gemäßigter Staatsform,
die Aristoteles *gemäßigte Monarchie* nennt; in dieser Gebrauchsweise kann ein »regnum« in einer einzigen Stadt wie
in mehreren vorhanden sein, wie es bei der Entstehung der
staatlichen Gemeinschaften der Fall war; es gab nämlich fast
immer einen König in einer einzigen Stadt. Die dritte Bedeutung und die bekannteste setzt sich aus der ersten und
zweiten zusammen. In der vierten Auffassung ist »regnum«
ein ganz allgemeiner Ausdruck für jede gemäßigte Staatsform, sei es in einer einzigen Stadt, sei es in mehreren Städten; in dieser Bedeutung hat Cassiodor »regnum« in der
Äußerung genommen, die wir als Anfang dieses Buches gebracht haben, und so werden wir auch dieses Wort bei der
Entscheidung der in Frage stehenden Probleme gebrauchen.

§ 3 Wenn wir nun die Ruhe und ihr Gegenteil beschreiben
sollen, so wollen wir mit Aristoteles Pol. B. 1 und 5, Kap. 2
und 3[17], annehmen, der Staat sei gleichsam etwas wie ein
beseeltes oder organisches Naturwesen. Denn wie ein gut
gebautes Lebewesen nach der Natur sich zusammensetzt aus
bestimmten Teilen, die einander in einem festen Verhältnis
zugeordnet sind und ihre Funktionen in wechselseitigem
Austausch und in Beziehung auf das Ganze ausüben, so besteht der Staat aus bestimmten solchen Bestandteilen, wenn
er gut geordnet und vernünftig eingerichtet ist. Wie also das
Verhältnis eines Lebewesens und seiner Teile zur Gesundheit
ist, so wird offenbar das eines Staates und seiner Bestandteile zur Ruhe sein. Die Richtigkeit dieser Folgerung können
wir entnehmen aus der Vorstellung, die alle von Gesundheit
und Ruhe haben. Sie sind nämlich der Meinung, daß Gesundheit nach der Absicht der Natur der beste Zustand eines
Lebewesens und ebenso die Ruhe der beste Zustand eines
vernunftgemäß eingerichteten Staates ist. Nun ist die Gesundheit, wie die sachkundigsten Ärzte bei der Beschreibung
sagen, ein guter Zustand des Lebewesens, bei dem jeder seiner Teile in vollkommener Weise die Funktionen erfüllen

kann, die seiner Natur zukommen. Nach dieser Analogie
wird Ruhe ein guter Zustand der Stadt oder des Staates sein,
durch den jeder einzelne seiner Bestandteile in vollkommener Weise die Funktionen wird erfüllen können, die ihm
nach der Vernunft und seiner Einrichtung zukommen. Weil
eine gute Definition das Gegenteil mitbezeichnet, wird Unruhe ein schlimmer Zustand einer Stadt oder eines Staates
sein, wie die Krankheit beim Lebewesen, ein Zustand, der
alle oder einige Teile von ihm hindert, die ihnen zukommenden Funktionen überhaupt oder in ⟨wechselseitiger⟩ Ergänzung zu erfüllen.
Über die Ruhe nun und die Unruhe, ihr Gegenteil, mag so
in anschaulicher Form[18] von uns gesprochen sein.

KAPITEL III

Der Ursprung der staatlichen Gemeinschaft

§ 1 Nachdem wir die Ruhe einen für die Funktion der
Teile günstigen Zustand des Staates genannt haben, müssen
wir anschließend die Aufmerksamkeit richten auf Begriff
und Zweck des Staates an und für sich, auf Gattungen und
Zahl der Grundbestandteile des Staates, weiter auf die sinn-
volle Leistung jedes einzelnen von ihnen, außerdem auf die
Ursachen und die Rangordnung der Bestandteile. Denn dies
ist Voraussetzung für die vollkommene Bestimmung der
Ruhe und ihres Gegenteils.

§ 2 Bevor wir jedoch über den Staat, der die vollkommene Gemeinschaft ist, und dessen Arten oder Abarten handeln, müssen wir erst einmal den Ursprung der staatlichen
Gemeinschaften und ihrer Regierungs- und Lebensformen
vorführen, die unvollkommenen Vorstufen nämlich, aus
denen die Menschen zu vollkommenen Gemeinschaften, Re-
gierungs- und Lebensformen fortgeschritten sind. Denn vom

weniger Vollkommenen zum Vollkommeneren führt immer der Gang der Natur und der menschlichen Schöpferkraft, ihrer Nachahmerin, und die Menschen glauben erst dann *jedes einzelne* zu kennen, wenn sie seine *Grundursachen und Uranfänge* festgestellt haben *bis zu den Elementen*[19].

§ 3 Wenn wir nun nach diesem Verfahren beginnen, so dürfen wir nicht übersehen, daß die staatlichen Gemeinschaften je nach den verschiedenen Gegenden und Zeiten aus Kleinem begonnen haben und in allmählichem Wachstum erst zur Vollkommenheit geführt worden sind, so wie es bei jedem Vorgang in Natur oder Kunst ⟨Technik⟩ der Fall ist – wir haben das eben bemerkt. Denn die erste und kleinste Verbindung unter Menschen, aus der auch die anderen hervorgegangen sind, war die von Mann und Frau, wie der große Philosoph in B. 1, Kap. 1 der Politik[20] sagt und wie dies aus seiner Wirtschaftslehre[21] noch klarer hervorgeht. Von dieser Verbindung aus haben sich natürlich die Menschen verbreitet, die anfangs ein einziges Haus füllten. Als aus ihnen zahlreichere Verbindungen dieser Art entstanden waren, wurde die Volksvermehrung so stark, daß ihnen ein einziges Haus nicht genügte, sondern daß es notwendig wurde, mehr Häuser zu bauen, deren Vielzahl Dorf genannt wurde oder Weiler, und das war die erste Gemeinschaft, wie auch an der oben zitierten Stelle ⟨des Aristoteles⟩ steht[22].

§ 4 Solange die Menschen in einem einzigen Hause lebten, wurden alle ihre Handlungen, die wir unten im besonderen staatliche nennen werden, von dem Ältesten von ihnen als dem Klügsten geregelt, doch ohne Gesetz oder Gewohnheitsrecht; diese hatte man ja noch nicht erfinden können. Aber nicht nur die Menschen eines einzigen Hauses wurden in dieser Weise regiert, sondern fast ebenso die erste Gemeinschaft, das Dorf, wenn auch in einigen Punkten verschieden. Denn wenn es auch dem Familienvater eines einzigen Hauses erlaubt gewesen sein mag, die in seinem Hause vorkommenden Rechtsverletzungen ganz nach seinem eigenen Wunsch und Gutdünken nachzusehen oder zu bestrafen, so wäre ihm doch ein solches Verfahren nicht erlaubt gewesen als Vorstand der ersten Gemeinschaft, des Dorfes. In dieser nämlich mußte der Älteste Angelegenheiten des Rechts und des Nutzens regeln nach einer vernünftigen Ordnung oder sozusagen nach einem Gesetz der Natur, weil es ja so allen angemessen erschien, nach einer gewissen Billigkeit ohne große Untersuchung, allein nach der allgemein menschlichen Stimme der Vernunft und einer gewissen Verpflichtung der menschlichen Gesellschaft.

Ursache dieser Verschiedenheit der Regierung in einem einzigen Hause und in einer Dorfgemeinschaft ist und war: Wenn aus einem einzigen und ursprünglichen Haushalt oder einer Hausfamilie ein Bruder den anderen getötet oder sonst angetastet hätte, so wäre es dem Hausvater, wenn er wollte, erlaubt gewesen, den Schuldigen nicht mit der äußersten Strafe zu treffen, ohne daß ihm daraus ein Risiko erwuchs, teils weil dem Vater allein Unrecht geschehen zu sein schien, wenn er die Strafe erließ, teils wegen der geringen Menschenzahl, teils auch, weil der Hausvater weniger Schaden und Schmerz hatte, wenn er e i n e s Sohnes entbehren mußte als zweier; dies scheint auch unser Urahn Adam getan zu haben, als sein erstgeborener Sohn Kain seinen Bruder Abel erschlug. Denn der Vater hat gegenüber dem Sohn im eigentlichen Sinne kein staatliches Rechtsverhältnis, wie in der Ethik B. 4[23] steht, wo sich eine Abhandlung über die Gerechtigkeit findet. In der ersten Gemeinschaft aber, dem Dorf oder dem Weiler, war es nicht erlaubt, so zu handeln, und würde nicht erlaubt sein wegen der Verschiedenheit der eben geschilderten Verhältnisse; ja wenn nicht der Älteste eine Strafe oder einen Ausgleich für die verübten Rechtsverletzungen geschaffen hätte oder schüfe, dann wäre daraus Kampf und Trennung der Nachbarn entstanden oder würde daraus entstehen.

Nachdem die Dörfer sich vervielfacht hatten und eine umfassendere Gemeinschaft entstanden war – was infolge der Volksvermehrung eine Notwendigkeit war –, regierte sie

immer noch ein einziger, entweder weil es an Klugen fehlte
oder aus einem bestimmten anderen Grunde, wie Pol. B. 3,
Kap. 9²⁴ steht, ein Mann jedoch, der als der Älteste oder
Beste galt; gleichwohl war die Ordnung dieser Gemeinschaften weniger unvollkommen als in einem einzigen Dorfe
oder einem einzigen Weiler. Und doch hatten jene ursprünglichen Gemeinschaften noch nicht eine so feine Unterscheidung und Ordnung der Bestandteile, noch nicht die volle
Zahl der notwendigen Künste ⟨Techniken⟩ und Lebensformen, wie sie später nach und nach in den vollkommenen Gemeinschaften gefunden worden ist. Manchmal war nämlich
derselbe Mensch Regent und Bauer oder Schafhirt wie Abra-
ham und sehr viele andere nach ihm. Dies ist jedoch in den
vollkommenen Gemeinschaften weder vorteilhaft, noch
würde es erlaubt sein.

§ 5 Als diese Gemeinschaften nach und nach sich vermehrt
hatten, wuchs die Erfahrung der Menschen, man erfand
vollkommenere Techniken, Lebensregeln und Lebensformen
und unterschied die Bestandteile der Gemeinschaften schärfer.
Endlich aber führten Vernunft und Erfahrung der Menschen,
was zum Leben und Gutleben notwendig ist, zur Vollkommenheit, und so entstand die vollkommene Gemeinschaft, der Staat, mit der Unterscheidung seiner Bestandteile; dessen Bestimmung werden wir sogleich in Angriff
nehmen.
Über die Entstehung der staatlichen Gemeinschaft möge nun
soviel genügen.

KAPITEL IV

Zweckursache ⟨Endzweck⟩ des Staates, Klärung seiner Probleme und Unterscheidung seiner Bestandteile im allgemeinen

§ 1 *Der Staat ist* nach Aristoteles Pol. B. 1[25], Kap. 1 *eine vollkommene Gemeinschaft, die volles Selbstgenügen ohne jede Einschränkung besitzt und, wie man daraus schließen muß, also entstanden ist um des Lebens willen, aber um des Gutlebens willen da ist.* Die Worte des Aristoteles: *Der um des Lebens willen entstanden, aber um des Gutlebens willen da ist,* geben die vollkommene Zweckursache des Staates an; denn wer in staatlicher Ordnung lebt, lebt nicht nur, wie es Tiere oder Sklaven tun, sondern lebt gut, nämlich frei für die edlen Lebensaufgaben, wie sie den Kräften einer praktisch wie einer theoretisch gerichteten Seele angemessen sind.

§ 2 Nachdem nun der Staat so bestimmt ist, nämlich durch das Leben und Gutleben als Zweck, müssen wir erst einmal über das Leben selbst und seine Formen handeln. Das Leben ist nämlich, wie gesagt, der Zweck, weswegen der Staat eingerichtet ist, und zugleich notwendige Voraussetzung für alles, was durch den Verkehr der Menschen im Staate vorhanden ist und geschaffen wird. Folgendes wollen wir also gleichsam als Grundvoraussetzung alles dessen, was zu beweisen ist, hinstellen, etwas, das von Natur alle haben, glauben und freiwillig zugestehen: daß nämlich alle Menschen, die nicht verblendet oder sonst gehemmt sind, von Natur ein befriedigendes Dasein erstreben und das diesem Schädliche fliehen und meiden; das ist sogar nicht nur für den Menschen anerkannt, sondern für jede Art von Lebewesen nach Cicero, Über die Pflichten B. 1, Kap. 3[26], wo er sagt: *Zunächst ist jeder Art von Lebewesen von der Natur ⟨das Recht⟩ zuerteilt, sich Leib und Leben zu schützen, das zu meiden, was schadendrohend scheint, und alles, was zum*

Leben notwendig ist, zu erwerben und zu beschaffen. Das kann jeder auch auf Grund einer allen einsichtigen Induktion ohne Rückhalt annehmen.

§ 3 Das Leben selbst und das Gutleben kommt dem Menschen zu in doppelter Form, eines, das man zeitlich oder diesseitig, ein anderes, das man ewig oder himmlisch zu nennen pflegt. Weil jenes zweite Leben, das ewige, die Gesamtheit der Philosophen logisch nicht beweisen konnte und es nicht zu den unmittelbar einleuchtenden Dingen gehörte, darum sind sie um die Darstellung dessen, was seinetwegen sein soll, nicht besorgt gewesen. Über das Leben aber und Gutleben oder das gute Leben in der ersten Form, der diesseitigen, und über das, was dessentwegen notwendig ist, haben die berühmten Philosophen in streng logischer Beweisführung den Stoff beinahe vollständig zusammengefaßt. Daher haben sie aus der Notwendigkeit, das Gutleben zu erreichen, auf die Notwendigkeit einer staatlichen Gemeinschaft geschlossen, ohne die man dieses befriedigende Leben nicht erlangen kann. Unter ihnen hat auch der große Aristoteles Pol. B. 1, Kap. 1 gesagt: *Alle Menschen werden zu ihr hingeführt, und zwar durch einen natürlichen, darauf gerichteten Trieb.*[27] Wenn dies die allen einsichtige Erfahrung auch noch so deutlich lehrt, so wollen wir dennoch den Grund dafür, den wir genannt haben, genauer angeben, indem wir sagen: Weil der Mensch geboren wird, zusammengesetzt aus entgegengesetzten Elementen, wegen deren gegensätzlichen Tätigkeiten und Widerfahrnissen beständig etwas von seiner Substanz vergeht, und ferner, da er nackt geboren wird und waffenlos, gegenüber dem übermächtigen Einfluß der umgebenden Luft und anderer Elemente empfindlich und verletzlich, wie in der Wissenschaft von den natürlichen Wesen[28] gesagt ist, so bedurfte er verschiedener Gattungen und Arten von Künsten ⟨Fertigkeiten⟩, um die vorhin genannten Schädigungen zu vermeiden. Da diese Fertigkeiten nur von einer großen Zahl von Menschen ausgeübt und nur durch ihr Zusammenwirken gehandhabt werden können, so

mußten die Menschen sich zusammenschließen, um Vorteil
aus ihnen zu gewinnen und Nachteil zu vermeiden.

§ 4 Nun kommen zwischen so eng zusammengeschlossenen
Menschen Streitigkeiten und Zänkereien vor, die Kämpfe
und Spaltung der Menschen und damit schließlich Untergang des Staates verursachen würden, wenn sie nicht durch
die Norm der Gerechtigkeit geregelt würden; daher mußte
man in diesem Zusammenleben eine Regel des Rechts und
einen Wächter oder Vollzieher des Rechts einsetzen. Da dieser Wächter Rechtsbrecher zu strafen hat und andere, die im
Innern die einzelnen stören oder von außen die Gemeinschaft zu vergewaltigen versuchen, so mußte der Staat diesen
gegenüber ein Mittel zum Widerstand haben. Ferner, da die
Gemeinschaft einige zweckmäßige Vorkehrungen zur Be-
schaffung, Ergänzung und Aufbewahrung von gewissen gemeinsamen Gütern, teils in Friedenszeiten, teils in Kriegs-
zeiten nötig hat, so mußten in ihr Männer, die dafür sorgten,
vorhanden sein, um das für die Allgemeinheit Notwendige,
wenn es zweckmäßig oder erforderlich war, beschaffen zu
können. Außer diesem eben Erwähnten, das nur dem für das
gegenwärtige Leben Notwendigen dient, brauchen die in
einer staatlichen Gemeinschaft Zusammenlebenden[29] noch
etwas anderes für die künftige Welt, die durch Gottes über-
natürliche Offenbarung dem Menschengeschlecht verheißen
ist, etwas, was auch für das gegenwärtige Leben nützlich ist:
den Kult und die Verehrung Gottes und die Danksagung
für die in dieser Welt empfangenen Wohltaten wie auch für
die in der künftigen zu erwartenden. Um dies zu lehren und
darin die Menschen zu leiten, mußte der Staat gewisse Lehrer bestimmen. Über alle diese und die übrigen obenerwähnten Einrichtungen, ihre Arten und ihre Beschaffenheit, soll
in den folgenden Erörterungen gründlich gesprochen werden.

§ 5 Die Menschen haben sich also des befriedigenden Daseins wegen zusammengeschlossen, weil sie fähig waren, sich
die eben aufgezählten Notwendigkeiten zu verschaffen und
sie untereinander austauschten. Dieser Zusammenschluß, so

vollkommen und im höchsten Maße sich selbst genug, heißt Staat, seine und der Vielzahl seiner Teile Zweckursache haben wir nun schon einigermaßen geschildert; sie soll im folgenden noch schärfer herausgearbeitet werden. Denn weil für ein befriedigendes Leben verschiedenes notwendig ist, was Menschen e i n e s Standes oder e i n e s Berufes nicht beschaffen können, so mußte es verschiedene Stände oder Berufe der Menschen in dieser Gemeinschaft geben, die verschiedenes dieser Art ausübten oder besorgten, dessen die Menschen für das befriedigende Leben bedürfen. Diese verschiedenen Stände oder Berufe der Menschen sind aber nichts anderes als die Bestandteile des Staates in ihrer Vielzahl und Verschiedenartigkeit.

Über den Begriff des Staates und den Zweck eines solchen Zusammenlebens, ferner über Vielzahl und Gliederung seiner Bestandteile mag es genügen, so in anschaulicher Form gehandelt zu haben.

KAPITEL V

Unterscheidung und abschließende Bestimmung der Bestandteile des Staates; sie sind notwendigerweise vorhanden und voneinander gesondert für den Zweck, der durch menschliches Denken endgültig bestimmt werden kann

§ 1 Eben haben wir einen Überblick über die Bestandteile des Staates vorausgeschickt, von deren Tätigkeit und vollkommenem, nicht von außen gehemmtem Zusammenwirken, wie gesagt, die Ruhe des Staates abhängt; um nun durch eine umfassendere Bestimmung dieser Bestandteile aus ihren Leistungen oder Zwecken wie aus anderen ihnen eigentümlichen Ursachen die Ursachen der Ruhe und ihres Gegenteils genauer aufzuzeigen, wollen wir jetzt die Erörterung darüber

wieder aufnehmen und sagen, daß die Bestandteile oder Berufsstände des Staates sechs Gattungen bilden, wie Aristoteles Pol. B. 7, Kap. 7[30] gesagt hat: *Bauern, Handwerker, Krieger, Geldleute, Priester, Richterstand oder Rat*. Drei davon,
Priesterstand, Wehrstand und Richter, sind im engeren Sinne
Bestandteile des Staates, die man auch in den staatlichen Gemeinschaften Oberschicht[31] zu nennen pflegt; die übrigen
heißen Bestandteile im weiteren Sinne, weil sie ja für den
Staat unentbehrliche Berufe sind nach der Meinung des Aristoteles Pol. B. 7, Kap. 7[32]. Deren Masse wird gewöhnlich
Unterschicht[33] genannt. Dies sind also die bekanntesten Bestandteile der Stadt oder des Staates, auf die man alle anderen leicht zurückführen kann.

§ 2 Ihre Notwendigkeit haben wir zwar schon einigermaßen im vorausgehenden Kapitel vorgeführt, aber wir
wollen sie dennoch noch einmal darlegen – mit feinerer
Unterscheidung; wir setzen dabei als vorangehend aus einem
unmittelbar einleuchtenden Satz bewiesen voraus, daß der
Staat eine Gemeinschaft ist, eingerichtet, damit die Menschen in ihr leben und gut leben. Dieses Leben haben wir
oben in zwei Arten gegliedert: erstens das Leben oder Dasein in dieser Welt, d. h. das irdische, zweitens das Leben
oder Dasein in einer anderen oder künftigen Welt. Aus diesen Arten des Lebens nun, die der Mensch als Zwecke erstrebt, werden wir die Notwendigkeit einer Unterscheidung
der Bestandteile der staatlichen Gemeinschaft feststellen.
Das Leben des Menschen in der ersten Art also, das irdische
nämlich, nimmt man manchmal an als das Sein der lebenden
Wesen, wie es heißt im Buch Über die Seele B. 2[34]: *Leben ist
für die lebenden Wesen Sein.* So ist Leben nichts anderes als
Seele. Manchmal aber faßt man Leben auch auf als Tun
oder Tätigkeit oder Widerfahrnis der Seele oder des Lebens.
Ferner kann jede von diesen beiden ⟨Unterarten des irdischen Lebens⟩ doppelt aufgefaßt werden: nämlich entweder
in demselben Individuum oder in einem ähnlichen, das man
artgleich nennt. Mag auch jede der genannten Arten des Le-

bens, sowohl das dem Menschen eigentümliche wie dasjenige, das er mit den übrigen Lebewesen gemein hat, von natürlichen Ursachen abhängen, so beschäftigt sich dennoch die gegenwärtige Betrachtung nicht damit, soweit es aus jenen natürlichen Ursachen hervorgeht, sondern ⟨das steht⟩ in der Wissenschaft von der Natur, die von Pflanzen und Tieren handelt; vielmehr über jene ⟨natürlichen Ursachen⟩, soweit sie von Technik und Vernunft, von denen das Menschengeschlecht lebt, ihre Vervollkommnung erhalten, geht die gegenwärtige Forschung.[35]

§ 3 Deshalb muß man beachten, was notwendig ist, wenn der Mensch leben und gut leben soll, damit seine Tätigkeiten vor sich gehen und gut vor sich gehen, und nicht nur die Tätigkeiten, sondern auch seine Widerfahrnisse gut, sage ich, ⟨vor sich gehen⟩ in der gehörigen Regelung. Da wir das, was diese Regelungen vervollkommnet, von der Natur nicht in einer nach jeder Hinsicht vollkommenen Form empfangen, so war es für den Menschen notwendig, über die natürlichen Ursachen hinaus durch die Vernunft einiges zu bilden, was die Wirksamkeit und Erhaltung seiner Tätigkeiten und Widerfahrnisse in Körper und Seele vervollkommnen soll. Dies sind die Gattungen der Arbeiten und Erzeugnisse, die aus den Kräften und Fertigkeiten hervorgehen, den praktischen wie den theoretischen.

§ 4 Von den Tätigkeiten und Widerfahrnissen der Menschen entstehen manche ohne Mitwirkung der Erkenntnis aus natürlichen Ursachen, wie sie der Widerstreit der Elemente, die unseren Körper bilden, infolge ihrer Vermischung hervorruft. Unter diese Gattung kann man mit Recht die Tätigkeiten des vegetativen Bereiches rechnen. In dieses Kapitel fallen auch die Tätigkeiten, die von den Elementen unseres Körpers infolge Veränderung ihrer Qualitäten hervorgerufen werden; zu dieser Gattung gehören auch die Veränderungen, die das hervorruft, was in die menschlichen Körper eingeht, z. B. Speisen, Getränke, Arzneien, Gifte und ähnliches mehr. Andere aber sind die Tätigkeiten und Widerfahrnisse, die von uns oder in uns durch unsere erkennenden und strebenden Kräfte erzeugt werden; einige davon heißen rein innerlich, da sie nicht auf ein anderes Subjekt von dem Handelnden übergreifen und nicht durch eines der äußeren Organe oder der zur Ortsveränderung bewegten Glieder ausgeübt werden, z. B. Gedanken und Strebungen oder Neigungen der Menschen, andere aber sind und heißen übergreifend, weil sie in der einen oder in beiden der vorher genannten Weisen sich den unmittelbar vorher genannten Tätigkeiten und Widerfahrnissen entgegengesetzt verhalten.

§ 5 Um nun diese Tätigkeiten und Widerfahrnisse alle zu regeln und zu vervollkommnen in dem, wozu die Natur sie nicht hinführen kann, hat man die verschiedenen Gattungen von handwerklichen und anderen Fertigkeiten erfunden, wie früher gesagt, und Leute mit verschiedenen Berufen zu ihrer Ausübung eingesetzt, um den Bedarf des Menschen zu befriedigen; diese Stände sind nichts anderes als die vorhin aufgezählten Bestandteile des Staates. Denn um die Vorgänge des vegetativen Lebensbereiches zu regeln und gesund zu erhalten, bei deren Aufhören das Lebewesen völlig zugrunde ginge als Individuum und Art, richtete man den Anbau der Felder und die Sorge für das Vieh ein, worauf alle Arten der Jagd auf Landtiere, Wassertiere und Geflügel sich leicht zurückführen lassen, und alle anderen Techniken, die Nahrung mit Hilfe irgendeiner Umwandlung gewinnen oder zum Essen zubereiten, um dadurch schließlich zu ersetzen, was von der Substanz unseres Körpers verlorengeht, und um dadurch auch den Körper in seinem unsterblichen Sein weiterzuerhalten, soweit das dem Menschen die Natur erlaubt hat.

§ 6 Um die Tätigkeiten und Widerfahrnisse unseres Körpers auch gegenüber den Elementen im Gleichgewicht zu halten, die uns von außen umgeben, und deren Einwirkungen, erfand man die Gattung der technischen Hilfsmittel, die Aristoteles Pol. B. 7, Kap. 8[36] *Techniken*[37] (Handwerke) nennt, z. B. Wollbereitung, Gerberei, Schuhmacherei, alle zum Hausbau gehörigen Arten und überhaupt alle anderen technischen Hilfsmittel, die anderen Berufen des Staates mittelbar oder unmittelbar dienen, und nicht nur diejenigen, welche den Tastsinn oder den Geschmackssinn lenken, sondern auch die anderen Sinne, ⟨Techniken,⟩ die mehr zum Vergnügen und Gutleben als zum Notwendigen des Lebens gehören, z. B. die Malerei mit den ihr verwandten Künsten, von denen Aristoteles Pol. B. 4, Kap. 3[38] sagt: *Von diesen Künsten müssen die einen aus Notwendigkeit vorhanden sein, die anderen zur Verfeinerung des Daseins und zum Gutleben.* Unter diese zweite Gattung rechnet man auch die praktische Heilkunst, die in gewissem Sinne die Baumeisterin ist für mehrere der vorhin genannten Künste.

§ 7 Um extreme Handlungen auf das richtige Maß zurückzuführen, wie sie aus den Kräften der Bewegung durch Erkennen und Streben hervorgehen – wir haben sie übergreifend genannt – und die der Täter zum Vorteil oder Nachteil oder zur Verletzung eines anderen für den Stand der gegenwärtigen Welt ausführen kann, hat man zwangsläufig im Staate einen Bestandteil oder ein Amt eingesetzt, das extreme Handlungen zurechtweisen und zu richtigem Gleichmaß und zum richtigen Ausgleich bringen soll; denn sonst würden diese extremen Handlungen Kampf und damit Spaltung der Bürger verursachen, schließlich Untergang des Staates und Aufhebung des befriedigenden Lebens. Diesen Bestandteil des Staates mit seinen Hilfskräften hat Aristoteles Richterstand oder Regierung und Rat genannt; dessen Aufgabe ist es, das für die Allgemeinheit Rechte und Förderliche zu regeln.

§ 8 Doch weil man ein befriedigendes Leben nicht führen könnte, wenn ausländische Bedränger die Bürger unterdrückten oder in Sklaverei brächten, ferner weil es nötig ist, die richterlichen Entscheidungen gegenüber den Gewalttätigen und den Aufrührern im Inland durch eine zwingende Gewalt zu vollstrecken, so mußte man im Staate eine Militär- oder Wehrmacht schaffen, der auch viele der technischen

Hilfsmittel untergeordnet sind. Der Staat ist nämlich um des Lebens und des Gutlebens willen eingerichtet, wie im vorausgehenden Kapitel gesagt, und das ist unmöglich bei Versklavung der Bürger; das ist nämlich nach dem großen Aristoteles gegen die Natur des Staates. Daher betont er Pol. B. 4, Kap. 3[39] die Notwendigkeit dieses Bestandteils und sagt: *Die fünfte Gattung ist die Wehrmacht, die ebenso gut wie die anderen vorhanden sein muß, wenn die Bürger nicht Knechte von Eindringlingen sein sollen. Denn nichts kann widersinniger sein als ⟨die Behauptung⟩, es sei berechtigt, ein von Natur sklavisches Gemeinwesen Staat zu nennen; der Staat ist nämlich etwas, was sich selbst genügt; das Sklavische aber genügt sich nicht selbst.* Die Notwendigkeit dieses Bestandteils begründet Aristoteles in der Politik B. 7, Kap. 6[40] mit den Aufrührern im Inland. Den Wortlaut haben wir weggelassen, um abzukürzen; wir werden ihn in I 14, 8[41] bringen.

§ 9 Ferner: es gibt unter den Jahreserträgen auf der Welt manchmal reiche Ernten an Früchten, manchmal kärgliche, außerdem ist der Staat gegenüber den Nachbarstaaten manchmal friedlich gestimmt, manchmal nicht, und es gibt gemeinsame zweckmäßige Vorkehrungen in ihm, deren er bedarf, z. B. Einrichtung oder Wiederherstellung von Wegen, Brücken und anderen Bauwerken und sonstige ähnliche Aufgaben, deren Aufzählung hier weder angebracht wäre noch sich kurz abtun ließe. Um diese daher zur richtigen Zeit zu erledigen, mußte man im Staate einen Bestandteil einführen, der Schätze sammelt und den Aristoteles den Stand der Geldleute[42] genannt hat. Dieser bringt nämlich Geld, Getreide, Wein, Öl und die übrigen notwendigen Güter zusammen, verwahrt sie und besorgt das für die Allgemeinheit Nützliche von überallher und beschafft es, um den künftigen Bedarf zu befriedigen; diesem leisten auch einige der anderen Bestandteile des Staates Hilfsdienste. Aristoteles hat ihn Stand der Geldleute genannt, da verwahrtes Geld seiner Meinung nach ein Schatz ⟨zum Erwerb⟩ von allem ist, weil alles gegen Geld umgetauscht wird.

§ 10 Nun müssen wir noch über die Notwendigkeit des priesterlichen Bestandteils sprechen, über die nicht alle Menschen eine so einheitliche Meinung gehabt haben wie über die Notwendigkeit der übrigen Bestandteile des Staates. Der Grund davon war, daß man seine wahre und elementare Notwendigkeit nicht logisch beweisen konnte und die Sache nicht unmittelbar einleuchtete. Darin jedoch waren alle Völker einig, es sei an sich zweckmäßig, ihn für den Gottesdienst und die Gottesehrung einzurichten und wegen des daraus sich ergebenden Vorteils für die gegenwärtige Welt und die künftige. Denn die meisten Religionssysteme oder Religionslehren versprechen den Guten Belohnung, den Übeltätern Strafe in der künftigen Welt nach Gottes Entscheidung.

KAPITEL VI

Zweckursache ⟨Endzweck⟩ eines bestimmten Bestandteiles des Staates, der Priesterschaft, nach Gottes Überlieferung oder unmittelbarer Offenbarung, eine Ursache, die jedoch die menschliche Vernunft nicht nachweisen kann

§ 8 Zweck des Priestertums ist also Erziehung der Menschen und Belehrung darüber, was nach dem evangelischen Gesetz notwendig ist zu glauben, zu tun oder zu unterlassen, um das ewige Heil zu erlangen und der ewigen Pein zu entrinnen.

§ 9 Zu dieser Aufgabe gehören natürlich alle vom menschlichen Geist gefundenen sittlichen Normen, die theoretischen wie die praktischen, die das menschliche Handeln lenken, das rein innerliche wie das übergreifende, das aus Streben und Erkenntnis hervorgehende, Normen, durch die der Mensch seelisch in gute Verfassung gebracht wird für die

gegenwärtige Welt wie die künftige. Diese Normen haben
wir ja fast alle aus der Darstellung des bewunderungswür-
digen Philosophen und der übrigen berühmten Männer; aber
wir haben hier die Aufzählung unterlassen, um die Erörterung abzukürzen; im Augenblick ist ja auch eine Betrachtung
⟨dieses Problems⟩ nicht notwendig.

§ 10 Aus diesem Kapitel und dem ihm unmittelbar folgenden müssen wir begreifen: Es treten verschiedene Ursachen der Berufsstände des Staates auf bei jeder Gattung,
die einen, insofern sie Berufsstände des Staates sind, die anderen, soweit sie Habitus des menschlichen Körpers oder
Geistes sind; denn ihre Z w e c k u r s a c h e n als Habitus
des menschlichen Körpers oder der menschlichen Seele sind
Erzeugnisse, die aus den Habitus unmittelbar an sich hervorgehen; z. B. ist Zweckursache des Schiffsbaus das Schiff,
der Kriegskunst der Gebrauch der Waffen oder der Kampf;
des Priestertums die Predigt des göttlichen Gesetzes und die
Verwaltung der Sakramente nach der Vorschrift dieses Gesetzes; so entsprechend in allen übrigen ⟨Berufsständen⟩.
Ihre Zweckursache aber, soweit sie als Berufsstände im
Staate bestimmt und eingesetzt sind, ist es, bequeme und befriedigende Voraussetzungen zu schaffen für die Vervollkommnung der Tätigkeiten und Widerfahrnisse der Menschen, Voraussetzungen, die aus den Werken der genannten
Habitus hervorgehen oder die man ohne sie nicht haben
kann. Wie aus dem Kampf, der Betätigung oder dem Zweck
des kriegerischen Habitus, für die Menschen im Staate die
Freiheit hervorgeht und gewahrt wird, die der Zweck der
Betätigungen und Werke der Kriegskunst ist, so geht auch
aus dem Werk oder dem Zweck der Baukunst, dem Haus,
für die Menschen oder den Staat der Schutz vor den schäd-
lichen Einwirkungen der Luft hervor, der warmen, der kal-
ten, der feuchten oder trockenen, ein Schutz, der die Zweckursache ist, derentwegen der Berufsstand der Baumeister im
Staate eingerichtet wurde. Ebenso geht aus der Befolgung
der Gebote des göttlichen Gesetzes, dem Zweck des Priester-

tums ⟨als Habitus⟩, für die Menschen die ewige Seligkeit
hervor. So muß man auch über alle übrigen Bestandteile
oder Berufsstände des Staates denken. So oder ganz ähnlich
werden die übrigen Arten der Ursachen der genannten Berufsstände, die materiale, die formale und die bewirkende,
unterschieden, wie im folgenden sich zeigen wird.

Über Zahl, Notwendigkeit und Unterscheidung der Bestandteile des Staates als Zweckursachen für befriedigende Zustände des Staates sei nun soviel gesagt.

KAPITEL VII

Die übrigen Arten der Ursachen für Vorhandensein und
Sonderung der Bestandteile des Staates und die Ein-
teilung jeder Art nach zwei Gesichtspunkten, die unser
Thema betreffen

§ 1 Anschließend ist von den übrigen Ursachen der Berufsstände oder Bestandteile des Staates zu sprechen. Zuerst
werden wir uns mit den materialen und formalen Ursachen
beschäftigen, dann ihre bewirkende Ursache untersuchen.
Weil aber in den Dingen, die vom menschlichen Geiste ihre
Vollkommenheit erhalten, in Wirklichkeit der Stoff vor der
Form existiert, wollen wir zuerst uns beschäftigen mit der
m a t e r i a l e n Ursache. Wir werden sagen: Der für die
verschiedenen Berufsstände spezifische Stoff, insofern man
die Berufsstände Habitus der Seele nennt, sind Menschen,
die infolge ihrer Erbanlage oder angeborenen Eigenart zu
verschiedenen Fertigkeiten oder wissenschaftlichen Disziplinen neigen. Die Natur läßt es nämlich im Notwendigen an
nichts fehlen[43] und ist um das Edlere mehr besorgt, wie es
unter den vergänglichen Wesen der Mensch ist; denn wenn
er durch die verschiedenen Fertigkeiten und Formungen des
Geistes zur Vollkommenheit entwickelt ist, muß man aus

ihm als Stoff den Staat und die verschiedentlichen Bestandteile bilden, die im Staate notwendig sind, um ein befriedigendes Leben zu erreichen, wie I 4 und I 5[44] gezeigt worden
ist; daher hat die Natur selbst bei der Erzeugung der Menschen diese Unterschiedlichkeit begründet und sie in ihren
natürlichen Anlagen hervorgebracht mit Eignung und Neigung teils zum Ackerbau, teils zum Kriegsdienst, teils zu den
anderen Gattungen von Fertigkeiten und wissenschaftlichen
Disziplinen, die einen zu dieser, die anderen zu jener. Nicht
nur ein einziges Individuum hat sie auf e i n e Art von
Fertigkeit oder Formung des Geistes angelegt, sondern sehr
viele von ihnen für dieselbe, wie es die Notwendigkeit eines
befriedigenden Zustandes forderte. Manche hat sie mit der
Anlage zur Klugheit geschaffen – denn aus den Klugen im
Staate muß man den richterlichen Bestandteil und den beratenden bilden –, manche mit Kraft und Kühnheit – denn aus
solchen wird zweckmäßig der Kriegerstand geschaffen. So
hat sie auch die übrigen Menschen für die Gattungen der
theoretischen und praktischen Habitus vorbereitet, die zum
Leben und G u t -leben notwendig und zweckmäßig sind,
um in allen zugleich je nach der Verschiedenheit der angeborenen Neigungen für die verschiedenen Gattungen und Arten
der Habitus eine Vervollkommnung hervorzubringen, was
notwendige Voraussetzung für die verschiedenen Bestandteile des Staates war. – Die materialen Ursachen der Berufsstände des Staates aber, soweit man die Berufsstände Bestandteile des Staates nennt, sind schon fast klar. Denn diese
sind Menschen, die einen Habitus gewonnen haben durch die
verschiedenen Gattungen und Arten von Fertigkeiten und
Disziplinen und aus denen die verschiedenen Stände oder
Bestandteile im Staate gebildet werden, um des Endzwecks,
eines befriedigenden Lebens willen, wie es aus ihren Fertigkeiten und Disziplinen hervorgeht; so nennt man im eigentlichen Sinne die Bestandteile des Staates Berufe, ja geradezu
Dienste; denn als Einrichtungen des Staates betrachtet, sind
sie zum Dienst am Menschen bestimmt.

§ 2 Die f o r m a l e n Ursachen der Berufsstände des
Staates nun als Habitus des menschlichen Geistes sind nicht
verschieden von derartigen Habitus; denn diese sind Formen
ihrer Träger, welche die angeborenen menschlichen Neigungen abschließen oder zur Vollendung führen. Daher sagt
Aristoteles in der Politik im Schlußkapitel von B. 7[45]: *Jede
Kunst und Lehre will ergänzen, was an der Natur fehlt.* –
Die formalen Ursachen aber für die Berufsstände als Einrichtungen und Bestandteile des Staates sind Anordnungen
der bewegenden Ursache, die sie denen gibt oder einprägt,
die bestimmt werden, um im Staate bestimmte Tätigkeiten
auszuüben.

§ 3 B e w e g e n d e oder b e w i r k e n d e Ursachen für
die Berufsstände als Habitus der Seele sind Verstand und
Wille der Menschen durch ihre Gedanken und Strebungen,
die getrennt oder vereinigt wirken; das macht keinen Unterschied; und das Grundprinzip mancher Berufsstände ist
außerdem auch die Bewegung und Betätigung der körperlichen Organe. – Ihre bewirkende Ursache aber, soweit sie
Bestandteile des Staates sind, ist häufig und in den meisten
Fällen der menschliche Gesetzgeber, mag auch in der Urzeit
– selten und in sehr wenigen Fällen – für einen oder einige
Bestandteile unmittelbare bewegende Ursache Gott gewesen
sein ohne Bestimmung durch einen Menschen, wie I 9[46] gesagt werden wird, und II 12 sowie II 15[47] soll darüber genauere Aufklärung gegeben werden. Beim Priestertum aber
gibt es eine ganz verschiedene Art der Einsetzung, über die
II 15 und II 17[48] wohl genügend gesprochen werden wird.
Über die Bestandteile des Staates und die Notwendigkeit
ihrer Einsetzung, soweit sie aus den übrigen drei Gattungen
der Ursachen hervorgeht, sei daher in dieser Weise die Erörterung abgeschlossen.

KAPITEL VIII

Die beiden Gattungen der Staats- oder Regierungsformen, die gemäßigte und die entartete, und die Einteilung ihrer Arten

§ 1 Im vorstehenden ist es zwar schon einigermaßen bewiesen worden, es muß jedoch noch bestimmter bewiesen werden, daß die Einsetzung und Unterscheidung der Bestandteile des Staates von einer bewirkenden Ursache vorgenommen wird, die wir soeben Gesetzgeber genannt haben; weil derselbe Gesetzgeber diese Bestandteile einsetzt, unterscheidet und trennt, wie die Natur mit einem Lebewesen verfährt, indem er zunächst im Staate einen einzigen Teil bildet oder einsetzt, den wir I 5⁴⁹ regierenden oder richterlichen Bestandteil genannt haben, durch diesen aber die übrigen, wie I 15⁵⁰ gründlicher geklärt werden soll, deswegen müssen wir zunächst etwas von der Natur des regierenden Bestandteils sagen. Da er nämlich der erste von allen ist, wie aus dem Folgenden sich ergeben wird, so werden wir zweckmäßigerweise erst seine Wirksamkeit ⟨im ganzen⟩ klarstellen und dann darangehen klarzustellen, wie die Einsetzung und Unterscheidung der übrigen Bestandteile des Staates vor sich geht.

§ 2 Es gibt zwei Gattungen des regierenden Bestandteils oder der Regierungsform, erstens die gut gemäßigte, zweitens die entartete. Ich nenne mit Aristoteles Pol. B. 3, Kap. 5⁵¹ *gut gemäßigt* die Gattung, in der der Herrschende die Führung zum Nutzen der Allgemeinheit ausübt nach dem Willen der Untertanen, *entartet* diejenige, die davon abweicht. Jede Gattung zerfällt wieder in drei Arten: die erste, die gemäßigte, in die königliche Monarchie, die Aristokratie und die Politie, die andere, die entartete, in die drei entgegengesetzten Arten: die tyrannische Monarchie, die Oligarchie und die Demokratie. Jede von diesen Arten hat wieder Abarten, die gründlich zu behandeln gegenwärtig nicht unsere Aufgabe ist. Über diese hat sich nämlich Aristoteles Pol. B. 3 und 4 zur Genüge ausgesprochen.

§ 3 Um eine genauere Kenntnis von ihnen zu erhalten, die notwendig ist, um das Folgende einigermaßen verständlich zu machen, wollen wir jede der genannten Staatsformen entsprechend der Auffassung des Aristoteles beschreiben und zunächst sagen: Die königliche Monarchie ist eine gemäßigte Staatsform, in der ein einziger zum Nutzen der Allgemeinheit und mit Willen oder Zustimmung der Untertanen herrscht. Tyrannis aber, ihr Gegenteil, ist eine entartete Staatsform, in der ein einziger zum eigenen Nutzen wider den Willen der Untertanen herrscht. Aristokratie ist eine gemäßigte Staatsform, in der die Oberschicht allein herrscht mit Willen oder Zustimmung der Untertanen und zum Nutzen der Allgemeinheit. Oligarchie aber, ihr Gegenteil, ist eine entartete Staatsform, in der einige der Reichsten oder Mächtigsten herrschen zum eigenen Vorteil – wider den Willen der Untertanen. Politie ist zwar in der e i n e n Bedeutung ein allgemeiner Ausdruck für jede Gattung oder Art der Regierungs- oder Staatsform, meint jedoch in einer anderen Bedeutung eine bestimmte Art der gemäßigten Staatsform, bei der jeder Bürger irgendwie an der Staatsform oder am Rat wechselweise je nach seiner sozialen Stellung, seiner Fähigkeit oder wirtschaftlichen Lage teilhat, auch zum Nutzen der Allgemeinheit und mit Willen oder Zustimmung der Mitbürger. Demokratie aber, ihr Gegenteil, ist eine Staatsform, bei der das niedere Volk[52] oder die Masse der Armen die Staatsleitung bestimmt und allein regiert ohne Willen oder Zustimmung der übrigen Bürger und nicht schlechthin zum Nutzen der Allgemeinheit noch in der richtigen Abstufung.

§ 4 Welche von den gutgemäßigten Staatsformen die beste ist oder welche von den entarteten die schlechteste und was die Rangordnung der übrigen nach ihren guten oder schlechten Eigenschaften ist, darüber zu sprechen gehört

nicht zur gegenwärtigen Betrachtung. Soviel jedoch mag für
die Einteilung der Staatsformen in ihre Arten und deren
Beschreibung genügen.

KAPITEL IX

Die Verfahren bei der Einsetzung der königlichen
Monarchie und die Feststellung, welches das vollkommenste ist, und die Verfahren bei der Einsetzung der
übrigen Regierungs- oder Staatsformen, der gemäßigten wie der entarteten

§ 1 Nunmehr ist von den Verfahren bei der Schaffung
oder Einsetzung des regierenden Bestandteils zu sprechen.
Denn auf Grund der ⟨Einsicht in die⟩ bessere oder schlech-
tere Beschaffenheit dieser Verfahren, aus denen doch ⟨im
letzten Grunde⟩ für die Regierung gleichsam die Handlungen hervorgehen, ist die bewirkende Ursache nachzuweisen,
aus der ⟨die Verfahren⟩ selbst wie durch sie der regierende
Bestandteil so hervorgehen, wie es für den Staat[53] am nütz-
lichsten ist.[54]

§ 2 Aber weil wir uns in diesem Buche mit den Ursachen
und Handlungen beschäftigen, die zumeist den führenden
Bestandteil schaffen sollen, wollen wir zuvor ein Verfahren
und eine Ursache nennen, durch die dieser Bestandteil tatsächlich schon geschaffen worden ist, wenn auch selten, um
dieses Verfahren oder diese Handlung und deren unmittelbare Ursache zu unterscheiden von den Verfahren oder
Handlungen und deren unmittelbaren Ursachen, die einen
derartigen Bestandteil in der Regel und in den meisten Fällen schaffen müssen und die wir auch mit menschlicher Beweisführung nachweisen können; denn über das erste Verfahren kann man durch logischen Beweis keine Gewißheit
erlangen. Diese Verfahrensweise aber oder Handlung und

ihre unmittelbare Ursache, die schon den regierenden Bestandteil und die übrigen Bestandteile des Staates gebildet hat, vor allem das Priestertum, war der göttliche Wille, der dies unmittelbar gebot durch eine bestimmte Weissagung eines einzelnen Wesens oder vielleicht auch unmittelbar durch sich selbst allein. Auf diese Weise hat der göttliche Wille die Führung des israelitischen Volkes auf die Person des Moses und gewisser anderer Richter nach ihm und das Priestertum auf die Person des Aaron und seiner Nachfolger begründet. Von dieser Ursache und deren freier Tätigkeit nun können wir weder überliefern oder sagen, warum sie so oder anders ist, noch können wir über ihr Sosein oder ihr Gewordensein durch logischen Beweis auch nur das Geringste ausmachen. Sondern wir nehmen es in schlichter Gläubigkeit ohne verstandesmäßige Begründung hin. Anders aber ist die Einsetzung der Regierungen unmittelbar aus dem menschlichen Geiste, wenn auch aus Gott als der entfernten Ursache, der alle irdische Regierung auch verleiht, wie es bei Johannes im 19. Kap.[55] heißt und der Apostel Paulus im Römerbrief im 13. Kap.[56] und der selige Augustin im Gottesstaat B. 5, Kap. 21[57] mit klaren Worten aussprechen; das erfolgt jedoch nicht immer unmittelbar, vielmehr in den meisten Fällen und fast überall bildet Gott die Regierungen durch den Geist der Menschen, denen er die Entscheidung über eine solche Einsetzung überlassen hat. Welches diese Ursache ist und mit welcher Handlung sie solche ⟨Gewalten⟩ einsetzen muß, kann durch menschlichen Gewißheitsbeweis aus dem, was für den Staat besser oder schlechter ist, festgestellt werden.

§ 4 Wenn wir nun unserem Thema weiter nachgehen, so werden wir zunächst die Verfahren bei der Einsetzung der königlichen Monarchie aufzählen; so knüpfen wir nämlich an den Ursprung dieser Verfahren an; denn diese Regierungsform scheint uns gleichsam verwandt mit der Verwaltung einer Familie und mit ihr ganz verknüpft zu sein, wie aus dem in I 3[58] Gesagten hervorgeht. Nach deren Bestimmung aber wird sich dann Klarheit ergeben über die Verfahren bei der Einsetzung der übrigen Arten der Regierung.

Nach Aristoteles Pol. B. 3, Kap. 8[59] gibt es fünf Arten oder Einsetzungsformen der königlichen Monarchie. Bei der einen wird die Monarchie für eine bestimmte Aufgabe eingerichtet im Hinblick auf einen Teil der Staatsleitung, z. B. für die Führung des Heeres, entweder mit Erbfolge oder auf Lebenszeit einer einzigen Person; so setzten die Griechen Agamemnon als Führer des Heeres ein. Dieses Amt heißt in den modernen Gemeinschaften »capitaneatus« oder »constabiliaria«. Dieser Heerführer mischte sich aber in kein Gerichtsverfahren in Friedenszeiten ein; stand das Heer jedoch im Felde, so war er Herr über Leben und Tod und jede sonstige Bestrafung von Vergehen.

Die zweite Art ist die der Monarchen in Asien: Sie haben die Herrschaft von den Vorgängern durch Erbfolge, sie herrschen jedoch nach einem mehr zum Vorteil des Monarchen als dem der Gemeinschaft schlechthin dienenden, geradezu despotischen Gesetz. Die Bewohner jenes Landes ertragen nämlich eine solche Regierung ohne Unwillen[60] wegen ihres barbarischen und knechtischen Charakters und wegen der Macht der Gewohnheit. Diese Verfassung ist zwar königlich – sie ist ererbt, und die Untertanen sind einverstanden; die ersten Bewohner des Landes sind ja die Vorgänger des Monarchen gewesen –, jedoch in gewissem Sinne tyrannisch, weil ihre Gesetze nicht schlechthin dem Nutzen der Allgemeinheit dienen, sondern dem des Monarchen.

Eine dritte Art des Königtums liegt vor, wenn ein Erwählter regiert, nicht kraft Erbrechts der Familie oder als Sohn seines Vaters, jedoch nach einem Gesetz, das nicht schlechthin zum Nutzen der Allgemeinheit da ist, sondern vielmehr zu dem des Monarchen, einem geradezu tyrannischen Gesetz. Deswegen hat auch Aristoteles[61] ebenda diese Staatsform *eine auf Wahl beruhende Tyrannis* genannt: Tyrannis wegen des despotischen Charakters des Gesetzes, auf Wahl beruhend,

weil sie den Untertanen nicht wider ihren Willen aufge-
zwungen ist.

Bei der vierten Art wird durch Wahl irgendeiner als Herrscher eingesetzt mit der Erbfolge seines ganzen Geschlechtes
nach Gesetzen, die schlechthin zum Nutzen der Allgemeinheit da sind, und diese Art war üblich während der heroischen Zeiten, wie Aristoteles ebenda[62] sagt. Genannt wurden sie »heroische Zeiten« entweder, weil damals der Stand
der Gestirne solche Menschen hervorbrachte, die man für
Heroen, d. h. göttliche Wesen, hielt wegen des ungewöhnli-
chen Maßes ihrer Tüchtigkeit, oder weil man solche zu
Herrschern einsetzte, nicht andere, wegen des ungewöhnli-
chen Maßes ihrer großen Eigenschaften und ihrer Leistungen:
sie haben ja die zerstreute Menge gesammelt und zur staatlichen Gemeinschaft zusammengeschlossen oder durch Kampf
und die Kraft der Waffen das Land von Unterdrückern
befreit oder vielleicht das Land gekauft oder auf eine andere
einwandfreie Weise erworben und unter die Untertanen
verteilt; um es mit einem Wort zu sagen: Wegen der Ge-
währung einer großen Wohltat oder wegen des ungewöhnli-
chen Maßes ihrer sonstigen Leistung für das Volk hat man
diese als Herrscher eingesetzt mit der ganzen Nachkommenschaft oder Erbfolge, wie es auch Aristoteles Pol. B. 5,
Kap. 5[63] gesagt hat. Zu dieser Art der Monarchie zählte
Aristoteles vielleicht die Monarchie nur auf Lebenszeit oder
auf einen Teil davon, oder er bezeichnete sie durch eine Verbindung dieser vierten Art mit derjenigen, die auch wähl-
bare Tyrannis heißt, weil sie Merkmale von beiden trägt.

Die fünfte Art ist und war die, durch die ein Herrscher eingesetzt wird als Herr über alles, was in der Gemeinschaft
vorhanden ist, und so über Personen und Sachen frei verfügt, wie ein Hausvater beliebige Verfügung hat über sein
ganzes eigenes Hauswesen.

§ 5 Um jedoch diese Ausführungen des Aristoteles noch
klarer zu machen und auch alle Verfahren bei der Einstellung der Regierung kurz zusammenzufassen, wollen wir sagen:

Jede Staatsform besteht entweder mit dem Willen der Untertanen oder gegen ihren Willen. Die erste ist die Gattung der gutgemäßigten Verfassungen, die zweite die der entarteten. Jede Gattung gliedert sich in drei Arten oder Abarten, wie in I 8[64] gesagt ist. Da eine Art der gutgemäßigten Verfassungen und vielleicht die vollkommenste die königliche Monarchie ist, so wollen wir in Zusammenfassung des Vorgetragenen mit dem Verfahren ihrer ⟨Einsetzung⟩ die Erörterung beginnen, indem wir sagen: Der König oder Monarch wird entweder durch die Wahl der Einwohner oder Bürger eingesetzt oder hat ohne deren Wahl rechtmäßig die Regierung erlangt. Wenn ohne Wahl durch die Bürger, dann ist es so, entweder weil er zuerst das Land bewohnt hat oder seine Vorgänger, von denen er abstammt, oder weil er das Land und die Rechtsprechung gekauft oder durch einen gerechten Krieg oder auf irgendeine andere erlaubte Weise erworben hat, z. B. durch eine Schenkung, die ihm wegen einer bedeutenden Leistung gemacht worden ist. Jede der genannten Arten steht der wahren königlichen Monarchie um so näher, je mehr sie mit dem Willen der Untertanen besteht und nach einem Gesetz, das zum gemeinsamen Nutzen der Untertanen gegeben ist; um so mehr aber riecht sie nach Tyrannis, je mehr sie davon abweicht, nämlich von dem Einverständnis der Untertanen und einem Gesetz, das zu ihrem gemeinsamen Nutzen gegeben ist. Daher heißt es Pol. B. 4, Kap. 8[65]: *Sie waren aber deswegen, weil sie nach dem Gesetz ⟨regierten⟩, königliche,* Monarchien nämlich, *und weil sie monarchisch regierten mit dem Einverständnis ⟨der Untertanen⟩, tyrannische aber, weil sie despotisch regierten und nach ihrem eigenen Sinn,* nämlich dem der Monarchen. Diese beiden eben genannten ⟨Merkmale⟩ scheiden also die gemäßigte und die entartete Regierungsform, wie aus des Aristoteles deutlich ausgesprochener Meinung hervorgeht; das schlechthin ⟨entscheidende⟩ oder wenigstens wichtigere Merkmal ist die Zustimmung der Untertanen. Wenn aber der regierende Monarch durch die Wahl der Einwohner eingesetzt wird, so muß dies geschehen nach einem der folgenden Verfahren: Entweder wird er eingesetzt mit seiner ganzen Nachkommenschaft und Erbfolge oder nicht. Wird er nicht mit der ganzen Nachkommenschaft eingesetzt, so ist dies möglich nach mehreren Verfahren: E n t w e d e r gilt die Einsetzung ausschließlich für seine Lebenszeit allein oder für seine Lebenszeit und die eines einzigen Nachfolgers oder mehrerer Nachfolger; o d e r sie gilt nicht für die Lebenszeit eines Herrschers, weder des ersten noch der Nachfolger, sondern nur für einen begrenzten Zeitraum, z. B. ein Jahr oder zwei Jahre, eine längere oder kürzere Spanne, und ferner entweder für die Ausübung der gesamten richterlichen Gewalt oder nur für ein einziges Amt, z. B. das des Heerführers.

§ 6 Die königlichen Monarchen, die gewählten und die nichtgewählten, stimmen darin überein, daß beide über willige Untertanen herrschen, sind aber darin verschieden, daß in den meisten Fällen die nichtgewählten über weniger willige Untertanen herrschen und sie nach weniger politiemäßigen, d. h. weniger zum Nutzen der Allgemeinheit ⟨gegebenen⟩, Gesetzen regieren, wie wir sie eben barbarisch genannt haben. Die gewählten aber herrschen über willigere Untertanen und regieren sie nach mehr politiemäßigen Gesetzen, von denen wir gesagt haben, sie seien gegeben zum Nutzen der Allgemeinheit.

§ 7 Daraus ergibt sich, was auch im folgenden noch klarer werden wird, daß die auf Wahl beruhende Staatsform besser ist als die nicht auf Wahl beruhende. Dies ist auch die Meinung des Aristoteles Pol. B. 3, Kap. 8[66], die wir oben über die ⟨Monarchen⟩ der heroischen Zeiten angeführt haben. Ferner ist dieses Verfahren der Einsetzung in den vollkommenen Gemeinschaften beständiger. Denn alle anderen Verfahren muß man manchmal aus Not in dieses umwandeln, nicht umgekehrt; z. B. wenn kein Thronerbe da ist oder aus einem anderen Grunde, wenn jenes Geschlecht dem Volke infolge maßloser Bosheit seiner Regierung unerträglich wird, dann muß das Volk zur Wahl übergehen. Die Wahl kann niemals versagen, da der Nachwuchs an Menschen nicht versagt.[67] Weiter erhält man bei diesem Verfahren der Einsetzung allein den besten Herrscher; denn es ist zweckmäßig, daß er der beste Staatsbürger ist; er soll ja das Handeln aller anderen im Staate regeln.[68]

§ 8 Das Verfahren bei der Einsetzung der anderen Arten der gemäßigten Regierung ist zumeist die Wahl, manchmal bei einigen das Los[69], ohne Erbfolge. Die entarteten Regierungen werden meist durch Betrug oder Gewalt oder beides eingesetzt.

§ 9 Welche von den gemäßigten Verfassungen die beste ist, die Monarchie oder die anderen beiden Arten, die Aristokratie oder die Politie, ferner welche von den Monarchien, die gewählte oder die nichtgewählte, außerdem welche von den gewählten: die mit der Erbfolge des ganzen Geschlechtes oder die, bei der ein einzelner ohne solche Erbfolge eingesetzt wird und die wieder in zwei Formen zerfällt: die Monarchie auf Lebenszeit nur eines einzigen oder auch einiger seiner Nachfolger oder die für einen bestimmten Zeitraum, z. B. ein Jahr, zwei Jahre, einen längeren oder kürzeren, das alles verlangt eine durchdachte Untersuchung und Prüfung; freilich muß man zweifellos, wie es der Wahrheit und der klar ausgesprochenen Meinung des Aristoteles entspricht, daran festhalten, daß die Wahl die sicherste Regelung für jede Regierung ist, wie in I 12, 16 und 17[70] zu noch größerer Gewißheit erhoben werden soll.

§ 10 Folgendes dürfen wir nicht übersehen: Das eine Volk in der einen Gegend und Zeit ist geneigt zu der einen Staatsform und zur Annahme der einen Regierung, das andere in einer anderen Gegend und Zeit zu einer anderen Staatsform, wie Aristoteles Pol. B. 3, Kap. 9[71] sagt. Das ist von Gesetzgebern und Begründern von Verfassungen zu beachten. Denn wie nicht jeder beliebige Mensch die Anlage zum besten Beruf hat und deswegen von der Regierung zweckmäßig nicht bestimmt wird, ihn zu ergreifen, sondern wofür er – einen guten jedoch – besser geeignet sein mag, so ist vielleicht ein

Volk – unter dem Einfluß von Zeit und Ort – nicht dazu veranlagt, die beste Regierungsform anzunehmen, und daher ⟨geneigt⟩, sich mit einer ihm angemesseneren unter den gemäßigten zu begnügen, um sie zuvor auszuproben. Vor Julius Caesars Monarchie nämlich wollte das römische Volk lange einen festbestimmten Monarchen nicht ertragen, weder einen Erbmonarchen noch einen lebenslänglichen Monarchen. Das ergab sich ihm vielleicht aus der Fülle der heroischen Männer und der geborenen Führer, die es in ganzen Geschlechtern oder Sippen wie in Einzelpersönlichkeiten besaß.

§ 11 Aus unseren Ergebnissen geht also klar hervor: Wer die Frage aufwirft, welcher Monarch für Stadt oder Staat vorzuziehen sei, der Wahlmonarch oder der Erbmonarch, stellt eine unklare Frage, vielmehr mußte er seine Frage schärfer formulieren und zuerst fragen, welcher Monarch vorzuziehen sei, der gewählte oder der nichtgewählte. Wenn der gewählte, muß er weiterfragen, welcher von den gewählten vorzuziehen sei, der Erbmonarch oder der ohne Erbfolge. Denn mag auch der nichtgewählte Monarch fast immer die Regierung dem Erben übergeben, so tut es doch der gewählte nicht in jedem Falle, sondern allein der Erbmonarch.

Über die Verfahren bei der Einsetzung der Regierungen und die absolute Überlegenheit der Wahl mag so die Erörterung abgeschlossen sein.

KAPITEL X

Unterscheidung und Feststellung der Bedeutungen des Wortes »Gesetz« und dessen eigentlichste und von uns gemeinte Bedeutung

§ 1 Nachdem wir die Wahl als das vollkommenste und beste Verfahren bei der Einsetzung der Regierung bezeichnet haben, ist es gut, die bewirkende Ursache der Wahl zu erforschen, aus der sie hervorgehen muß, wenn sie vollkommen sein soll; denn daraus wird sich auch die Ursache der gewählten Regierung ergeben und ähnlich die der übrigen Bestandteile des Staates. Aber weil die Regierung das Handeln der Menschen im Staate regeln muß, wie wir I 5[72] nachgewiesen haben, und zwar nach einer Regel, die die Form der Regierung als solcher ist und sein muß, so ist es erforderlich, eine derartige Regel zu untersuchen nach Existenz, Wesen und Zweck. Vielleicht ist nämlich ihre bewirkende Ursache dieselbe wie die des Regierenden.

§ 2 Diese Regel nun, die man Satzung oder Gewohnheitsrecht oder mit einer allgemeinen Bezeichnung Gesetz nennt[73], existiert – so unterstellen wir als unmittelbar einleuchtend aus einer Induktion – in allen vollkommenen Gemeinschaften, und wir zeigen darum erst einmal ihr Wesen auf, dann stellen wir ihre Zwecknotwendigkeit fest, endlich bestimmen wir durch logischen Beweis, welcher Einzelperson oder welcher Personen Tätigkeit und was für eine Tätigkeit diese Regel aufstellen muß. Das bedeutet, nach dem Gesetzgeber oder der bewirkenden Ursache des Gesetzes zu forschen, dem auch die Wahl der Regierungen zukommt, wie wir glauben und durch logischen Beweis im folgenden zeigen werden. Daraus wird auch die Materie oder das Substrat der obengenannten Regel klar, die wir Gesetz genannt haben. Denn dies ist der regierende Bestandteil, dessen Aufgabe es ist, nach dem Gesetz das politische oder staatliche Handeln der Menschen zu regeln.

§ 3 Wenn wir also nach der Ankündigung vorgehen, so empfiehlt es sich, die Sinnrichtungen oder Bedeutungen von »Gesetz« zu unterscheiden, damit nicht wegen der Vieldeutigkeit des Wortes eine Schwierigkeit entstehe. Dieses Wort meint nämlich innerhalb seiner vielfältigen Gebrauchsweisen erstens die natürliche sinnliche Neigung zu irgendeiner Tätigkeit oder einem Widerfahrnis, wie sie der Apostel im Römerbrief im 7. Kap.[74] genannt hat mit den Worten: *Ich sehe aber ein anderes Gesetz in meinen Gliedern, das dem*

Gesetz meines Geistes widerspricht. – Zweitens wird »Gesetz« von jedem praktischen Habitus gebraucht und überhaupt von jeder Form eines herstellbaren Dinges, die im Geiste existiert und die das Muster oder Maß ist, aus dem die Formen der menschlichen Erzeugnisse hervorgehen. In dieser Gebrauchsweise heißt es bei Hesekiel im 43. Kap.[75]: *Dies also ist das Gesetz des Hauses, jenes aber sind die Maße des Altars.* Drittens nimmt man »Gesetz« als eine Regel, die die Ermahnungen für das freie menschliche Handeln zusammenfaßt, soweit diese im Hinblick auf die Herrlichkeit oder die Pein in der künftigen Welt erteilt werden; in dieser Bedeutung heißt das Mosaische Gesetz Gesetz, wenigstens ein bestimmter Teil davon; in diesem Sinne heißt auch das evangelische Gesetz an und für sich als Ganzes Gesetz. Daher sagt über diese ⟨beiden Gesetze⟩ der Apostel im Hebräerbrief[76]: *Mit der Umbildung des Priestertums nämlich muß notwendigerweise auch eine Umbildung des Gesetzes erfolgen.* So wird auch die evangelische Lehre Gesetz genannt bei Jakobus im 1. Kap.[77]: *Wer aber hinschaut in das vollkommene Gesetz der Freiheit und in ihm bleibt,* usw., *der wird selig sein in seinem Tun.* Bei dieser Auffassung von Gesetz werden Gesetze alle Religionen genannt, z. B. die Mohammeds oder der Perser an und für sich im ganzen oder in einigen Teilen, mögen auch unter ihnen das Mosaische und das evangelische, das christliche nämlich, allein die Wahrheit enthalten. So hat auch Aristoteles die Religionen Gesetze genannt in der Metaphysik B. 2[78] mit den Worten: *Welchen Einfluß die Gewohnheit hat, zeigen die Gesetze,* und in B. 12[79] desselben Werkes äußert er: *Die übrigen Lehren sind dann in mythischer Form hinzugefügt worden, um das Volk zu den Gesetzen und zum Nützlichen zu überreden.* – Viertens meint Gesetz, und zwar in der bekanntesten Bedeutung, das Wissen oder die Lehre oder die Gesamtanschauung vom Gerechten und Nützlichen im staatlichen Leben und deren Gegenteil.

§ 4 So aufgefaßt, läßt sich Gesetz unter zwei Gesichtspunkten betrachten: (4a) erstens an und für sich, soweit es bloß angibt, was gerecht oder ungerecht, nützlich oder schädlich ist, und als solches heißt es Wissen oder Lehre vom Recht, zweitens (4b) soweit über seine Befolgung eine Vorschrift gegeben wird, die durch Strafe oder Belohnung in der gegenwärtigen Welt zwingend ist, oder soweit es als solche Vorschrift formuliert ist, und so betrachtet, heißt und ist es ganz eigentlich Gesetz. Das Gesetz, in diesem Sinn genommen, definiert auch Aristoteles Ethik, letztes Buch, Kap. 8[80] mit den Worten: *Das Gesetz dagegen hat zwingende Kraft; es ist ein Text, der aus einer bestimmten Einsicht und aus Verstand hervorgeht; ein Text* also oder eine Rede *aus einer bestimmten Einsicht oder aus dem Verstand heraus,* dem politischen nämlich, d. h. eine Anordnung über das Gerechte und Nützliche und deren Gegenteil, aus politischer Einsicht *mit zwingender Kraft;* d. h. eine Anordnung, über deren Befolgung eine Vorschrift gegeben wird, die man zu befolgen gezwungen ist, oder die als eine solche Vorschrift formuliert ist – das ist Gesetz.

§ 5 Daher sind nicht alle wahren Erkenntnisse vom Gerechten und Nützlichen im Staatsleben Gesetze, vielmehr sind sie es nur dann, wenn über ihre Befolgung eine zwingende Vorschrift gegeben ist oder wenn sie als Vorschrift formuliert sind, mag auch eine solche wahre Erkenntnis vom Gerechten und Nützlichen notwendigerweise zu einem vollkommenen Gesetz erforderlich sein. Ja, manchmal werden sogar f a l s c h e Erkenntnisse vom Gerechten und Nützlichen Gesetze, wenn eine Vorschrift, sie zu befolgen, gegeben wird oder wenn sie als Vorschrift formuliert werden; Beispiele dafür bieten sich in den Ländern gewisser Barbaren, für die es eine sittlich einwandfreie Vorschrift ist, daß ein Mörder von Schuld und Strafe in öffentlich-rechtlichem Sinne freigesprochen wird, wenn er einen Sachwert als Buße für ein solches Vergehen bietet, obwohl doch der Mord auf jeden Fall ein Unrecht ist, und folglich sind deren Gesetze nicht schlechthin vollkommen. Denn mögen sie auch die erforderliche Form haben: die Vorschrift, die die Befolgung erzwingt, so erfüllen sie doch nicht die erforderliche Voraussetzung, die erforderliche und richtige Anordnung über das Moralische.[81]

§ 6 Unter dieser Bedeutung von Gesetz (4b) faßt man alle Regeln für das Gerechte und Nützliche im Staatsleben zusammen, die durch menschliche Autorität aufgestellt sind, z. B. Gewohnheitsrechte, Satzungen, Volksbeschlüsse, Dekretalen und alle ähnlichen Regeln, die sich, wie eben gesagt, auf menschliche Autorität stützen.

§ 7 Wir dürfen jedoch nicht übersehen, daß das evangelische Gesetz wie das Mosaische und vielleicht die übrigen Religionen betrachtet und verglichen werden können auf verschiedene Weise, im ganzen oder teilweise, in Beziehung zum menschlichen Handeln für die gegenwärtige oder die zukünftige Welt. Denn bisweilen fallen sie oder sie sind bisher gefallen oder sie werden fallen unter die dritte Bedeutung von Gesetz und manchmal unter die letzte, wie in II 8 und II 9[82] noch klarer werden wird. Außerdem sind manche von diesen Gesetzen wahr, während andere falsche Phantastereien und leere Versprechungen sind. Bedeutung und Wesen einer Regel oder eines Gesetzes für das menschliche Handeln im Staat geht also aus dem eben Gesagten klar hervor.

KAPITEL XI

Die Gesetzgebung in der eigentlichsten Bedeutung ⟨des Gesetzes⟩ ist notwendig; es ist nicht gut, wenn ein Herrscher, mag er noch so tüchtig oder gerecht sein, ohne Bindung an das Gesetz regiert

§ 1 Nachdem wir nun die Auffassungen vom Gesetz so geschieden haben, wollen wir seine Zweck-Notwendigkeit in der letzten und eigentlichsten Bedeutung aufzeigen: als

Hauptzweck das Gerechte im Staatsleben und das Gesamtinteresse, als Nebenzweck eine gewisse Sicherheit für die
Herrscher, besonders die Erbmonarchen, und die Dauerhaftigkeit der Regierung. Die erste Notwendigkeit nun weisen
wir so nach: Es ist notwendig, im Staate etwas festzusetzen,
ohne das gerichtliche Urteile auf keinen Fall richtig gefällt
werden können, durch das sie rechtmäßig gefällt und vor
Mängeln, soweit es menschenmöglich ist, bewahrt werden
(OS). Nun ist das Gesetz von dieser Art; denn der Herrscher
ist verpflichtet, nach dem Gesetz die Urteile zu fällen (US).
Also ist es notwendig, im Staat das Gesetz zu schaffen (SS).
Der Obersatz dieses Beweises ist fast selbstverständlich und
steht dem Unbeweisbaren sehr nahe. Gewißheit darüber
muß und kann man obendrein aus I 5,7[83] entnehmen. Der
Untersatz wird deutlich werden aus Folgendem: Zur Vollkommenheit eines Urteils wird die richtige innere Einstellung
der Richter und volle Kenntnis der Dinge, über die ein Urteil gefällt werden soll, gefordert; deren Gegenteil verdirbt
die gerichtlichen Urteile. Denn eine verkehrte innere Einstellung des Richters, z. B. die des Hasses oder der Liebe
oder der Habgier, führt das Streben des Urteilenden irre.
Dies wird von dem Urteil ferngehalten, und es wird davor
bewahrt, wenn der Richter oder Herrscher verpflichtet ist,
nach den Gesetzen die Urteile zu fällen; denn das Gesetz ist
von jeder verkehrten Einstellung frei; es ist ja nicht geschaffen für einen Freund oder einen Feind, für einen Menschen,
der nützt oder schadet, sondern ganz allgemein für jemand,
der im bürgerlichen Leben gut oder schlecht handelt. Denn
alles andere bleibt für das Gesetz unwesentlich und liegt
außerhalb des Gesetzes, es liegt aber nicht so außerhalb des
Richters. Denn die vor Gericht gestellten Personen können
für den Urteilenden Freund oder Feind sein, nützlich oder
schädlich durch Schenken oder Versprechen; das gilt auch für
ihre sonstigen Absichten: sie können im Richter eine Einstellung verursachen, die sein Urteil irreführt. Deshalb darf
nach Möglichkeit kein Urteil dem Ermessen des Urteilenden

anvertraut, sondern muß durch Gesetz bestimmt und in gesetzlicher Form verkündet werden.

§ 2 Dies war die Meinung des erhabenen Aristoteles Pol. B. 3, Kap. 9[84], wo er ausdrücklich untersucht, ob es besser sei, einen Staat vom besten Mann regieren zu lassen ohne Gesetz oder von den besten Gesetzen, und sich so äußert: *Stärker aber*, d. h. besser im Urteilen, *ist das, dem überhaupt keine Leidenschaft anhaftet*, d. h. keine Einstellung, die das Urteil irreführen kann, *als das, bei dem sie zur Natur gehört. Dem Gesetz nun wohnt das nicht inne*, Leidenschaft oder ⟨subjektive⟩ Einstellung; *die menschliche Seele aber hat es notwendigerweise*, ⟨und zwar⟩ *jede*. Er hat gesagt *jede*, ohne jemand auszunehmen, sei er noch so bemüht. In Wiederholung dieser Ansicht sagt er in der Rhetorik B. 1, Kap. 1[85]: *Der allerwichtigste Grund ist aber* – zur Untersuchung steht der Satz: Nichts darf ohne Bindung an das Gesetz dem Ermessen des Urteilenden zur Beurteilung überlassen werden –, *daß das Urteil des Gesetzgebers*, d. h. das Gesetz, *nicht für einen einzelnen Fall gilt*, d. h. nicht wegen eines einzigen besonderen Menschen erlassen ist, *sondern für das Künftige und Allgemeine, daß aber der Teilnehmer an der Volksversammlung und der Richter schon über Gegenwärtiges und Bestimmtes urteilen, Menschen, denen schon das Lieben und das Hassen und der eigene Vorteil oft anhaftet, so daß sie die Wahrheit nicht mehr genügend sehen können, sondern beim Urteil auf das für die eigene Person Angenehme oder Betrübliche achten!* Das sagt er auch in demselben Buch 1, Kap. 2[86]: *Denn nicht gleich sind die Urteile, die wir fällen in Traurigkeit und in Freude, in Liebe oder in Haß.*

§ 3 Ferner verdirbt Unwissenheit der Richter das Urteil auch bei guter Einstellung oder guter Absicht. Auch diesen Fehler oder Mangel beseitigt das Gesetz und gleicht ihn aus; denn in ihm ist fast vollkommen festgelegt, was gerecht oder ungerecht, nützlich oder schädlich ist, für jede einzelne Handlung des Menschen im bürgerlichen Leben. Das kann ein einziger Mensch bei allem Scharfsinn nicht so befriedigend leisten. Denn weder ein einzelner Mensch allein noch vielleicht alle Menschen eines Zeitalters zusammen könnten sämtliche Möglichkeiten des Handelns im bürgerlichen Leben, die im Gesetz festgelegt sind, finden oder behalten; vielmehr, was darüber die ersten Erfinder des Gesetzes und auch alle Menschen desselben Zeitalters auf Grund ihrer Erfahrung bei der Befolgung solcher Gesetze gesagt haben, war etwas Geringes und Unvollkommenes; hinterdrein wurde es aus der Ergänzung durch die Späteren vervollkommnet. Das zu sehen genügt die bekannte Erfahrung mit Zusatz und Streichung und vollständiger Veränderung ins Gegenteil, die manchmal an den Gesetzen vorgenommen werden, je nach den verschiedenen Zeitaltern und den verschiedenen Verhältnissen in demselben Zeitalter.

Auch diesen ⟨zweiten Vorzug des Gesetzes⟩ bezeugt Aristoteles Pol. B. 2, Kap. 2[87] mit den Worten: *Man darf aber nicht übersehen, daß man auf die lange Zeit und die vielen Jahre achten muß, in denen es nicht verborgen geblieben wäre, wenn das gut wäre,* nämlich was als Gesetz festgelegt werden muß. Dasselbe sagt er in der Rhetorik B. 1, Kap. 1[88]: *Ferner, die Gesetzgebungen werden geschaffen auf Grund langjähriger Erfahrungen.* Dies bestätigt die Vernunft; denn die Gesetzgebungen setzen Klugheit voraus, wie eben aus der Beschreibung des Gesetzes hervorging, Klugheit aber lange Erfahrung, diese aber viel Zeit. Daher sagt er in der Ethik B. 6[89]: *Ein Beweis für das Gesagte ist auch, daß junge Leute zwar tüchtig in Geometrie zu werden scheinen und wissenschaftlich gebildet und sachkundig auf solchen Gebieten, klug aber nicht. Der Grund dafür ist, daß die Klugheit auch auf das Einzelne geht, das aus Erfahrung bekannt wird, der junge Mensch aber keine Erfahrung hat; denn erst die Länge der Zeit wird die Erfahrung schaffen.* Was darum ein einziger Mensch allein findet oder aus sich heraus wissen kann im Wissen vom Gerechten und Nützlichen im bürgerlichen Leben, wie auf anderen Wissensgebieten, ist wenig oder nichts. Ferner auch das Wissen der Menschen eines einzigen

Menschenalters ist im Vergleich zu den Beobachtungen mehrerer Menschenalter etwas Unvollkommenes; deswegen sagt Aristoteles, wo er über die Findung der Wahrheit für jede einzelne Technik und Wissenschaft handelt, in der Metaphysik B. 2, Kap. 1[90]: *Der einzelne*, der Erfinder jeder Wissenschaft oder Technik, *trage nichts oder wenig dazu bei*, d. h.: finde nichts oder wenig darüber aus sich heraus allein, *aber das aus allem Zusammengefaßte gewinne einen gewissen Umfang.* Jedoch nach der Übersetzung aus dem Arabischen ist diese Stelle klarer; dort heißt es: *Jeder von ihnen*, d. h. von den Erfindern jeder Technik oder Wissenschaft, *begreift entweder nichts von der Wahrheit oder nur ein geringes Stück. Wenn ⟨der Stoff⟩ nun zusammengebracht ist auf Grund dessen von allen, die ⟨etwas von der Wahrheit⟩ begriffen haben, dann wird das Zusammengebrachte einen gewissen Umfang haben;* das ist am deutlichsten bei der Astronomie.

So haben nun durch die gegenseitige Hilfe der Menschen und durch spätere Zusätze zu dem früher Gefundenen alle Techniken und Wissenschaften sich vervollkommnet. Das macht Aristoteles auch ebenda[91] für die Erfindung der Musik an einem anschaulichen Beispiel deutlich: *Hätte Timotheus nicht gelebt, so hätten wir viele Melodien nicht; ohne Phrynes aber wäre Timotheus nicht gewesen,* d. h. nicht so vollkommen in den Melodien, wenn er nicht das früher von Phrynes Erfundene gehabt hätte. Bei der Auslegung dieser Worte sagt Averroes im zweiten Kommentar[92]: *Und was er in diesem Kapitel meint,* d. h. Aristoteles, *ist offenbar; denn niemand kann aus eigener Kraft praktische oder betrachtende,* d. h. theoretische, *Kenntnisse in größerem Umfang finden; denn sie werden etwas Vollkommenes erst durch die Hilfe des Vorgängers für den Nachfolger.* Dasselbe sagt er in den Sophistischen Widerlegungen B. 2, im Schlußkapitel[93] über die Erfindung der Rhetorik und aller anderen ⟨Wissenschaften⟩, wie es auch immer mit der Erfindung der Logik gewesen sein mag, die er sich allein ohne die Erfindung oder

Hilfe eines Vorgängers in ihrer Vollkommenheit zuschreibt;
darin scheint er einzigartig unter allen gewesen zu sein. Das
sagt er weiterhin in der Ethik B. 8, Kap. 1[94]: *Zwei, die kommen*, d. h. zusammenkommen, *sind im Handeln und Verstehen stärker*, ergänze: als einer allein. Wenn also schon zwei,
so sind es in höherem Grade mehr als zwei – ob sie
nun zugleich, ob sie nacheinander auftreten –, als einer
allein. Dasselbe sagt er zum vorliegenden Problem Pol.
B. 3, Kap. 9[95]: *Widersinnig würde es vielleicht erscheinen,
wenn einer, der mit zwei Augen und zwei Ohren urteilt,
besser wahrnehmen und einer, der mit zwei Füßen und zwei
Händen tätig ist, mehr ausrichten sollte als viele mit vielen.*
Da nun das Gesetz ein Auge ist aus vielen Augen, d. h. eine
Beobachtung, die viele Beobachter geprüft haben, um bei
gerichtlichen Urteilen Irrtum zu vermeiden und richtig zu
urteilen, so ist es sicherer, wenn diese nach dem Gesetz als
nach dem Ermessen des Urteilenden gefällt werden. Deswegen muß es das Gesetz geben, wenn die Staaten, was das
für sie im Staatsleben Gerechte und Nützliche angeht, aufs
beste verwaltet werden sollen. Das Gesetz schützt nämlich
die Gerichtsurteile vor Unwissenheit und verkehrter Einstellung der Richter, und das war der Untersatz des logischen
Beweises, durch den wir am Anfang dieses Kapitels die Notwendigkeit von Gesetzen festzustellen gesucht haben. Wie
man aber einen Streit oder eine bürgerliche Rechtssache, die
im Gesetz nicht vorgesehen ist, entscheiden oder beurteilen
soll, wird I 14[96] gesagt werden. Gesetze sind also notwendig,
um aus den Gerichtsurteilen oder Richtersprüchen Bosheit
und Irrtum auszuschließen.

§ 4 Deswegen hat Aristoteles den Rat gegeben, es nicht
dem Ermessen eines Richters oder Regenten zu überlassen,
Urteile zu fällen oder Vorschriften zu machen über staatliche
Angelegenheiten ohne Bindung an das Gesetz, wo das Gesetz
hat bestimmen können. Daher hat Aristoteles Ethik B. 4,
Kap. 5[97] in der Abhandlung über die Gerechtigkeit gesagt:
Deswegen lassen wir einen Menschen nur in Übereinstim-

mung mit der Vernunft regieren, d. h. dem Gesetz; dabei
stellt er als Grund den eben angeführten fest, die verkehrte
Einstellung, die bei den Regenten auftreten kann. Dasselbe
sagt er Pol. B. 3, Kap. 6[98] mit den Worten: *Das erste ange-*
führte Bedenken aber macht keinen anderen Satz so deutlich
wie den, daß die Gesetze, und zwar richtig gegebene Gesetze,
das Beherrschende sein müssen, d. h., daß die Regenten nach
ihnen herrschen müssen. Den gleichen Gedanken drückt er
in demselben Buch Kap. 9[99] aus: *Wer verlangt,* sagt er, *daß*
die Vernunft herrscht, verlangt doch wohl, daß Gott und die
Gesetze herrschen; wer aber verlangt, daß ein Mensch
herrscht, d. h. ohne Bindung an das Gesetz nach eigenem
Ermessen, *fügt auch ein Tier dazu.* Gleich darauf nennt er
auch den Grund mit den Worten[100]: *Deswegen ist das Gesetz*
Vernunft ohne Begehren, gleich als ob er sagen wollte, das
Gesetz sei Vernunft oder Erkenntnis ohne Begehren, d. h.
ohne irgendwelche ⟨subjektive⟩ Einstellung. Diese Meinung
wiederholt er Rhet. B. 1, Kap. 1[101], wo er sagt: *Vor allem*
also ist es in der Ordnung, daß richtig gegebene Gesetze
alles, was möglich ist, selbst bestimmen und möglichst wenig
den Entscheidenden überlassen; dabei betont er die eben dafür angeführten Gründe, den Ausschluß der Bosheit und der
Unwissenheit der Richter von den gerichtlichen Entscheidungen, die beim Gesetz nicht vorkommen können wie beim
Richter, wie vorhin gezeigt worden ist. Deutlicher noch sagt
Aristoteles Pol. B. 4, Kap. 4[102]: *Wo die Gesetze nicht regie-*
ren, d. h.: wo die Regenten nicht nach ihnen regieren, *besteht*
kein Staat, ergänze: kein gemäßigter. *Denn das Gesetz muß*
über alles regieren.

§ 5 Es ist noch zu zeigen, daß alle Herrscher n a c h dem
Gesetz regieren müssen und nicht o h n e das Gesetz, am
meisten die Erbmonarchen, damit ihre Regierungen sicherer
und dauerhafter sind, was im Anfang des Kapitels als Nebenzweck der Gesetze festgestellt war. Das kann man zunächst so sehen: Regieren nach dem Gesetz schützt ihre Urteile vor dem Mangel, der aus Unwissenheit und verkehrter

Einstellung auftritt. Wenn sie daher in sich selbst und gegenüber den Untertanen an eine Regel gebunden sind, so erleben
sie weniger Revolutionen und folglich Zusammenbrüche ihrer Regierung, die ihnen widerfahren würden, wenn sie böse
nach ihrem Gutdünken handelten, wie Aristoteles Pol. B. 5,
Kap. 5 klar sagt[103]: *Das Königtum wird von außen her am
wenigsten zerstört; aus ihm selbst aber kommen sehr viele
Kräfte der Zerstörung. Zerstört wird es auf zweierlei Weise:
erstens, wenn die Mitglieder des Königshauses sich gegenein-
ander erheben, zweitens, wenn die Könige mehr tyrannisch
zu regieren versuchen, wenn sie nämlich größere Macht beanspruchen, und zwar gegen das Gesetz. In der Gegenwart
entstehen keine Königreiche mehr, sondern wenn Monarchien entstehen, werden sie eher Tyrannenherrschaften.*

§ 6 Man wird aber einwenden, der beste Mann sei frei
von Unwissenheit und verkehrter Einstellung. Wir aber
wollen entgegnen: Das kommt sehr selten vor und dennoch
bei ihm nicht in gleicher Weise wie beim Gesetz; denn wir
haben eben aus Aristoteles, aus vernünftiger Überlegung und
einer allen einsichtigen Erfahrung bewiesen, daß tatsächlich
jede Seele sie hat, d. h. eine manchmal unheilvolle Einstellung. Das können wir leicht glauben nach Daniel, Kap. 13[104].
Denn dort steht: *Zwei Presbyter kamen mit bösen Gedanken
gegen Susanna, um sie zu töten.* Diese aber waren Greise
und Priester und Richter des Volkes in jenem Jahre, und
dennoch brachten sie ein falsches Zeugnis gegen sie vor, weil
sie sich ihrer gemeinen Begehrlichkeit nicht hingeben wollte.
Wenn darum Presbyter und Greise, von denen man es am
wenigsten glauben sollte, durch ihre fleischliche Begehrlichkeit verderbt waren und erst recht durch Habgier und dergleichen – was soll man dann von den anderen denken? Sicherlich kann niemand trotz ehrlichen Bemühens so frei sein
von böser Leidenschaft und Unwissenheit wie das Gesetz.
Daher ist es sicherer, wenn die Gerichtsurteile durch das Gesetz geregelt werden, als wenn sie dem Ermessen eines noch
so redlichen Richters anvertraut werden.

§ 7 Es mag jedoch, wie selten oder geradezu unmöglich ein solcher Fall auch sei, einen so heroischen Herrscher geben, daß in ihm weder Leidenschaft noch Unwissenheit auftritt. Was werden wir von seinen Söhnen sagen, die, wenn sie diesem unähnlich sind, in ihrer Unbändigkeit in willkürlicher Regierung Taten begehen, die zu ihrem Sturz führen müssen? Man könnte vielleicht einwenden, der Vater, der beste der Männer, werde ihnen die Regierung nicht übergeben. Diesen Einwand darf man jedoch nicht gelten lassen, teils weil der Vater nicht berechtigt ist, die Söhne von der Nachfolge auszuschließen, da seinem Geschlecht die Regierung nach Erbrecht zusteht, teils weil er, wenn es in seiner Gewalt läge, die Regierung zu übertragen, auf wen er wollte, die Söhne davon nicht ausschlösse trotz aller ihrer Verworfenheit. Daher sagt Aristoteles Pol. B. 3, Kap. 9[105] und antwortet damit auf diesen Einwurf: *Dies noch zu glauben*, daß der Vater die Söhne von der Regierung ausschlösse, *ist schwer, und es erfordert ein übermenschliches Maß von sittlicher Kraft.* Deswegen ist es für die Herrscher von Vorteil, wenn sie sich mehr durch Gesetz lenken und bestimmen lassen, als wenn sie nach eigenem Ermessen die Gerichtsurteile fällen; denn bei Bindung an das Gesetz werden sie nichts Verwerfliches oder Tadelnswertes tun, und dadurch wird ihre Regierung sicherer und dauerhafter werden.

KAPITEL XII

Die nachweisbare bewirkende Ursache der menschlichen Gesetze und auch die, die man logisch nicht nachweisen kann; das bedeutet, nach dem Gesetzgeber forschen. Daraus ergibt sich auch, daß allein die Abstimmung unter Ausschluß jeder Bestätigung dem Abstimmungsergebnis Rechtskraft verleiht

§ 1 Anschließend ist von der bewirkenden Ursache der Gesetze zu sprechen, die wir logisch feststellen können; von der Gesetzgebung nämlich, die durch Gottes Eingreifen oder Verkündigung unmittelbar ohne menschliche Entscheidung vor sich gehen kann oder schon vorgekommen ist, wofür wir die Einsetzung des Mosaischen Gesetzes als Beispiel genannt haben, auch hinsichtlich der in ihm enthaltenen Gebote für das Zusammenleben im Diesseits, beabsichtige ich nicht, hier eine ausführliche Darstellung zu geben, sondern ausschließlich von d e r Gesetzgebung und d e r Einsetzung der Regierung, die unmittelbar aus der Entscheidung des menschlichen Geistes hervorgehen.

§ 2 Wenn wir nun dazu übergehen, so wollen wir sagen: Ein Gesetz, gleichsam nur seinem Inhalt nach genommen und in der dritten[106] Bedeutung, als Wissen vom Gerechten und Nützlichen im bürgerlichen Leben, zu finden, das kann jedem einzelnen Bürger gelingen, mag auch das Forschen danach zweckmäßiger sein und besser zum Ziele kommen aus den Beobachtungen derer, die sich Zeit nehmen können, der Älteren und im praktischen Leben Erfahreneren, die man kluge Köpfe[107] nennt, als aus den Überlegungen der Handwerker, die durch ihre Arbeit nach dem Erwerb des Erkenntnisnotwendigen streben müssen. Aber weil die wahre Erkenntnis oder Findung des Gerechten und Nützlichen und ihres Gegenteiles nur dann Gesetz in der letzten und eigentlichen Bedeutung ist, in der es Maßstab für das menschliche Handeln im bürgerlichen Leben wird – ⟨nur dann⟩, wenn derjenige eine zwingende Vorschrift, es zu befolgen, erlassen oder es als solche Vorschrift formuliert hat, kraft dessen Ermächtigung eine Bestrafung der Übertreter erfolgen kann und soll, deswegen muß gesagt werden, wem die Befugnis zusteht, eine solche Vorschrift zu erlassen und deren Übertreter zu strafen. Das heißt forschen nach dem Gesetzgeber oder Gesetzesschöpfer.

§ 3 Wir aber wollen sagen, wie es der Wahrheit und dem Rate des Aristoteles Pol. B. 3, Kap. 6[108] entspricht: Gesetz-

geber oder erste und spezifische bewirkende Ursache des Gesetzes ist das Volk oder die Gesamtheit der Bürger oder
deren Mehrheit[109] durch ihre Abstimmung oder Willensäuße-
rung, die in der Vollversammlung der Bürger in einer Debatte zum Ausdruck gekommen ist; ⟨diese Mehrheit⟩ schreibt
vor oder bestimmt unter zeitlicher Buße oder Strafe, daß im
Zusammenleben der Menschen etwas getan oder unterlassen
werden soll: die Mehrheit[110], sage ich – unter Berücksichtigung der Zahl und Bedeutung der Personen –, in jener Gemeinschaft, für die das Gesetz gegeben wird, mag die vorhin genannte Gesamtheit der Bürger oder deren Mehrheit
das selbst unmittelbar erledigen, mag sie es einem oder einigen zur Erledigung überweisen, die an und für sich nicht
Gesetzgeber sind und es nicht sein können, sondern nur zu
einem bestimmten Zwecke und nur manchmal und nur kraft
Ermächtigung durch den primären Gesetzgeber. Im Anschluß
daran sage ich: Durch dieselbe primäre Instanz, nicht eine
andere, müssen die Gesetze und alle Abstimmungsergebnisse
die notwendige Bestätigung ⟨ihrer formalen Korrektheit⟩
erhalten, was es auch mit gewissen Zeremonien oder Feier-
lichkeiten für eine Bewandtnis haben mag, die zum Sein des
Abstimmungsergebnisses nicht erforderlich sind, sondern nur
zum Gutsein, und ohne die die Abstimmung auch gültig
wäre; ferner: von derselben Instanz müssen die Gesetze und
alle Abstimmungsergebnisse Zusätze, Streichungen oder völlige Änderung, Auslegung und Aufhebung erfahren nach
dem Erfordernis von Zeit, Ort und anderen Umständen, so-
fern sie eine derartige Maßregel zum Nutzen der Gesamtheit in solchen Dingen zweckmäßig erscheinen lassen. Dieselbe Instanz muß die Gesetze nach ihrer Annahme auch
veröffentlichen oder verkünden, damit kein Bürger oder
Fremder beim Verstoß gegen sie sich mit deren Unkenntnis
entschuldigen kann.

§ 4 Bürger nenne ich nach Aristoteles Pol. B. 3, Kap. 1, 3
und 7[111], wer in der staatlichen Gemeinschaft an der regierenden, beratenden oder richterlichen Gewalt teilhat, je nach

seinem sozialen Rang. Diese Beschreibung schließt von den
Bürgern die Knaben, die Sklaven, die Fremden und die
Frauen aus, wenn auch in verschiedenem Sinne. Denn Knaben von Bürgern sind künftige und potentielle Bürger, nur
genügt das Alter noch nicht. Die Mehrheit aber muß man
auffassen nach der guten Gewohnheit der Staaten[112], oder
man muß sie bestimmen nach der Meinung des Aristoteles
Pol. B. 6, Kap. 2[113].

§ 5 Nachdem nun Bürger und Mehrheit der Bürger in
dieser Weise bestimmt ist, wollen wir zu unserem Thema
zurückkehren, dem Nachweis, daß die menschliche Befugnis
zur Gesetzgebung allein der Gesamtheit der Bürger oder
deren Mehrheit zukommt. Das werden wir zuerst so zu erschließen versuchen: D e m allein steht die primäre menschliche Vollmacht, Gesetze zu geben oder zu schaffen, schlechthin zu, von dem allein die besten Gesetze ausgehen können
(OS). Nun ist das die Gesamtheit der Bürger oder deren
Mehrheit, die die Gesamtheit vertritt[114] (US); denn es ist
nicht leicht oder geradezu unmöglich, daß alle Personen sich
zu e i n e r Meinung zusammenfinden, weil gewisse Leute
mit Blindheit geschlagen sind und aus persönlicher Bosheit
oder Unwissenheit von der allgemeinen Meinung abweichen;
deren unvernünftiger Einspruch oder Widerspruch darf ⟨die
Wahrnehmung⟩ der Interessen der Allgemeinheit nicht be-
einträchtigen oder unmöglich machen. Also kommt es der
Gesamtheit der Bürger oder deren Mehrheit ausschließlich
zu, Gesetze zu geben oder zu beschließen (SS).

Der Obersatz dieses Beweises ist beinahe selbstverständlich,
obwohl man aus I 5[115] seine Geltung ⟨beweisen und⟩ letzte
Gewißheit entnehmen kann. Den Untersatz, daß nur, wenn
das ganze Volk den Vorschlag gehört und gutgeheißen hat,
ausschließlich das beste Gesetz gegeben werden kann, beweise ich, indem ich mit Aristoteles Pol. B. 3, Kap. 7[116] die
Voraussetzung mache, am besten sei d a s Gesetz, das für
das Gemeinwohl gegeben ist. Daher hat er gesagt: *Das Richtige*, in den Gesetzen, *dient wohl dem Vorteil des Staates*

und dem allgemeinen Nutzen. Daß dies am besten ausschließlich von der Gesamtheit der Bürger erreicht wird
oder deren Mehrheit, was als dasselbe fortan angenommen
werden soll, zeige ich so: D e s s e n Wahrheit wird am
sichersten beurteilt und d e s s e n Nutzen für die Allgemeinheit am sorgfältigsten beachtet, worauf die Gesamtheit
der Bürger mit Verstand und innerer Anteilnahme ihre Aufmerksamkeit richtet. Einen Mangel an der Gesetzesvorlage
kann nämlich eine größere Zahl eher bemerken als ein Teil
von ihr; denn *jedes* körperhafte *Ganze* wenigstens ist *größer* an Masse und Kraft *als jeder Teil von ihm* für sich. Ferner wird aus dem ganzen Volk heraus der Nutzen des Gesetzes für die Allgemeinheit schärfer beachtet, weil niemand
sich wissentlich schadet. Dort aber kann jeder beliebige über-
blicken, ob der Gesetzentwurf mehr zum Vorteil eines einzelnen oder gewisser Leute neigt als zu dem der anderen
oder der Gemeinschaft, und kann Einspruch erheben. Das
wäre nicht möglich, wenn nur einer oder einige wenige, die
mehr auf den eigenen Vorteil aus sind als auf den der Allgemeinheit, dieses Gesetz gäben. Diese Meinung stützt auch
hinlänglich, was wir über die Notwendigkeit von Gesetzen
in I 11[117] festgestellt haben.

§ 6 Weiter zum Haupt-Schlußsatz! Dem kommt ausschließlich die Gesetzgebung zu, der dadurch bewirkt, daß
die gegebenen Gesetze am besten oder ausnahmslos befolgt
werden (OS). Das ist ausschließlich die Gesamtheit der Bürger (US). Also kommt ihr ausschließlich die Gesetzgebung
zu (SS). Der Obersatz dieses Beweises ist beinahe selbstverständlich; denn zwecklos wäre ein Gesetz, wenn es nicht
befolgt würde. Daher sagt Aristoteles Pol. B. 4, Kap. 7[118]:
*Eine gute gesetzliche Ordnung besteht nicht, wenn die Ge-
setze gut gegeben sind, aber keinen Gehorsam finden.* Dasselbe hat Aristoteles B. 6, Kap. 5[119] desselben Werkes festgestellt: *Es hat keinen Wert, wenn Entscheidungen über das,
was gerecht sein soll, gefällt werden, diese aber nicht zum
Ziele kommen.* Den Untersatz beweise ich so: D a s Gesetz

befolgt jeder Bürger am besten, das er glaubt sich selbst auf-
erlegt zu haben (OS). Dies gilt für d a s Gesetz, das gegeben ist, nachdem die Gesamtheit der Bürger es angehört
und gutgeheißen hat (US). Der Obersatz dieses Vor-Schlus-
ses ist fast unmittelbar einsichtig: Weil nämlich *der Staat
eine Gemeinschaft freier Männer ist*, wie Pol. B. 3, Kap. 4[120]
steht, muß jeder einzelne Bürger frei sein und nicht eines
anderen *Tyrannei*, d. h. Knechtschaft, tragen. Das wäre nicht
der Fall, wenn ein einzelner oder eine Minderheit von Bürgern ein Gesetz gäben aus eigener Vollmacht für die Gesamtheit der Bürger; wenn sie nämlich s o Gesetze gäben,
wären sie Tyrannen der anderen, und darum würden die
übrigen Bürger, die Mehrzahl, ein solches Gesetz, wäre es
auch noch so gut, mit Unwillen oder gar nicht hinnehmen,
in dem Gefühl, verachtet zu sein, dagegen Einspruch erheben
und, da sie nicht zur Beschlußfassung darüber gerufen waren, es in keiner Weise befolgen. Ein Gesetz jedoch, das gegeben ist, nachdem die Gesamtheit es angehört und ihre
Zustimmung gegeben hat, wäre es auch weniger nützlich,
würde jeder Bürger leicht befolgen und hinnehmen; denn
jeder hat dann das Gefühl, es für sich selbst beschlossen zu
haben, und hat darum ⟨keinen Anlaß⟩, dagegen Einspruch
zu erheben, sondern vielmehr ⟨Anlaß⟩, sich in Ruhe damit
abzufinden. – Ferner, den Untersatz des ersten Schlusses
beweise ich von einem anderen Gesichtspunkt aus so: D e r
ausschließlich hat Macht über die Befolgung der Gesetze, der
eine zwingende Gewalt gegen die Übertreter besitzt; das ist
die Gesamtheit oder deren Mehrheit; also steht ihr allein die
Gesetzgebung zu.

§ 7 Noch ein Beweis zum Hauptgedanken: Jene Norm
des Handelns, von deren richtiger Aufstellung größtenteils
das befriedigende Dasein der Allgemeinheit in diesem Leben
abhängt und in deren verfehlter Aufstellung für die Allgemeinheit Schaden droht, darf ausschließlich von der Gesamtheit der Bürger aufgestellt werden (OS). Diese Norm ist das
Gesetz (US). Also kommt der Gesamtheit der Bürger aus-

schließlich die Gesetzgebung zu (SS). – Der Obersatz dieses
Beweises ist fast selbstverständlich und gründet sich auf unmittelbar einsichtige Wahrheiten, die I 4 und I 5[121] statuiert
worden sind. Die Menschen sind nämlich zur staatlichen Gemeinschaft zusammengetreten, um Vorteil und ein befriedigendes Dasein zu erlangen und das Gegenteil abzuwenden.
Was also Vorteil und Nachteil aller berühren kann, müssen
alle wissen und hören, um Vorteil erreichen und das Gegenteil zurückweisen zu können.[122] Solcher Art sind die Gesetze,
wie im Untersatz angenommen wurde; denn von einer richtigen Gesetzgebung hängt großenteils das befriedigende Dasein der ganzen menschlichen Gemeinschaft ab. Unter un-
gerechten Gesetzen aber entsteht Knechtschaft und Unter-
drückung und Elend für die Bürger, eine unerträgliche Lage,
woraus schließlich die Auflösung des Staates[123] hervorgeht.

§ 8 Ferner – und das ist gewissermaßen eine kurze Zusammenfassung der früheren Beweise: Entweder kommt die
Gesetzgebung, wie gesagt, allein der Gesamtheit der Bürger
zu oder einem einzigen Menschen oder einer Minderheit;
einem einzigen allein aber kann sie nicht zukommen: aus
den Gründen, die I 11[124] und in dem ersten Beweis dieses
Kapitels genannt sind; er könnte nämlich aus Unwissenheit
oder Bosheit oder beidem ein schlimmes Gesetz geben, mehr
im Blick auf den eigenen Nutzen als auf den der Gesamtheit;
deshalb wäre es tyrannisch. Aus demselben Grunde kommt
die Gesetzgebung einer Minderheit nicht zu; sie könnte nämlich einen Fehler begehen, indem sie, wie früher gezeigt, ein
Gesetz zum Nutzen gewisser einzelner, der Minderheit, und
nicht zu dem der Allgemeinheit gibt, wie in den Oligarchien
zu sehen ist. Also kommt die Gesetzgebung der Gesamtheit
der Bürger oder deren Mehrheit zu aus dem jenem entgegengesetzten Grunde. Weil nämlich das Gesetz alle Bürger im
richtigen Verhältnis einstufen muß und niemand sich wissentlich schadet oder Ungerechtes will, darum wollen alle
oder wenigstens die meisten ein Gesetz, das dem gemeinsamen Nutzen der Bürger entspricht.

§ 9 Mit denselben Beweisen läßt sich auch zeigen, daß die Bestätigung, Auslegung und Aufhebung von Gesetzen und was sonst in § 3 dieses Kapitels vorgetragen worden ist, ausschließlich dem Gesetzgeber zukommt. Dasselbe muß man annehmen von allen Abstimmungsergebnissen. Wer nämlich die primäre Befugnis zur Abstimmung besitzt, der nimmt auch an oder verwirft, oder es tut dies derjenige, dem er selbst die Vollmacht zur Entscheidung übertragen hat. Denn sonst wäre der Teil größer als das Ganze oder ihm wenigstens gleich, wenn er aus eigener Vollmacht aufheben könnte, was das Ganze beschlossen hat. Das Verfahren aber, zur Gesetzgebung zusammenzutreten, soll im folgenden Kapitel beschrieben werden.

KAPITEL XIII

Einige Einwände gegen die Behauptungen des vorausgehenden Kapitels, deren Entkräftung und eine weitere Klärung des vorliegenden Problems

§ 1 An unseren Behauptungen wird jedoch mancher zweifeln und einwenden, der Gesamtheit der Bürger komme es nicht zu, Gesetze zu geben oder zu beschließen. Erstens (1): Das Böse und das in den meisten Dingen Urteilslose darf ein Gesetz nicht beschließen (OS). Denn folgende beiden Fehler müssen dem Gesetzgeber fernbleiben: Bosheit und Unwissenheit; um sie auch aus den gerichtlichen Urteilen auszuschließen, haben wir die Notwendigkeit des Gesetzes in I 11[125] angenommen. Nun ist das Volk oder die Gesamtheit der Bürger derart; die Menschen nämlich sind zumeist, wie man sieht, böse und töricht (US); *denn unendlich ist die Zahl der Toren*, wie im Prediger B. 1[126] steht. Ferner (2): Es ist sehr schwierig oder geradezu unmöglich, die Meinung einer Anzahl von bösartigen und unvernünftigen Menschen zusammenzubringen (OS); das ist nicht der Fall bei wenigen und gutwilligen (US). Also ist es nützlicher, wenn wenige ein Gesetz geben als die Gesamtheit oder deren Mehrheit, die hierbei ganz überflüssig ist (SS). Weiter (3): In jeder staatlichen Gemeinschaft gibt es nur wenige Weise und Gebildete im Verhältnis zu der übrigen ungebildeten Menge (OS). Da es also nützlicher ist, wenn Weise und Gebildete ein Gesetz geben als ungebildete und rohe Menschen (US), so scheint es richtig, daß die Gesetzgebung wenigen zukommt, nicht der Mehrheit oder allen (SS). Endlich (4) ist es zweckloser Aufwand, wenn sehr viele das tun, was eine geringere Anzahl tun kann (OS). Da also Weise, die ihrer wenige sind, ein Gesetz geben können (US), wie gesagt, so wäre es grundlos, hierbei das gesamte Volk heranzuziehen oder seine Mehrheit. Also kommt der Gesamtheit oder ihrer Mehrheit die Gesetzgebung nicht zu (SS).

§ 2 Aus unserer früheren Voraussetzung, dem Grundprinzip fast alles dessen, was in diesem Buche bewiesen werden soll, daß nämlich *alle Menschen nach einem befriedigenden Dasein streben und das Gegenteil ablehnen*, haben wir I 4[127] mit strenger Logik ⟨die Notwendigkeit⟩ ihres Zusammenschlusses im Staate erschlossen; denn nur durch ihn können sie dieses befriedigende Dasein erreichen und ohne ihn nicht im geringsten; deswegen sagt auch Aristoteles Pol. B. 1, Kap. 1[128]: *Von Natur aus lebt also in allen ein Trieb nach einer solchen Gemeinschaft*, der staatlichen[129]. Aus dieser Wahrheit folgt mit Notwendigkeit eine andere, die Pol. B. 4, Kap. 10[130] steht: *Stärker muß d e r Teil der Bürgerschaft sein, der will, daß der Staat bestehen bleibt, als d e r, der das nicht will.* Denn nichts streben Naturwesen gleicher Art in ihrem größten Teil an, was unmittelbar mit ihrem Verderben verbunden sein müßte; sinnlos wäre doch ein solches Streben. Ja, wer nicht will, daß der Staat erhalten bleibe, wird zu den Sklaven gerechnet, nicht zu den Bürgern, wie es gewisse Fremde sind, weshalb Aristoteles Pol. B. 7, Kap. 12[131] sagt: *Denn zusammen mit den Beherrschten ⟨in*

der Stadt⟩ *sind alle Bewohner des Landgebietes zum Aufruhr bereit*, und dann fügt er hinzu: *Und daß diese in einem
Staatswesen*, nämlich die aufrührerischen Elemente oder die,
denen das Leben im Staate gleichgültig ist, *so zahlreich wären, daß sie alle die*, die eine staatliche Gemeinschaft bilden[132] wollen, *an Stärke überträfen, ist ein Ding der Unmöglichkeit.* Warum es aber ein Ding der Unmöglichkeit ist,
das ist klar; denn das hieße, die Natur begehe einen Fehler
oder versage meistenteils. Wenn also die Mehrheit der Menschen will, daß der Staat bestehen bleibt – und das ist offenbar richtig –, so will sie auch dies, ohne das ein Staat nicht
bestehen kann. Das aber ist die Regel für das Gerechte und
Nützliche, gegeben mit einer Vorschrift, dem Gesetz, darum,
weil es *ein Ding der Unmöglichkeit ist, daß ein am besten*,
d. h. ein in Abstufung nach der Leistung regierter *Staat nicht
gut durch Gesetze geordnet wird*, wie Pol. B. 4, Kap. 7[133]
steht und wir I 11[134] bewiesen haben. Die Mehrheit der Bevölkerung will also das Gesetz, oder es würde Verblen-
dung[135] im Reich des Natürlichen und dem des künstlich Geschaffenen auftreten, wenigstens im größten Teil; das soll
als unmöglich unterstellt werden auf Grund der Wissenschaft von der Natur.

Ich setze ferner neben den obengenannten unmittelbar einsichtigen Wahrheiten eine allgemeine intuitive Einsicht voraus, daß *jedes Ganze größer ist als ein Teil von ihm*, was
ebenso für die Größe oder Masse gilt wie auch für die wir-
kende Kraft und Tätigkeit. Daraus läßt sich ganz überzeugend mit Notwendigkeit folgern: Die Gesamtheit der Bürger oder ihre Mehrheit – die beide als dasselbe aufzufassen
sind – ist fähiger, über Annahme oder Ablehnung zu entscheiden, als jeder beliebige Teil von ihr gesondert.

§ 3 Wenn wir das nun als vor aller Augen liegende Wahrheiten voraussetzen, ist es eine Leichtigkeit, die Einwände
zurückzuweisen, mit denen jemand den Nachweis versuchen
könnte, die Gesetzgebung komme nicht der Gesamtheit der
Bürger oder deren Mehrheit zu, sondern einigen wenigen.

Wenn also erstens gesagt wurde: Dem, was böse oder in den meisten Dingen urteilslos ist, kommt die Gesetzgebung nicht zu, so wird das zugegeben. Wenn aber hinzugefügt wird, die Gesamtheit der Bürger sei derart, so ist das zu verneinen, denn die Bürger sind in der Mehrzahl ihrer Individuen und in der meisten Zeit ihres Lebens weder böse noch urteilslos; denn alle oder die meisten haben gesunden Menschenverstand, Vernunft und das richtige Streben nach dem Staat und dem, was für sein Bestehen notwendig ist, z. B. nach Gesetzen und anderen Satzungen oder Gewohnheitsrechten, wie eben gezeigt worden ist. Obwohl nämlich nicht jeder beliebige oder eine größere Menge von Bürgern Erfinder von Gesetzen ist, kann dennoch jeder über die von einem anderen gefundenen und ihm vorgeschlagenen sich ein Urteil bilden und entscheiden, ob etwas zugesetzt, gestrichen oder geändert werden soll. Wenn man daher unter dem, was im Obersatz genannt wird: *urteilslos*, verstehen wollte: weil die meisten der Bürger aus eigner Kraft ein Gesetz nicht erfinden können, deshalb dürfen sie ein Gesetz nicht beschließen, so müßte man den Obersatz verneinen als offenbar falsch; Zeugen sind eine vernünftige Induktion und Aristoteles Pol. B. 3, Kap. 6[136]: durch Induktion können wir feststellen, daß viele ein richtiges Urteil haben über die Güte eines Gemäldes, Hauses oder Schiffes und der übrigen technischen ⟨handwerklichen⟩ Erzeugnisse des Menschen, ohne das doch erfinden zu können. Zeuge dafür ist Aristoteles an der oben angeführten Stelle, wenn er seine Erwiderung auf den genannten Einwand in folgende Worte faßt: *Und weil über manche Dinge ihr Schöpfer weder der einzige noch der beste Richter ist;* das beweist er an sehr vielen Arten von technischen Erzeugnissen und gibt damit dasselbe für die übrigen zu verstehen.

§ 4 Dem widerspricht nicht die Behauptung: *Die Weisen, die ihrer wenige sind, können Fragen des Handelns, die zu Gesetzvorlagen führen sollen, klarer beurteilen als das übrige Volk.* Denn mag das auch wahr sein, so folgt daraus doch

nicht, daß die Weisen die Vorlagen klarer zu beurteilen ver-
stünden als das ganze Volk, in dem sie selbst einbegriffen
sind zusammen mit den übrigen weniger Gebildeten. Denn
jedes Ganze ist größer als ein Teil von ihm im Handeln und
auch im Beurteilen. Dies war unzweifelhaft die Meinung des
Aristoteles Pol. B. 3, Kap. 6[137], wenn er sagte: *Deshalb ist
gerechterweise in dem Wichtigeren das Volk entscheidend,*
d. h., gerechterweise muß die letzte Entscheidung über das
Wichtigere im Staate das Volk oder die Gesamtheit der Bürger oder deren Mehrheit haben, die er mit dem Wort Volk
bezeichnet, wobei er als Grund dafür feststellt: *Aus vielen
besteht ja das Volk und die Volksversammlung und das Gericht und die Oberschicht, und alle diese zusammen sind
zahlreicher als irgendein einzelner oder eine Gruppe, einschließlich der wenigen, die hohe Ämter bekleiden.* Er will
sagen, daß stärker als alle Gruppen des Staates oder der
Stadt zusammengenommen die Menge oder das Volk ist und
folglich das Urteil der Menge sicherer ist als das Urteil eines
Teiles gesondert, mag dieser Teil die Masse sein, die er hier
mit dem Wort *Volksversammlung*[138] bezeichnet hat wie
Bauern, Handwerker und derartige Leute, mag es das *Gericht* sein, d. h. die im Dienste der Regierung stehenden Juristen wie Anwälte oder Rechtskundige und Notare, mag es
die *Oberschicht*[139] sein, d. h. die Schicht der Vornehmsten, die
ihrer wenige sind und die zweckmäßig allein in die höchsten
Ämter gewählt werden, mag es jeder beliebige andere Teil
der Bevölkerung sein für sich genommen. Ferner: Mögen
auch, wie es der Wahrheit entspricht, einige weniger Gebildete nicht gleich gut über einen Gesetzentwurf und eine
andere Frage des Handelns wie ebensoviel Gebildete urteilen, so könnte doch die Zahl der weniger Gebildeten so weit
gesteigert werden, daß sie gleich gut oder besser darüber
urteilten als wenige Gebildetere. Das hat Aristoteles an der
oben angeführten Stelle klar ausgesprochen, wobei er folgende Meinung sichern will[140]: *Wenn die Menge nicht zu
minderwertig ist, wird zwar jeder einzelne ein schlechterer*

Richter sein als die Wissenden, alle aber zusammengenommen werden besser sein oder wenigstens nicht schlechter.

Auf das Zitat aus dem Prediger B. 1 aber: *Unendlich ist die Zahl der Toren*, muß man entgegnen, daß unter *Toren* verstanden werden weniger Gebildete oder solche, die keine Muße für geistige Arbeit haben, aber doch auch Verständnis für die Fragen des praktischen Handelns und ein Urteil darüber haben, wenn auch nicht in gleicher Weise wie diejenigen, die Muße haben. Oder vielleicht hat dort der weise Prediger mit den *Toren* die Ungläubigen gemeint, wie ebenda Hieronymus sagt, die auch, mögen sie in weltlichen Wissenschaften noch so gelehrt sein, schlechthin Toren sind im Sinne jenes Ausspruchs des Apostels im 1. Korintherbrief im 3. Kap.[141]: *Die Weisheit dieser Welt ist Torheit vor Gott.*

§ 5 (2) Der zweite Einwand hat wenig Gewicht; denn mag es auch leichter sein, die Meinung weniger zusammenzubringen als die sehr vieler, so darf man daraus nicht schließen, die Meinung der wenigen oder eines Teiles sei trefflicher als die des ganzen Volkes, von dem die wenigen ein Teil sind. Denn diese wenigen würden nicht ebenso gut entscheiden noch den Vorteil der Allgemeinheit ebenso wollen wie die Gesamtheit der Bürger. Vielmehr, wie aus dem eben Gesagten hervorging, wäre es unsicher, dem Ermessen von wenigen die Gesetzgebung anzuvertrauen. Sie würden nämlich dabei vielleicht als Einzelpersonen oder als Gruppe mehr auf den eignen Vorteil sehen als auf den der Allgemeinheit, was bei denen, die die Dekretalen der Kleriker erlassen haben, deutlich genug ist, wie wir II 28[142] auch hinreichend klarmachen werden. Dadurch würde nämlich der Oligarchie ein Weg gebahnt, wie, wenn man einem allein die Gewalt über die Gesetzgebung überträgt, der Tyrannis Raum gegeben wird, was wir I 11, 4[143] aus der Ethik des Aristoteles B. 4, der Abhandlung über die Gerechtigkeit, angeführt haben.

§ 6 Der dritte Einwand (3) läßt sich auf Grund des eben Gesagten leicht zurückweisen: Wenn auch Weise Gesetze bes-

ser geben können als weniger Gebildete, so darf man daraus
doch nicht schließen, daß Weise allein sie besser geben als die
Gesamtheit der Bürger, in der auch die eben genannten Weisen eingeschlossen sind. Nein, deren aller geschlossene Masse
kann das für die Allgemeinheit Gerechte und Nützliche klarer beurteilen und energischer wollen als ein beliebiger Teil
der Gesamtheit für sich allein genommen, mag er noch so
klug sein.

§ 7 Daher spricht nicht die Wahrheit, wer behauptet, die
weniger gebildete Menge hindere die Wahl und Annahme
des Richtigen oder des allgemeinen Besten. Vielmehr, sie
hilft dabei, wenn sie vereinigt ist mit den Gebildeteren und
Erfahreneren. Denn mag sie auch richtige und nützliche Vor-
schläge aus eigener Kraft nicht zu finden wissen, so kann sie
doch das von anderen Gefundene und ihr Vorgelegte entscheiden und kann beurteilen, ob es nötig scheint, in dem
Entwurf etwas zuzusetzen, zu streichen oder völlig zu ändern oder abzulehnen. Denn vieles erfaßt ein Mensch durch
die Rede eines anderen und kann dann zur Vervollkommnung vieler Dinge beitragen, zu deren Anfängen oder Erfindung er aus eigener Kraft nicht hätte kommen können. Die
Anfänge der Dinge sind nämlich sehr schwer zu finden, weshalb Aristoteles in den Widerlegungen B. 2 im Schlußkapitel[144] sagt: _Es ist sehr schwierig, den Anfang zu sehen_, den
der Wahrheit und den für jedes Wissenschaftsgebiet spezi-
fischen. Dann aber ist es leicht, Zusätze und Erweiterungen
zu machen; denn die Anfänge der Wissenschaften und Techniken und anderer Disziplinen zu finden ist nur den besten
und nur scharfsinnigen Geistern gegeben; zu dem Gefundenen aber können auch bescheidenere Geister Zusätze machen;
die darf man doch deswegen nicht urteilslos nennen, wenn
sie aus eigener Kraft dergleichen nicht finden können, vielmehr muß man sie auch unter die Guten rechnen; so hat
Aristoteles Ethik B. 1, Kap. 2[145] gesagt: _Der ist der Beste, der
sich allein alles ausdenkt. Gut aber ist andererseits auch, wer
einem, der gute Gedanken hat, gehorcht_, wenn er nämlich

ihn anhört und ihm nicht ohne vernünftigen Grund widerspricht.

§ 8 Deswegen ist es zweckmäßig und sehr nützlich, wenn die Gesamtheit der Bürger es den Klugen und Erfahrenen überläßt, für das im staatlichen Leben Gerechte und Nützliche und für das Unbequeme oder die öffentlichen Lasten und ähnliches mehr Gesetzentwürfe, künftige Gesetze oder Satzungen, zu suchen oder zu finden und zu prüfen, entweder so, daß gesondert jeder der ersten Bestandteile des Staates, wie I 5, 1[146] aufgeführt sind – jedoch im Verhältnis zu seiner Stärke –, einige Vertreter wählt, oder so, daß die Vollversammlung alle erfahrenen oder klugen eben genannten Männer wählt. Dies wird das zweckmäßige und nützliche Verfahren sein, zur Findung von Gesetzen zusammenzutreten ohne Schaden für die übrige Bevölkerung, die weniger Gebildeten, die beim Suchen derartiger Entwürfe wenig Erfolg hätte und von den übrigen für sie und für andere notwendigen Arbeiten abgelenkt würde, was für die einzelnen wie für die Gesamtheit lästig wäre. Die gefundenen und sorgfältig geprüften Entwürfe dieser Art, die künftigen Gesetze, müssen in der Vollversammlung zur Annahme oder Ablehnung vorgelegt werden, damit jeder Bürger sich äußern kann, wenn ihm Zusätze, Streichungen, Änderungen oder völlige Ablehnung notwendig scheinen; denn dadurch wird die Fassung des Gesetzes nützlicher werden können. Wie eben gesagt, können nämlich die weniger gebildeten Bürger manchmal an dem Gesetzentwurf etwas als verbesserungsbedürftig empfinden, obwohl sie ihn selbst niemals finden könnten. Da die so gegebenen Gesetze besser befolgt werden, weil das ganze Volk sie angehört und ihnen zugestimmt hat, so wird auch keiner Anlaß haben, gegen sie etwas einzuwenden.

Wenn die eben genannten Entwürfe, die künftigen Gesetze, veröffentlicht worden sind, und zwar in der Vollversammlung, und wenn die Bürger gehört worden sind, die etwas über sie in vernünftiger Weise zu sagen wünschten, muß man

wieder Männer wählen, wie wir sie vorhin geschildert haben,
und in dem geschilderten Verfahren, oder die vorhin Genannten müssen bestätigt werden, die als Repräsentanten
der Gesamtheit und ihrer Autorität die obengenannten in
Frage stehenden und eingebrachten Entwürfe annehmen
oder verwerfen sollen im ganzen oder teilweise[147], oder wenn
sie es will, wird die Gesamtheit der Bürger das tun oder
ihre Mehrheit. Nach dieser Annahme sind die eben erwähnten Entwürfe Gesetze und verdienen diesen Namen, aber
nicht vorher. Diese bedrohen auch nach ihrer Veröffentlichung oder Verkündung als einzige von menschlichen Vorschriften die Übertreter mit Schuld und Strafe im öffentlich-
rechtlichen[148] Sinne.[149]

Daß also die Befugnis, Gesetze zu geben oder zu beschließen und über ihre Befolgung eine zwingende Vorschrift zu
erlassen, allein der Gesamtheit der Bürger oder deren Mehrheit als bewirkender Ursache zusteht oder dem oder denen,
die die eben genannte Gesamtheit mit der Vollmacht dazu
betraut hat, glauben wir mit dem Gesagten zur Genüge
nachgewiesen zu haben.

KAPITEL XIV

Die Eigenschaften oder Anlagen des vollkommenen
Regenten; es soll deutlich werden, was für ein Mensch
d e r sein muß, der mit der Regierung betraut werden
soll. Daraus ergibt sich auch die richtige Materie oder
das richtige Substrat der menschlichen Gesetze

§ 1 Nunmehr ist über die bewirkende Ursache des regierenden Bestandteiles des Staates zu sprechen. Das wird bedeuten, streng logisch nachzuweisen, wer die Befugnis hat,
ihn zu wählen und dann die übrigen Bestandteile des Staates
einzusetzen. Denn über die Einsetzung des nichtgewählten

regierenden Bestandteils ist I 9, 5[150] zur Genüge gehandelt worden. Wir werden zunächst beginnen mit der Feststellung, was für ein Mensch der sein muß, der zweckmäßigerweise zur Regierung gewählt oder erhoben werden soll. Denn davon werden wir sicherer den Übergang finden zu der Instanz, die seine Wahl oder Einsetzung bewirkt.

§ 2 Es gibt zwei innere Eigenschaften eines künftigen vollkommenen Regenten, die immer zugleich vorhanden sein müssen, Klugheit und sittliche Tüchtigkeit, besonders Gerechtigkeit: Die eine, um seinen Verstand bei der Regierung zu leiten, die Klugheit; daher heißt es Pol. B. 3, Kap. 2[151]: *Die Klugheit ist der einzige spezifische Vorzug des Herrschers, denn die anderen scheinen Regierten und Regierenden gemeinsam zu sein.* Die andere Eigenschaft ist die, die seine richtige Gesinnung schaffen soll, die sittliche Tüchtigkeit, vor allem die Gerechtigkeit. Daher sagt Aristoteles Ethik B. 4[152] in der Abhandlung über die Gerechtigkeit: *Der Regent ist Hüter des Gerechten.*

§ 7 Außer dieser[153] muß der künftige Regent auch eine gewisse Tugend besitzen, epieikeia genannt, die den Richter besonders in seiner inneren Einstellung leitet, wo das Gesetz versagt. Daher sagt Aristoteles in der Ethik B. 4[154] in der Abhandlung über die Gerechtigkeit: *Und dies ist das Wesen des epieikes, eine Richtigstellung des Gesetzes, wo es wegen eines Sonderfalles versagt.* Dies, glaube ich, wollen die Juristen Sinn für *Billigkeit*[155] nennen. Das ist nämlich eine Art wohlwollende Auslegung oder Milderung des Gesetzes in einem Falle, den es unter der allgemeinen Fassung der strengen Norm begreift und in dem man insofern von einem Versagen des Gesetzes spricht, als es ihn von der Regel nicht ausgenommen hat, den es jedoch, hätte es ihn erwarten können, von der allgemeinen Fassung der Regel mit einer Milderung oder ganz und gar ausgenommen haben würde.[156] Ferner wird daneben auch eine ganz besondere Liebe oder wohlwollende Gesinnung des künftigen Regenten für Staat und Bürger verlangt. Denn aus dieser Liebe heraus werden die Handlungen des Regenten für den Nutzen der Allgemeinheit und der einzelnen in ihrer Fürsorglichkeit und Güte gesteigert.

§ 8 Außer diesen genannten Eigenschaften und Anlagen braucht der Regent ein gewisses äußeres Werkzeug, eine bestimmte Zahl von Bewaffneten, die es ihm ermöglicht, seine richterlichen Entscheidungen gegen Aufrührer und ungehorsame Bürger durch eine zwingende Macht[157] zu vollstrecken. Daher sagt Aristoteles Pol. B. 7, Kap. 6[158]: *Die aber zusammenleben*, ergänze: im Staate, *müssen im eigenen Interesse Waffen haben*, d. h. eine bestimmte Menge Bewaffneter, *wegen derjenigen, die der Regierung nicht gehorchen*, d. h. um Ungehorsam gegen die Regierung zu strafen. Denn sonst wären die Gesetze und die richterlichen Entscheidungen zwecklos, wenn nämlich deren Vollstreckung nicht durchgesetzt werden könnte. Diese bewaffnete Macht des Regenten muß aber der Gesetzgeber begrenzen wie seine übrigen staatlichen Rechte. Nur so stark darf sie sein, daß sie über die Macht jedes einzelnen Bürgers für sich oder einiger zusammen hinausgeht, nicht jedoch über die aller zusammen oder des größeren Teils, damit der Regent sich nicht herausnimmt oder die Macht hat, die Gesetze zu verletzen und ohne oder gegen sie despotisch zu regieren. Daher sagt Aristoteles Pol. B. 3, Kap. 9[159]: *Er muß nämlich so viel Macht haben, daß sie größer ist als die der einzelnen – eines einzigen und mehrerer zugleich[160] –, geringer aber als die des Volkes*. Man muß aber *plurium simul* als »mehrerer zugleich« verstehen, also nicht komparativisch, d. h. nicht als den größeren Teil, sondern positivisch, als bedeutungsgleich mit Vielzahl, d. h. mit irgendeiner Menge, nicht jedoch mit Mehrheit der Bürger. Würde es nämlich nicht so verstanden, so bestünde ein Widerspruch in seinen Worten. Diese zwingende Macht braucht aber der künftige Regent vor seiner Wahl nicht zu haben im Gegensatz zu inneren Anlagen, von denen wir soeben gesprochen haben. Denn sonst würden tüchtige Arme niemals zu Regenten genommen. Das Gegenteil wünschte derselbe Aristoteles B. 2, Kap. 8[161] mit den Worten: *Es ist eines der notwendigen Erfordernisse, von vornherein darauf zu sehen, daß die Besten Muße haben können und in keiner Weise beschimpft werden, weder als Regierende noch als Privatleute.*

§ 9 Um jedoch, was über die Anlagen der Regenten und das sonst für sie Notwendige vorgebracht worden ist, kurz zusammenzufassen, wollen wir sagen: Klugheit und sittliche Tüchtigkeit sind erforderlich für den künftigen Regenten oder die künftigen Regenten, wenn es mehrere sind, wie in der Aristokratie, und zwar schon vor der Wahl. Die bewaffnete Macht aber ist notwendig für den Träger des höchsten Amtes der Stadt oder des Staates als Mittel oder äußeres Werkzeug, um seine im Sinne des Gesetzes gefällten Entscheidungen zu vollstrecken; doch soll er diese Macht nicht vor seiner Wahl haben, sondern zugleich mit der Regierung erhalten. Die besondere Liebe oder wohlwollende Gesinnung für Staat und Bürger bedeutet aber eine Steigerung in der Güte und Fürsorglichkeit seiner Staatsführung, wenn diese Eigenschaft des Regenten auch nicht so unentbehrlich ist wie die obengenannten.

KAPITEL XV

Die bewirkende Ursache der besten Form der Einsetzung der Regierung; daraus ergibt sich auch die bewirkende Ursache der übrigen Bestandteile des Staates

§ 1 Im Anschluß an das Gesagte ist noch die bewirkende Ursache des regierenden Bestandteils aufzuzeigen, die einer oder mehreren Personen die Ermächtigung zu einer auf Wahl beruhenden Regierung gibt. Durch diese Ermächtigung wird einer nämlich tatsächlich Regent, nicht durch Wissen von Gesetzen, Klugheit oder sittliche Tüchtigkeit, obgleich dies Eigenschaften des vollkommenen Regenten sind. Diese haben vielleicht viele und sind doch nicht Regenten, weil ihnen diese Ermächtigung fehlt, sie sind es höchstens der Möglichkeit nach.

§ 2 Kehren wir also zu unserer Frage zurück und sagen, wie es der Wahrheit und der Meinung des Aristoteles Pol. B. 3, Kap. 6[162] entspricht: Die Gewalt zur Einsetzung der Regierung oder deren Wahl kommt dem Gesetzgeber oder der Gesamtheit der Bürger ebenso zu wie nach I 12[163] die Gesetzgebung, ferner jeder Tadel der Regierung, weiter die Absetzung, falls sie für das Allgemeinwohl geboten sein sollte. Denn das ist eine von den wichtigeren Aufgaben im Staate, die der Gesamtheit der Bürger zustehen, wie wir aus den Worten des Aristoteles Pol. B. 3, Kap. 6[164] in I 13, 4[165] geschlossen haben. *Das Volk* ist nämlich *entscheidend in dem Wichtigeren*[166], wie es ebenda hieß. Das Verfahren der eben genannten Einsetzung oder Wahl wechselt vielleicht nach der Verschiedenheit der Länder. Aber bei allen Abweichungen im einzelnen ist in jedem Falle zu beachten, daß eine solche Wahl oder Einsetzung immer der Gesetzgeber vollzieht, als den wir die Gesamtheit der Bürger oder deren Mehrzahl sehr oft bezeichnet haben. Diese Behauptung kann und muß sich auf dieselben Schlüsse stützen, mit denen wir in I 12[167] gezeigt haben, Gesetzgebung, Änderung und was sonst für die Gesetze in Frage kommt stehe der Gesamtheit der Bürger zu; man braucht nur den Unterbegriff der Schlüsse zu ändern: statt des Begriffs »Gesetz« nimmt man den Begriff »Regent«.

§ 3 Dies ist aber neben seiner logischen Richtigkeit auch sehr wahrscheinlich, wenn man das Denknotwendige wahrscheinlich nennen darf. Denn wer eine Form zu schaffen hat, der muß auch ihr Substrat bestimmen, wie in allen Handwerken und Techniken zu sehen ist. Daher sagt auch Aristoteles Physik B. 2, Kap. 4[168]: *Aufgabe der gleichen Wissenschaft ist es, Form und Materie bis zu einem gewissen Grade zu erkennen, wie der Arzt die Gesundheit und die Galle und*

*den Schleim kennt, worauf die Gesundheit beruht. Ebenso
ist es Aufgabe des Baumeisters, die Gestalt des Hauses und
das Material, nämlich Ziegelsteine und Holz, zu kennen.* So
ist das auch bei den übrigen Schöpfungen von Technik und
Natur deutlich durch eine einleuchtende Induktion. Die Ursache davon ist, daß die Formen mit ihren Formkräften
Zwecke sind, derentwegen Materien vorhanden sind oder
geschaffen werden, wie in demselben Buch und Kapitel gesagt ist. Da es also der Gesamtheit der Bürger zusteht, die
Form zu erzeugen, nach der alles Handeln im Staate geregelt
werden soll, das Gesetz, so wird es offenbar Aufgabe derselben Gesamtheit sein, die Materie oder das Substrat dieser
Form zu bestimmen, das nach dieser Form das Handeln der
Menschen im Staate zu ordnen hat, nämlich den regierenden
Bestandteil. Da nun das Gesetz die b e s t e Form der staatlichen Gemeinschaft ist, so muß für das Gesetz das nach seinen Anlagen b e s t e Substrat bestimmt werden. Das haben
wir auch im vorausgehenden Kapitel durch einen Wahrscheinlichkeitsbeweis erschlossen. Daraus kann offenbar mit
Recht gefolgert werden, daß der erwählte Herrscher, und
zwar der ohne Erbfolge, infolge der ⟨von ihm vertretenen⟩
besseren Staatsform schlechthin den nichtgewählten oder den
mit Erbfolge eingesetzten überlegen ist.

§ 4 Nachdem wir nun die bewirkende Ursache dieses Bestandteils gezeigt haben, ist nach unserem häufig erwähnten
Vorhaben anschließend die bewirkende Ursache zu nennen,
die die übrigen Berufsstände oder Bestandteile des Staates
einsetzt und bestimmt. Als diese primäre Ursache bezeichnen
wir den Gesetzgeber, als sekundäre, fast werkzeugartige
oder ausführende, den, der kraft der ihm vom Gesetzgeber
dafür übertragenen Ermächtigung regiert nach der ihm
gleichfalls vom Gesetzgeber gegebenen Form, dem Gesetz,
dem gemäß er immer nach Möglichkeit das Handeln im
Staate lenken und ordnen soll, wie im vorausgehenden Kapitel gezeigt worden ist. Denn der Gesetzgeber als die primäre und eigentliche Ursache muß zwar bestimmen, wer im

Staate Berufe ausüben soll und was für Berufe, aber der regierende Bestandteil befiehlt die Durchführung solcher Beschlüsse wie auch die der übrigen gesetzlichen Vorschriften und hemmt sie nötigenfalls. Es ist nämlich zweckmäßiger, ihn die gesetzlichen Vorschriften durchführen zu lassen als die Gesamtheit der Bürger; denn e i n Vertreter der Regierung oder wenige genügen, wo es zwecklos wäre, die gesamte Gemeinschaft heranzuziehen, die dadurch obendrein von anderen notwendigen Aufgaben abgelenkt würde. Denn auch wenn die Regierung das tut, tut es die gesamte Gemeinschaft; denn nach der Bestimmung der Gemeinschaft, der gesetzlichen, tut es die Regierung, die auch, da es wenige sind oder nur einer, die gesetzlichen Vorschriften leichter durchführt.

§ 5 Hierin hat aber die menschliche Fürsorge zweckmäßig die Natur nachgeahmt. Weil nämlich der Staat und seine Bestandteile vernunftgemäß eingerichtet sind, stehen sie in Analogie zu einem lebenden Wesen und seinen Teilen, die nach der Natur vollkommen gebildet sind, wie aus Aristoteles Pol. B. 1 und 5[169], jedesmal Kap. 2, hervorgeht. Wie nun die Tätigkeit der Natur bei der vollkommenen Bildung eines Lebewesens ist, so war entsprechend die des menschlichen Geistes bei der zweckmäßigen Einrichtung des Staates und seiner Bestandteile. Um diese Entsprechung zu beschreiben, aus der die Wirksamkeit und Bestimmung der Bestandteile des Staates klarer werden wird, wollen wir mit Aristoteles Über die Teile der Tiere B. 16[170] und, abweichend von Galen Über die Entstehung der Lebewesen[171], auch in Übereinstimmung mit den übrigen sachkundigsten Gelehrten späterer Zeit annehmen: Ein bestimmtes bewegendes Prinzip[172] oder eine bewegende Ursache – mag das die Form der Materie oder eine getrennte Form oder ein anderer Träger der Kraft sein, die das Lebewesen oder seine Teile erzeugt – bildet zuerst der Zeit und Natur nach einen bestimmten organischen Teil dieses Lebewesens und in ihm eine natürliche Kraft oder Gewalt mit einer Wärme als aktivem Prinzip:

eine Kraft und Wärme, sag ich, von umfassender Wirkursächlichkeit für Bildung und Unterscheidung aller anderen
Teile des Lebewesens. Dieser zuerst gebildete Teil ist das
Herz oder ein dem Herzen entsprechender Teil, wie Aristoteles an der oben angeführten Stelle[173] gesagt hat und die
übrigen sachkundigsten Philosophen, denen man wegen ihrer
Erfahrung hierin glauben und ⟨deren Lehre⟩ man ohne Prüfung jetzt voraussetzen muß; sie zu beweisen ist ja nicht
Aufgabe der gegenwärtigen Untersuchung. Dieser zuerst gebildete Teil ist edler und vollkommener in seinen Eigenschaften und Anlagen als die übrigen Teile des Lebewesens.
In ihm hat nämlich die schaffende Natur eine Kraft und ein
Werkzeug gesetzt, die die übrigen Teile des Lebewesens aus
dem passenden Material bilden, trennen, unterscheiden,
untereinander ordnen, in ihren Anlagen erhalten und mit
Hilfe der Natur vor Schaden, soweit diese es erlaubt, bewahren; wenn sie aber von ihrer Natur infolge einer Krankheit oder eines anderen Hindernisses abgewichen sind, so
stellt die Kraft dieses Teiles sie wieder her.

§ 6 Entsprechende Betrachtungen muß man an einem sinnvoll nach der Vernunft eingerichteten Staat anstellen. Denn
die Seele der Gesamtheit der Bürger oder ihrer Mehrheit
bildet im Staate zuerst einen dem Herzen entsprechenden
Bestandteil oder muß ihn bilden; in diesen Teil setzt die
Seele eine gewisse Kraft oder Form und dazu eine aktive
Gewalt oder Vollmacht, die übrigen Bestandteile des Staates
einzurichten. Dieser Bestandteil ist die Regierung; deren an
Wirkursächlichkeit umfassende Kraft ist das Gesetz und ihre
aktive Gewalt die Befugnis, Urteile zu fällen, Vorschriften
zu erlassen und die Entscheidungen über das im staatlichen
Sinne Nützliche und Gerechte zu vollstrecken. Deswegen hat
Aristoteles Pol. B. 7, Kap. 6[174] gesagt, die Regierung sei der
allernotwendigste Bestandteil im Staate. Der Grund dafür
ist: Der befriedigende Zustand, der durch die übrigen Bestandteile oder Berufsstände des Staates geschaffen wird,
könnte bei deren Wegfall woandersher in ausreichender

Weise geschaffen werden, wenn auch nicht so leicht, z. B.
durch Schiffahrt und die Staatseinnahmen[175]; aber ohne Regierung kann die staatliche Gemeinschaft nicht bestehen oder
wenigstens nicht lange; denn *Ärgernisse müssen kommen*, wie
es bei Matthäus[176] heißt. Dies aber sind Streitigkeiten und
Rechtsverletzungen der Menschen untereinander; würden
diese nicht durch die Norm des Gerechten, das Gesetz, und
durch den Regenten gesühnt oder ausgeglichen, der nach dem
Gesetz diesen Ausgleich zu vollziehen hat, so würden daraus Kampf und Spaltung der im Staate vereinigten Menschen und schließlich Untergang des Staates und Verlust des
befriedigenden Daseins hervorgehen.

§ 7 Dieser Bestandteil des Staates muß auch in seinen Anlagen, d. h. an Klugheit und sittlicher Tüchtigkeit, edler und
vollkommener sein als die übrigen Bestandteile des Staates.
Daher hat Aristoteles Pol. B. 7, Kap. 12[177] gesagt: *Wären die
einen von den anderen so verschieden, wie nach unserer Vorstellung von den Menschen Götter und Heroen verschieden
sind, die doch erstens körperlich einen großen Vorzug haben,
ferner seelisch, so daß die Überlegenheit der Regierenden
über die Untertanen unbezweifelbar und augenscheinlich
wäre, so wäre es offenbar besser für sie, wenn jene Herrscher, diese Untertanen wären ein für allemal*, d. h. lebens-
länglich. Das Prinzip, das den Staat schafft, die Seele der
Gesamtheit, hat auch in diesem ersten Bestandteil eine bestimmte Kraft von umfassender Wirkursächlichkeit gesetzt,
das Gesetz, und dazu Vollmacht oder Gewalt, Recht zu
sprechen, Anordnungen zu erlassen und durchzuführen nach
dem Gesetz, nicht anders. Denn wie die angeborene Wärme
des Herzens selbst als ihres Substrats, durch die das Herz
oder seine Form alle Tätigkeiten vollkommen ausführt, in
ihrem Wirken durch Form oder Kraft des Herzens gelenkt und geregelt wird – sonst würde sie nicht zum richtigen Zweck wirken –; ferner wie auch eine ⟨zweite⟩ Wärme,
die man spiritus nennt, als ein Mittel zur vollkommenen
Ausführung der Tätigkeiten im ganzen Körper von der-

selben Kraft gelenkt wird – sonst würde keine dieser beiden
Wärmearten zu dem richtigen Zweck hinwirken, das *Feuer*
hat ja eine *weniger gute Wirkung als die Werkzeuge*, wie in
›Über die Zeugung‹[178] und ›Über die Seele‹, B. 2[179] steht –,
so entspricht auch die einem Menschen verliehene Regierungsgewalt der ⟨zuerst genannten⟩ Wärme des Herzens als
ihres Substrates; und so muß auch seine bewaffnete oder
zwingende werkzeugartige Gewalt, die der Wärme, die wir
spiritus genannt haben, entspricht, in Urteil, Verordnung
und deren Durchführung auf dem Gebiet des Gerechten und
Nützlichen im Staatsleben durch das Gesetz geregelt werden – sonst würde der Herrscher nicht zu dem richtigen
Zweck wirken, der Erhaltung des Staates, wie in I 11[180] bewiesen worden ist.

§ 8 Ferner muß die Regierung gemäß der eben genannten
Kraft, dem Gesetz, und der ihr verliehenen Vollmacht die
verschiedenen Bestandteile und Berufsstände des Staates aus
dem dazu passenden Material aufbauen, den Menschen mit
ihren Fähigkeiten oder Habitus, wie sie zu den Berufen pas-
sen. Solche Menschen sind nämlich das geeignete Material
für die Bestandteile des Staates, wie I 7[181] gesagt worden ist.
Das ist nämlich Norm oder Gesetz der gut eingerichteten
Staaten, für die Berufe des Staates Menschen zu bestimmen,
die die dazu passenden praktischen Habitus haben, diejenigen aber, welche diese Habitus nicht haben, z. B. die jungen
Leute, zu veranlassen, sich diejenigen anzueignen, zu denen
sie ihrer Begabung nach am meisten neigen. Dies war hierin
die Meinung des großen Aristoteles, der in der Ethik B. 1,
Kap. 1[182] gesagt hat: *Welche von den Wissenschaften in den
Staaten vorhanden sein sollen und was für welche jeder lernen soll und bis zu welchem Grade, das verfügt diese im
voraus*, nämlich die politische oder gesetzgebende Klugheit
und folglich der, der nach dem Gesetz den Staat verwaltet,
der Regent. Das hat er auch in der Politik B. 7, Kap. 13[183]
gesagt: *Bei der Gesetzgebung muß der Staatsmann auf alles
schauen, was die Teile der Seele wie deren Widerfahrnisse*

angeht. Dasselbe äußert er auch in B. 8, Kap. 1[184] desselben
Werkes mit den Worten: *Daß nun der Gesetzgeber sich um
die Erziehung der Lebenden bemühen muß, wird wohl keiner bezweifeln. Denn geschieht das nicht, so wird es die Staaten schädigen.* Aus alledem ergibt sich also, daß dem Gesetzgeber die Bestimmung oder Einsetzung der Berufsstände und
der Bestandteile des Staates und die Entscheidung über diese
Bestimmung zukommt, aber Anordnung und Ausführung
dem, der nach dem Gesetz regiert, zufallen.

§ 9 Das ließe sich mit denselben Beweisen aufzeigen, die
wir bei der Gesetzgebung und der Einsetzung der Regierung
in I 12[185] und oben verwendet haben; man braucht nur den
Unterbegriff in den Schlüssen zu ändern.

§ 10 Deswegen ist es dem einzelnen nicht erlaubt, nach Belieben sich einen Beruf im Staat auszusuchen, am wenigsten
den Fremden. Denn es darf oder kann vernünftigerweise
nicht jeder beliebige nach Wunsch sich dem Kriegsdienst oder
dem Priesteramt zuwenden, noch darf das die Regierung erlauben; denn dann wäre der Staat ungenügend versorgt mit
dem, was andere Berufe schaffen müssen. Vielmehr muß für
solche Berufe die Regierung die Personen bestimmen, auch
zahlenmäßige Stärke und politischen Einfluß dieser Bestandteile oder Berufsstände und dergleichen, damit nicht etwa
wegen ihres unverhältnismäßigen Wachstums der Staat sich
auflöst. Deswegen hat Aristoteles in der Politik B. 5,
Kap. 2[186] gesagt: *Auch wegen unverhältnismäßigen Wachstums ⟨einzelner Teile⟩ treten Verfassungsänderungen auf.
Wie nämlich ein Körper aus Teilen besteht und im richtigen
Verhältnis wachsen muß, damit das Ebenmaß erhalten bleibt,
sonst aber zugrunde geht: wenn er nämlich* nicht nur quanti-
tativ, *sondern auch* qualitativ *unverhältnismäßig wächst, so
besteht auch der Staat aus Bestandteilen, von denen oft einer
unbemerkt zunimmt, z. B. die Masse der Besitzlosen in den
Demokratien* und die Priesterschaft im Gesetz der Christen.
Dasselbe sagt er in der Politik B. 3, Kap. 7[187]; den Wortlaut
lasse ich weg, um die Darstellung abzukürzen.

§ 11 Ferner muß dieser Bestandteil, der regierende, kraft seiner Amtsgewalt nach dem Gesetz das Gerechte und sittlich Gute vorschreiben und das ihm Entgegengesetzte verhindern durch Tat wie durch Wort, durch Belohnung der Verdienste derer, die die gesetzlichen Vorschriften befolgen, und durch Bestrafung der Verfehlungen der Übertreter. So wird er jeden Bestandteil des Staates in dem richtigen Sein erhalten und vor Schädigungen und Beeinträchtigungen schützen. Wenn aber einer von ihnen Unrecht leidet oder tut, dann muß er durch Eingreifen der Regierung geheilt werden, ⟨und zwar⟩ der Übeltäter durch eine Strafe. Die Strafe ist nämlich gleichsam eine Art Heilmittel für das Vergehen. Daher sagt Aristoteles in der Ethik B. 2, Kap. 2[188]: *Das beweisen aber auch die Strafen, die deswegen erteilt werden*, d. h. wegen der Lustgefühle beim Übeltun; *die Strafen sind nämlich eine Art Heilmittel.* Wer aber Unrecht erlitten hat, wird geheilt werden durch eine Entschädigung, und so wird alles wieder in das richtige Gleichmaß oder Verhältnis gebracht werden.

§ 12 Ferner erhält dieser Bestandteil die übrigen Bestandteile des Staates und unterstützt sie bei der Erfüllung ihrer Aufgaben, der ihnen eigentümlichen wie der gemeinsamen: der ihnen eigentümlichen, die sich ja aus ihren eigentümlichen Berufen ergeben, der gemeinsamen, die durch ihr Zusammenwirken entstehen: beides geriete in Verwirrung, wenn die Tätigkeit der Regierung in der Zurechtweisung der Gewalttätigen aussetzte.

§ 13 Deswegen darf die Tätigkeit der Regierung im Staate niemals aussetzen, ebensowenig wie die Tätigkeit des Herzens in einem Lebewesen; denn mag auch die Tätigkeit der anderen Bestandteile des Staates eine Zeitlang aussetzen können ohne Schaden für die einzelne Person, eine Gruppe oder die Gemeinschaft, z. B. die Tätigkeit des Heeres in Friedenszeiten, ebenso auch die der übrigen Bestandteile, so kann doch die primäre Tätigkeit dieses regierenden Bestandteils und seiner Kraft niemals aussetzen ohne Schaden. Denn

in jeder Stunde oder in jedem Augenblick muß die Befehlsgewalt und die allgemeine Aufsicht über das gesetzlich Erlaubte und Verbotene bestehen, und wenn einmal Unerlaub-
tes oder Ungerechtes vorkommt, so muß die Regierung dergleichen vollkommen in Ordnung bringen oder vorläufige
Maßregeln treffen zur Wiederherstellung der Ordnung.

§ 14 Aus alledem kann die Rangordnung der Bestandteile
des Staates zur Genüge deutlich werden; sie ordnen sich ja
wegen des Regenten und auf ihn hin als den allerersten
⟨Mann im Staate⟩ für die gegenwärtige Welt. Denn d e r
Bestandteil ist in der staatlichen Gemeinschaft der allererste,
der die übrigen einzusetzen, zu bestimmen und zu erhalten
hat in der gegenwärtigen Welt und für die gegenwärtige
Welt oder den Staatszweck. Das aber ist der nach dem
menschlichen Gesetz regierende Bestandteil, wie wir eben
mit einem Wahrscheinlichkeitsbeweis und einem streng logischen Beweis erschlossen haben. Also ist er der allererste,
und auf ihn hin ordnen sich die übrigen.
Über die bewirkende Ursache der Wahl des regierenden Bestandteiles nun und ebenso über die Einsetzung der übrigen
Bestandteile des Staates und deren Rangordnung sei in dieser Weise die Erörterung abgeschlossen.

KAPITEL XVII

Die Einheit der obersten Regierung in Stadt oder Staat
und die Notwendigkeit dieser Einheit; daraus ergibt
sich auch die Einheit von Stadt oder Staat und die Einheit der einzelnen Grundbestandteile oder Berufsstände
der Stadt oder des Staates

§ 1 Anschließend wird von der Einheit des regierenden
Bestandteiles oder der Regierung zu sprechen sein; dazu
wollen wir sagen: In einer einzigen Stadt oder einem einzi-

gen Staat darf es nur eine einzige Regierung geben; oder wenn es mehrere an Zahl oder Art sind, wie es bei großen Städten vorteilhaft zu sein scheint und besonders bei einem Staat[189] in der ersten Bedeutung, so muß unter ihnen e i n e die alleroberste sein, auf die alle übrigen zurückzuführen sind und die ihnen Richtlinien gibt und auch die bei ihnen vorkommenden Irrtümer berichtigen soll.

§ 2 Diese Regierungsgewalt, die oberste, wird, so behaupte ich, mit Notwendigkeit nur e i n e sein; mehrere kann es nicht geben, wenn Staat oder Stadt richtig regiert werden soll, und dasselbe sage ich von d e m Bestandteil des Staates, der als Verkörperung dieser Regierungsgewalt regiert, die somit sich einheitlich betätigt nicht wie ein Individuum menschlicher Art, sondern in der Amtshandlung. Es gibt nämlich manche einheitliche oberste und gutgeordnete Staatsform, bei der mehr Männer als einer regieren, wie Aristokratie und Politie, über die wir I 8[190] gesprochen haben. Aber diese vielen sind zahlenmäßig e i n e Regierung in der Amtshandlung wegen der Einheit eines jeden Aktes, der von ihnen ausgeht: eines Gerichtsurteils oder Richterspruchs oder einer Anordnung; denn kein solcher Akt kann von einem Mitglied der Regierung gesondert ausgehen, sondern nur von einem gemeinsamen und einhelligen Beschluß der Mitglieder oder ihrer Mehrheit nach der unter ihnen gültigen Geschäftsordnung. Wegen einer solchen Einheit des Aktes, der so von ihnen ausgeht, ist und heißt die Regierung e i n e, mag ein einziger Mensch regieren oder mehrere. Eine solche Einheit der Akte ist aber in keinem anderen Berufsstand oder Bestandteil des Staates erforderlich; es können nämlich und müssen in jedem von ihnen mehrere Akte, ähnlich oder verschieden der Art nach, von den verschiedenen Individuen in ihnen gesondert ausgehen. Ja, eine solche Einheit des Handelns wäre bei ihnen für die Gemeinschaft und den einzelnen sogar unerträglich und schädlich.

§ 3 Nachdem nun die Einheit der Regierungsgewalt oder des regierenden Bestandteils so verstanden ist, wollen wir

nachweisen, daß es entweder nur eine einzige Regierungsgewalt oder einen einzigen regierenden Bestandteil in einem
Staate oder Reiche gibt, oder wenn es mehrere sind, daß die
alleroberste Regierungsgewalt nur eine ist, nicht mehrere.
Das aber werden wir zuerst so zeigen: Wenn es mehrere
Regierungen in der Stadt oder dem Staate gäbe, und zwar
ohne daß sie auf eine oberste Regierung zurückgeführt oder
dieser untergeordnet wären, so müßten Rechtsprechung, Anordnung und Durchführung des Nützlichen und Gerechten
versagen, und weil die Vergehen der Menschen nicht gesühnt
würden, daraus Kampf, Spaltung und schließlich Untergang
des Staates oder Reiches hervorgehen. Diese Folge ist unerträglich und muß mit aller Macht vermieden werden; daß
sie aus der gegebenen Voraussetzung sich ergibt, nämlich aus
der Mehrzahl der Regierungen, läßt sich überzeugend beweisen. Denn erstens: Übertreter der Gesetze kann man in
vernünftiger Weise nur zur Rechenschaft ziehen, wenn man
sie zur Prüfung des Falles oder der Anklage vor den Regenten lädt. Wenn man aber eine Mehrzahl von Regierungen
voraussetzt, ohne daß diese auf eine einzige oberste Regierung zurückgeführt wären, wie der Gegner Mehrzahl meint,
dann wird niemand auf Vorladung vor dem Regenten in
befriedigender Weise erscheinen können. Nehmen wir an,
wie es häufig vorkommt, wegen Übertretung eines Gesetzes
werde einer zur Verantwortung geladen von mehreren Regierungen, die einander nicht untergeordnet sind, und zwar
für dieselbe Zeit; die eine Regierung hat ja in gleicher Weise
die Verpflichtung und das Recht, den Angeklagten vorzu-
laden oder zu bestellen wie die andere, und in gleicher Weise,
wie der Vorgeladene verpflichtet ist, sich vor der einen Regierung zu verantworten, um nicht für widerspenstig gehalten zu werden, so ist er es auch vor der anderen oder den
anderen, wenn es mehr als zwei sind – dann wird er also
entweder vor allen zugleich erscheinen oder vor keiner von
ihnen oder vor einer bestimmten schon, vor der anderen
aber oder den anderen keineswegs; vor allen aber zugleich

und zur selben Zeit nicht, das ist ja schlechterdings unmöglich. Derselbe Körper kann doch nicht zugleich an verschiedenen Orten sein oder, wenn mehrere vielleicht Verschiedenes gleichzeitig fragen, ihnen Rede und Antwort stehen. Zweitens angenommen, so unmöglich das ist, der Vorgeladene erscheine vor mehreren Regierungen und verschweige oder antworte zugleich Verschiedenes, dann wird ihn doch vielleicht die eine wegen desselben Vergehens verurteilen, die andere vielleicht freisprechen, oder wenn beide ihn verurteilen, nicht in gleichem Sinne. Deswegen wird er verpflichtet werden, Schadenersatz zu leisten, und zugleich nicht, oder wenn es geschieht, wird der Ersatz in so viel bestehen bei dem einen oder in mehr oder weniger bei dem anderen und dann wieder in so viel und nicht in so viel. Daher wird er entweder zugleich Widersprechendes tun oder überhaupt keinen Ersatz leisten. In gleicher Weise nämlich muß er die Weisung der einen und der anderen Behörde befolgen. Vor einer Regierung mehr zu erscheinen als vor der anderen oder den anderen, hat er keinen Grund. Wenn er nun jedoch vor der einen erschiene und die anderen nicht beachtete und jene ihn vielleicht von gesetzlicher Schuld und Strafe freispräche, so würden ihn die anderen wegen Nichterscheinens verurteilen. So wird er also, vorgeladen oder bestellt, weder vor allen Regierungen zugleich erscheinen, noch wird er richtigerweise vor einer bestimmten Regierung erscheinen können, vor einer bestimmten wieder nicht. Also bleibt nur übrig, daß er vor keiner Regierung auf Vorladung oder Bestellung zu erscheinen braucht; er wird also nicht zur Rechenschaft gezogen werden können. Daraus folgt: Für eine Stadt oder einen Staat ist eine Mehrzahl solcher einander nicht untergeordneter Regierungen unmöglich, wenn das im Staatsleben Gerechte und Nützliche bestehen bleiben soll.

§ 4 Weiter: Unter Voraussetzung einer solchen Mehrzahl von Regierungen würde das Gesamtinteresse[191] völlig gestört. Die Regierung muß nämlich häufig eine Versammlung der Bürger, zumal der höheren Stände, einberufen, um Fra-

gen des Gemeinwohls zu untersuchen und zu entscheiden
oder um Nachteile und auftauchende Gefahren abzuwenden,
z. B. wenn innere oder äußere Feinde die Freiheit des Volkes
unterdrücken wollen; in der gleichen Weise nun, wie die
Bürger oder die Untertanen durch eine Ladung verpflichtet
sind, auf eine Weisung an einem Ort oder zu einer Stunde
zusammenzukommen, die e i n e solche Regierung bestimmt,
werden sie durch eine Weisung, die eine andere Regierung
ansetzt, an einen Ort oder zu einer Stunde bestellt; wenn
die Stunde dieselbe wäre, so könnten doch die Orte verschieden sein; und ferner, was die eine Regierung vorschla-
gen will, davon wird vielleicht das, was die andere will, verschieden sein; indessen an verschiedenen Orten zugleich zu
sein und zugleich mit Verschiedenem sich zu beschäftigen, ist
offenbar unmöglich.

§ 5 Ferner: Daraus würde unter den Bürgern Zerrissenheit
und Gegensatz, Kampf und Spaltung entstehen und schließlich Untergang des Staates, wenn einige von ihnen der einen
Regierung gehorchen wollen, einige einer anderen; auch
Kampf der Regierungen untereinander, weil jede von ihnen
gegenüber der anderen das Übergewicht behaupten will,
weiter Kampf der Regierungen gegen die Bürger, die es ablehnen, sich ihnen unterzuordnen. – Außerdem würden,
wenn die Regierungen uneinig wären oder sich untereinander bekämpften und keinen obersten Richter hätten, die
obengenannten Ärgernisse entstehen.

§ 6 Ferner: Wenn man diese Mehrzahl der Regierungen
voraussetzt, wird etwas vom Standpunkt der Vernunft und
der Praxis höchst Zweckloses und Überflüssiges herauskom-
men; denn durch eine einzige Regierung oder eine einzige
oberste Regierung kann man in vollkommener Form alles
Nutzbringende für die Allgemeinheit haben, was man von
mehreren haben würde, ohne die Schädigungen, die aus ihrer
Mehrzahl folgen.

§ 7 Ferner: Wenn eine Mehrzahl von Regierungen in diesem Sinne vorausgesetzt ist, so wird kein Reich und kein

Staat eine Einheit sein. Diese sind und heißen nämlich eine
Einheit[192] wegen der Einheit der Regierung, auf die und
derentwegen die übrigen Bestandteile des Staates alle sich
ausrichten, wie sich auch aus dem unmittelbar Folgenden
ergeben wird. Ferner wird es keine Ordnung der Bestandteile der Stadt oder des Staates geben, wenn sie sich nicht
nach dem ersten Bestandteil ausrichten, weil sie nicht gehalten sind, sich e i n e m unterzuordnen, wie sich aus früheren
Überlegungen klar ergeben hat, und Verwirrung wird herrschen in den Bestandteilen und im ganzen Staate. Jeder wird
nämlich sich d e n Beruf wählen, den er wünscht, einen oder
mehrere, wenn niemand regelnd eingreift und solche Berufe
auseinanderhält. Es würden auch soviel Unzuträglichkeiten
die Folge sein, daß es nicht leicht oder nicht möglich ist, sie
aufzuzählen.

§ 8 Ferner: In einem zusammengesetzten Lebewesen ist
das leitende und es im Raum bewegende Prinzip eins, wie in
dem Buch ⟨des Aristoteles⟩ Über die Bewegungen der
Tiere[193] deutlich wird; denn wenn mehrere solche Prinzipien
vorhanden wären und entgegengesetze oder verschiedene
Weisungen gleichzeitig erteilten, so müßte notwendigerweise
das Lebewesen entweder hin und her gezerrt werden oder
völlig unbewegt bleiben und auf das ihm Notwendige und
Zuträgliche verzichten, was es durch die Ortsbewegung für
sich erstrebt; ebenso ist es in einem zweckmäßig geordneten
Staate, der seiner Natur nach einem wohlgebildeten Lebewesen entspricht, wie wir I 15[194] gesagt haben. Darum muß
man fest glauben: Wie in einem Lebewesen eine Mehrzahl
solcher Prinzipien zwecklos, ja sogar schädlich wäre, ebenso
wäre es in einem Staate. Dasselbe kann sehen, wer seinen
Blick auf das Prinzip der Veränderung in einem Lebewesen
richten will, wie wir bei dem bewegenden Prinzip im Raume
und ebenso ⟨bei dem⟩ in der gesamten Ordnung des Bewegenden und Bewegten ⟨beobachten⟩. Diese Fragen aber
sollen beiseite bleiben, sie gehören vielmehr zur Aufgabe der

Wissenschaft von der Natur; was wir darüber gesagt haben,
reicht für die gegenwärtige Betrachtung aus.

§ 9 Ferner: *Die menschliche Technik stellt einiges her, was
die Natur nicht hervorbringen kann, anderes ahmt sie nach,*
wie in der Physik B. 2[195] steht; da es aber in der Welt der
Dinge nur e i n oberstes herrschendes Prinzip gibt, nicht
mehrere, *weil die Dinge ja nicht schlecht regiert sein wollen,*
wie es in der Metaphysik B. 12[196] heißt, so wird es also nur
e i n e nach der Vernunft und der praktischen Fähigkeit der
Menschen eingerichtete oberste Regierung geben. Daß dies
aber ein wahrer Vorteil und eine Notwendigkeit ist, das
kann man außer durch die genannten Vernunftgründe an
einer Erfahrung erkennen, die allen einsichtig ist: In dem
Ort oder Land oder der menschlichen Vereinigung, wo die
Einheit der Regierung in dem angegebenen Sinne fehlt, ist
eine gute Regierung offenbar unmöglich, wie das beim römischen Reich wohl allen deutlich vor Augen liegt und in der
Einleitung einigermaßen gezeigt worden ist.

§ 10 Ob es aber für die gesamte zivilisierte Menschheit,
und zwar auf der ganzen Erde, zweckmäßig ist, eine einzige
alleroberste Regierung zu haben, oder ob es in einer bestimmten Zeit zweckmäßig ist, in den verschiedenen Land-
schaften der Welt, die durch die geographischen Verhältnisse
geradezu notwendig getrennt sind und vor allem in denen
ohne Sprachgemeinschaft und mit sehr stark abweichenden
Sitten und Lebensformen, verschiedene solche Regierungen
zu haben, wobei außerdem auch vielleicht eine himmlische
Ursache dahin wirkt, daß keine übermäßige Vermehrung der
Menschheit eintritt, das verlangt eine vernünftige Untersuchung[197]; die liegt jedoch dem gegenwärtigen Thema fern.
Es könnte nämlich vielleicht manchem scheinen, als habe die
Natur durch Kriege und Epidemien die Vermehrung der
Menschen und der übrigen Lebewesen gehemmt, damit zu
ihrer Ernährung die Erde genüge, ⟨eine Auffassung,⟩ in der
die Verfechter der ewigen Zeugung[198] eine starke Stütze
hätten.

§ 11 Kehren wir jedoch zu unserem Thema zurück und stellen fest: Aus dem Gesagten ist nunmehr ziemlich klar, welches die Einheit[199] einer Stadt oder eines Staates ist; sie ist Einheit der Ordnung, nicht Einheit schlechthin, sondern sie ist eine Mehrzahl einiger Männer, die Einheit heißt oder die etwas Einheitliches heißen – nicht weil sie Eines sind formal durch eine »forma«, sondern die deswegen mit Recht Eines heißen, weil sie auf Eines bezogen sind und nach ihm genannt werden, der Regierung, auf die hin und derentwegen sie geordnet und gesteuert werden. Die Stadt nämlich oder der Staat gehört nicht zu den Einheiten, ⟨die⟩ durch eine natürliche einheitliche Form ⟨gebildet werden⟩, wie ⟨das⟩ einer Zusammensetzung oder Mischung ⟨eigen ist⟩; denn seine Bestandteile oder Berufsstände oder von diesen Bestandteilen die Untergruppen oder Teile sind in Wirklichkeit zahlreich und untereinander getrennt in formaler Hinsicht, nämlich nach Ort[200] und Individuum. Daher sind sie weder eine Einheit durch etwas Einheitliches, das formal ihnen inhärierte, noch durch etwas Einheitliches, das sie alle berührte oder umfaßte wie eine Mauer. Denn Rom ist mit Mainz und den übrigen Städten e i n Staat oder Kaiserreich, jedoch aus keinem anderen Grunde, als weil jede von ihnen durch ihren Willen einer obersten Regierung zugeordnet ist. Fast in diesem Sinne heißt auch die Welt eine, nicht mehrere Welten, und zwar nicht wegen einer einzigen einheitlichen Form, die formal allen Dingen insgesamt inhärierte, sondern wegen der Einheit des ersten Seienden heißen alle Dinge eine Welt; denn jedes Ding neigt seiner Natur nach zu dem ersten Seienden und hängt von ihm ab. Daher bedeutet die Aussage, alle Dinge seien eine Welt, nicht formal eine Einheit in ihnen allen und nicht ein Allgemeines, das nach Einem genannt ist, sondern eine Mehrheit gewisser Dinge heißt Eines, weil sie auf Eines hin und wegen Eines da ist. So auch werden die Menschen einer Stadt oder Provinz e i n e Stadt oder e i n Staat genannt, weil sie eine einzige Regierung wollen.

§ 12 Jedoch nicht aus diesem Grunde[201] sind die ⟨Bestand-
teile⟩, die ein Reich oder einen Staat bilden, ein einheitlicher
Bestandteil des Staates; denn obwohl diese ⟨Bestandteile⟩
eine einheitliche Regierung wollen – darum werden sie eine
Stadt oder ein Staat genannt –, ⟨sind sie doch n u r deshalb
ein einheitlicher Bestandteil des Staates⟩, weil sie auf dieses
Eine durch eine verschiedene aktive und passive Einsetzung
bezogen werden, die nichts anderes ist als der verschiedene
Befehl des Regenten an die Bürger, dessen Verschiedenheit
sie zu verschiedenen Berufen bestimmt. Infolge der Verschiedenheit dieses Befehls sind sie auch formal verschiedene Bestandteile und Berufsstände des Staates. Jeder Berufsstand
heißt aber auch eine Einheit oder ein einheitlicher Teil des
Staates trotz der zahlenmäßigen Vielheit der Personen in
ihm, und zwar ⟨heißt er so⟩ nicht etwa infolge einer Einheit, die ihnen inhärierte, sondern weil sie sich auf einen
aktiven ⟨= sie schaffenden⟩ Befehl dessen beziehen, der nach
der Bestimmung des Gesetzes[202] die Regierung führt.

§ 13 Aus dem in diesem Kapitel, I 9, I 12, I 13 und I 15[203]
Gesagten läßt sich mit evidenter Beweisführung schließen:
Keiner Einzelperson, welcher Würde oder Rangstufe auch
immer, noch einem Kollegium kommt eine Regierungsgewalt
oder eine zwingende Rechtsprechung über jemand in dieser
Welt zu, außer wenn ihm die Befugnis dazu der göttliche
oder menschliche Gesetzgeber unmittelbar übertragen hat.
Welcher Art nun die Einheit der Regierung sein muß, ferner,
welches die Einheit von Stadt oder Staat ist, auch über den
Grund, warum jeder Staat eine solche Einheit heißt und es
tatsächlich ist, ferner über die zahlenmäßige und artmäßige
Einheit der Bestandteile oder Berufsstände des Staates und
deren Ordnung, Unterscheidung und Trennung möge soviel
gesagt sein.

KAPITEL XVIII

Von der Zurechtweisung des Regenten: Aus welchem Grunde, in welcher Weise und von wem er bei Übertretung von Gesetzen gestraft werden soll

§ 1 Oben haben wir gesagt, Zurechtweisung oder Änderung der Regierungen im ganzen stehe dem Gesetzgeber zu wie ihre Einsetzung. Hierüber wird mit Recht mancher Bedenken haben, ob es nämlich zweckmäßig sei, die Regenten durch ein Gericht und eine zwingende Gewalt zurechtzuweisen, und gegebenenfalls, ob wegen jeder Straftat, gleichgültig welcher Art, oder nur wegen bestimmter, wegen anderer aber keineswegs, ferner auch, wer das Recht habe, gegen sie derartige Urteile zu fällen und durch eine zwingende Gewalt vollstrecken zu lassen; früher ist doch gesagt worden, nur den Regenten komme es zu, gerichtliche Urteile zu fällen und Übertreter der Gesetze durch eine zwingende Gewalt zu strafen.

§ 2 Wir aber wollen entgegnen: Der Regent ist durch sein Handeln nach dem Gesetz und durch die ihm verliehene Regierungsgewalt Norm und Maßstab für jeden staatlichen Akt, wie das Herz im Lebewesen, was zur Genüge I 15[204] gezeigt worden ist. Wenn nun der Regent keine andere Form in sich aufnähme als das Gesetz, die Regierungsgewalt und das Bestreben, nach dem Gesetz zu handeln, so würde er niemals etwas tun, was ihm gar nicht anstünde oder zu einer Zurechtweisung oder Maßregelung durch einen anderen Anlaß gäbe. Darum wäre er wie sein Handeln in dieser Weise Maßstab für jeden staatlichen Akt der anderen außer ihm; er selbst aber wäre von seiten der anderen keinem Maßstab unterworfen, ebensowenig wie ein gutgeformtes Herz im Lebewesen; da das Herz keine Form aufnimmt, die es geneigt machte zu einer Tätigkeit, entgegengesetzt der, die aus seiner natürlichen Kraft und Wärme entspringt, so führt es immer eine ihm angemessene Tätigkeit seiner Natur gemäß

aus, niemals eine ihr widersprechende. Deshalb regelt es nach
festem Maß durch seinen Einfluß oder seine Tätigkeit die
anderen ⟨Tätigkeiten⟩ der Bestandteile des Lebewesens,
während es von ihnen in keiner Weise geregelt wird und keinen Einfluß von ihnen in sich aufnimmt.

§ 3 Aber der Regent ist doch ein Mensch und hat Verstand
und Begehren, die andere Formen in sich aufzunehmen vermögen, z. B. eine falsche Meinung oder ein verkehrtes Streben oder beides, die dazu führen können, daß er in Widerspruch zu den gesetzlichen Bestimmungen handelt; deshalb
wird durch diese Handlungen der Regent für eine Maßregelung durch jemand faßbar, der die Vollmacht hat, ihn nach
dem Gesetz zu maßregeln oder zu rügen – ihn oder seine
gesetzwidrigen Handlungen. Sonst würde jeder Regent despotisch und das Leben der Bürger knechtisch und unbefrie-
digend werden. Dieses Übel ist zu vermeiden, wie aus unseren Feststellungen I 5 und I 11[205] sich ergeben hat.
Urteil, Befehl und Durchführung jeder Zurechtweisung des
Regenten muß je nach Vergehen oder Übertretung durch den
Gesetzgeber erfolgen oder durch einige, die der Gesetzgeber
dazu bestellt hat, wie I 12 und I 15[206] gezeigt worden ist. Es
ist auch zweckmäßig, eine Zeitlang das Amt des Regenten,
der zurechtgewiesen werden soll, zu suspendieren, in erster
Linie zugunsten dessen oder derer, die über seine Übertretung urteilen sollen; sonst könnte wegen einer dann ⟨vor-
handenen⟩ Vielzahl der Regierungsgewalten innerhalb der
Gemeinschaft Spaltung, Aufruhr und Kampf entstehen; auch
wird er nicht zurechtgewiesen als Regent, sondern als Untertan, der das Gesetz übertreten hat.

§ 4 Wenn wir nun anhand dieser Feststellungen an die
aufgeworfenen Bedenken herangehen, so wollen wir sagen:
Die Straftat des Regenten ist entweder schwer oder gering;
ferner: entweder kann sie häufig vorkommen oder nur selten; weiter: entweder geht es um gesetzlich festgelegte Dinge
oder nicht. Ist die Straftat des Regenten schwer, z. B. gegen
den Staat oder gegen einen hervorragenden Mann oder auch

nur gegen irgendeine andere Person gerichtet, so daß dadurch bei Unterlassung der Zurechtweisung wahrscheinlich ein Ärgernis oder ein Volksaufruhr hervorgerufen werden könnte, mag sie sehr oft oder selten vorkommen, so muß der Regent deswegen zurechtgewiesen werden. Denn würde sie nicht bestraft, so wäre Aufruhr im Volk und Verwirrung und Auflösung des Staates möglich. Ist die Straftat im Gesetz festgehalten, so muß er nach dem Gesetz zurechtgewiesen werden, sonst nach dem Spruch des Gesetzgebers. Im Gesetz muß sie nach Möglichkeit vorgesehen sein, wie wir I 11[207] gezeigt haben.

§ 5 Ist aber die Straftat des Regenten gering, so kommt sie entweder selten vor und wird vom Regenten selten begangen; oder sie kann häufig vorkommen und wird vom Regenten oft begangen. Wenn sie nun der Regent selten beginge oder begehen könnte, so müßte man sie lieber vertuschen als ihretwegen den Regenten zurechtweisen; denn würde der Regent wegen jeder seltenen oder unbedeutenden Straftat zurechtgewiesen, so würde er verächtlich gemacht; das führt zu nicht geringem Schaden für die Allgemeinheit, weil die Bürger daraufhin dem Gesetz und dem Regenten weniger Ehrfurcht und Gehorsam entgegenbringen. Ferner: Wenn der Regent es ablehnte, für jede Kleinigkeit Zurechtweisung auf sich zu nehmen, weil er das als Herabwürdigung empfände, so könnte daraus ein schweres Ärgernis entstehen; in den Gemeinden darf doch etwas nicht wieder aufgerührt werden, aus dem ein erkennbarer Nutzen nicht hervorgehen kann, sondern vielmehr nur Schaden.

§ 6 Das war hierüber die klar ausgesprochene Meinung des Aristoteles Pol. B. 2, Kap. 4[208], wo es heißt: *Offenbar muß man gewisse Mißgriffe den Gesetzgebern und Regenten durchlassen; denn wer ⟨die Gesetze⟩ ändert, wird nicht so sehr Nutzen als vielmehr Schaden stiften, wenn er sich gewöhnt, den Regierenden ungehorsam zu sein.* Er verstand dort unter dem *Gesetzgeber* das gegebene Gesetz, das man, wenn die Menschen sich gewöhnt hätten, es zu befolgen,

wegen einer geringen verbesserungsbedürftigen ⟨Einzelheit⟩
nicht ändern dürfe, sondern belassen müsse; denn häufige
Änderung der Gesetze schwächt ihre Kraft: die Gewohnheit,
ihnen zu gehorchen und zu befolgen, was in ihnen vorge-
schrieben wird. Daher sagt er auch in demselben Buche und
Kapitel[209]: *Das Gesetz hat keine Kraft, die Gehorsam erzeugen könnte, außer die Gewohnheit;* daß es nämlich die
Untertanen befolgen, das bewirkt vor allem die Gewohnheit. Hierin besteht auch eine Ähnlichkeit mit der Achtung
und dem Gehorsam gegenüber dem Regenten.

§ 7 Sollte jedoch die Straftat des Regenten gering sein
und häufig vorkommen können, so müßte man sie im Gesetz
vorsehen, und wenn hierin der Regent sich oft verginge, ihn
mit einer angemessenen Strafe belegen; denn eine derartige
Straftat, wie gering sie auch sei, würde, oft begangen, den
Staat merklich schädigen, *wie auch kleine Ausgaben die Vermögen,* d. h. den Reichtum, *verbrauchen, wenn sie oft gemacht werden; denn das Ganze und Alles ist nicht klein,
setzt sich aber aus kleinen Dingen zusammen,* wie Pol. B. 5,
Kap. 4[210] steht.
Über die Zurechtweisung des Regenten: von wem und aus
welchen Gründen ⟨sie erfolgen soll⟩, mag nun so die Erörterung abgeschlossen sein.

KAPITEL XIX

Von den bewirkenden Ursachen der Ruhe und Unruhe
in Stadt und Staat und der, die in ganz ungewöhnlichem
Maße die Reiche in Verwirrung bringt, und Überleitung
vom ersten zum zweiten Teil

§ 1 Es bleibt für diesen Teil zuletzt noch übrig, aus den
früheren Ergebnissen die Ursachen der Ruhe und ihres
Gegenteils in Stadt und Staat zu erschließen. Dies war näm-

lich das Hauptproblem, das wir uns von Anfang an vorgenommen haben. Diese Ursachen werden wir erst einmal
generell aufzeigen, wobei wir die Einzelbestimmung der gewöhnlichen Ursachen nach den Forschungen des Aristoteles
Pol. B. 5[211] voraussetzen. Im Anschluß daran werden wir
eine Sondererörterung durchführen über die ungewöhnliche
Ursache der Zwietracht oder Unruhe im Staatsleben, die,
wie in der Einleitung bemerkt, ein Reich schon längst in
Verwirrung gebracht hat und immer mehr quält und verwirrt, Italien.

§ 2 Hierfür müssen wir die Beschreibungen der Ruhe und
ihres Gegenteils aus I 2[212] kurz wiederholen. Die Ruhe war
nämlich ein guter Zustand der Stadt oder des Staates, bei
dem jeder Bestandteil die ihm nach der Vernunft und seiner
Bestimmung[213] zukommenden Aufgaben erfüllen kann. Aus
dieser Beschreibung wird das Wesen der Ruhe klar. Mit den
Worten: *guter Zustand* wird ihr inneres Wesen im allgemeinen festgestellt; d a m i t aber, daß *durch sie*, wie gesagt,
*jeder Bestandteil des Staates seine ihm zukommende Auf-
gabe erfüllen kann*, wird ihr Zweck bezeichnet, und dieser
macht auch ihr spezifisches Wesen oder ihre Sonderart verständlich. Da die Ruhe aber eine Art Form oder Zustand
der S t a d t oder des S t a a t e s ist und nicht in anderem
Sinne Einheit, als Stadt oder Staat es nach I 17, 11 u. 12[214]
sind, hat sie keine formale Ursache; das ist nämlich eine
Eigentümlichkeit der zusammengesetzten Dinge. Aber ihre
treibende oder bewirkende Ursache können wir erfassen auf
Grund des I 15[215] Gesagten und außerdem auf Grund der
notwendigen Folgen der Ruhe in Stadt und Staat. Das sind
doch wohl wechselseitiger Verkehr der Bürger, Austausch
ihrer Erzeugnisse, gegenseitige Hilfe und Unterstützung und
überhaupt die von außen nicht gehemmte Möglichkeit, ihre
eigenen und die gemeinsamen Aufgaben zu erfüllen, auch die
Beteiligung an den gemeinsamen Vorteilen und Lasten in
dem einem jeden zukommenden Maß und damit die übrigen
angenehmen und wünschenswerten Dinge, wie sie in den

Worten des Cassiodor ausgedrückt sind, die wir als Anfang
dieses Buches gebracht haben. Das Entgegengesetzte von alledem oder wenigstens einiger besonders wichtiger Erscheinungen ist Folge der Unruhe oder der Zwietracht, ihres Gegenteils.

§ 3 Da also die ordnungsgemäße Tätigkeit des regierenden Bestandteils[216] für alle Annehmlichkeiten im Staatsleben
bewirkende und erhaltende Ursache ist, wie wir I 15 § 11
und § 12[217] gezeigt haben, so wird sie die bewirkende Ursache der Ruhe sein. Das meinte ohne Zweifel der Apostel,
als er im 1. Brief an Timotheus im 2. Kapitel[218] schrieb: *Ich
mahne dich also, zuerst zu bitten* usw. *für Könige und alle,
die in hoher Stellung sind, damit wir ein stilles und ruhiges
Leben führen mögen.* Was aber die Tätigkeit dieses Bestandteils seinem Wesen nach hindert, das wird die bewirkende
Ursache sein, aus der Unruhe und Zwietracht im Staate hervorgehen. Diese ⟨Ursache⟩ zerfällt zwar, als Gattung betrachtet, in mehrere Arten und Unterarten, über die Aristoteles, soweit sie aus der gewöhnlichen Tätigkeit ⟨der Men-
schen⟩ hervorgehen – das kann man sagen –, genügende
Kenntnis gegeben hat in der Staatslehre B. 5[219], die wir
Politik genannt haben.

Aber es gibt doch für Unruhe oder Zwietracht der Städte
oder Staaten eine ganz ungewöhnliche Ursache, die auf
Grund einer Wirkung, die die göttliche Ursache über ihre
gesamte gewöhnliche Wirksamkeit in den Dingen hinaus
hervorgerufen hat, zum Anlaß genommen worden ist, einer
Wirkung, die, wie wir unserer Erinnerung nach in der Einleitung berührt haben, weder Aristoteles noch ein anderer
Philosoph seiner Zeit oder früherer Zeit hat zu Gesicht bekommen können.

§ 4 Diese Ursache, die schon seit langem bis auf den heutigen Tag und jetzt noch mehr die ordnungsgemäße Tätigkeit des Herrschers im Königreich Italien unaufhörlich hindert, hat es des Friedens oder der Ruhe und der Folgen der
Ruhe und der eben genannten Annehmlichkeiten beraubt

und beraubt es noch, hat es mit jeder Drangsal gequält und quält es noch, hat es mit Elend und Ungerechtigkeit fast aller Art erfüllt.

§ 10 Ein überzeugender Beweis, daß die römischen Bischöfe den angegebenen Sinn dieses Rechtstitels[220], der Fülle ihrer Gewalt, meinen, ist folgendes: Ein gewisser Clemens, der fünfte dieses Namens in der Reihe der römischen Bischöfe, hat ihn so angewendet in einem seiner Edikte oder Dekretalen: *De sententia et re iudicata* (der Richterspruch und die entschiedene Rechtssache) in B. 7[221], auf Heinrich VII. seligen Angedenkens, den letzten Kaiser der Römer, als er einen Spruch des seligen Heinrich aufhob und dabei u. a. eine Bemerkung einfließen ließ, die zum Ausdruck bringt, was wir über ihre Auffassung des vorhin genannten Rechtstitels gesagt haben. Diese Stelle haben wir hier nicht angeführt, weil die Sache bekannt ist und wir die Darstellung abkürzen wollen; auch weil wir zu dem Thema in II 25, 17[222] mehr beibringen werden. Da nun Christus nicht in höherem Grade König und Herr des römischen Kaisers ist und war als jedes anderen Königs oder Fürsten, vielmehr ebenso oder mehr über diese, weil schon zu Christi Zeit der römische Kaiser überall auf der Erde herrschte, so erstreckt sich offenbar der Sinn dieses Rechtstitels infolge der Gleichheit der Beweisgrundlage auf alle Regierungen. Daß die römischen Bischöfe diesen Sinn auch mit dem Titel meinen, lehrt uns der dadurch hervorgerufene leidenschaftliche Angriff des römischen Bischofs Bonifatius VIII. auf den französischen König Philipp den Schönen ruhmreichen Angedenkens, und desselben Bonifatius dann folgende Dekretale, die II 20, 8[223] angeführt ist. Durch diese setzt er fest: Daß *alle menschliche Kreatur* der zwingenden Rechtsprechung des *römischen Papstes* untersteht, ist zu glauben *notwendig für das ewige Heil.*[224]

§ 11 In folgender Weise gingen nun die römischen Bischöfe auf dieses ⟨Ziel⟩ los: Unter dem Schein, zwischen den Christusgläubigen Frieden stiften zu wollen, haben sie erst

einmal einige exkommuniziert, die ihrem Spruch nicht gehorchen wollten, dann aber haben sie durch richterliches Urteil gegen sie Strafen an Gut und Person verhängt, gegen
einige mehr ausdrücklich, nämlich gegen diejenigen, die ihrer
Macht weniger Widerstand leisten können, z. B. gegen Einzelpersonen und Städte der Italiener, deren Staat, gespalten
und zerrissen in fast allen seinen Teilen, leichter überwältigt
werden kann, gegen einige aber mehr zurückhaltend, nämlich gegen Könige und Fürsten, deren Widerstand und zwingende Gewalt sie fürchten. An diese jedoch schleichen sie
nach und nach heran und versuchen immer wieder heran-
zuschleichen in ihrem Bemühen, deren Rechtsprechungen an
sich zu reißen; mit einem Male auf das Ganze zu gehen,
wagen sie nicht, und deshalb ist es den römischen Kaisern
und ihren Völkern bis heute verborgen geblieben, daß ihr
rechtswidriger Anspruch ⟨immer mehr⟩ durchdrang. Denn
allmählich haben die römischen Bischöfe eine Rechtsprechung
nach der anderen sich angeeignet, besonders wenn der Kaiserthron unbesetzt war, so weit schließlich, daß sie nunmehr
behaupten, in vollem Umfang die zwingende weltliche
Rechtsprechung über diesen Herrscher zu besitzen. Ganz
neuerdings und ganz offen hat nun der gegenwärtige der
eben genannten Bischöfe geschrieben, er habe gegenüber dem
römischen Kaiser in den italienischen wie in den germani-
schen Ländern, auch gegenüber allen Unterfürsten, Städten,
Kollegien und den Einzelpersonen der eben genannten Länder, welchen Ranges und Standes auch immer, und über alle
ihre Lehen und übrigen weltlichen Güter die oberste Rechtsprechung und die Gewalt, ihre Regierungsrechte zu verleihen und zu übertragen; diese Gewalt schreibt er sich offen
zu, wie alle aus gewissen Schriften dieses Bischofs klar erkennen können, die er Edikte oder Entscheidungen nennt.[225]

§ 12 Diese unrichtige Meinung gewisser römischer Bischöfe
nun und vielleicht ein verderbtes Streben nach der Herrschaft, die nach ihrer Versicherung ihnen zustehe auf Grund
der ihnen – sagen sie – von Christus übertragenen Fülle der

Gewalt, ist jene besondere Ursache von Unruhe oder Zwietracht in Stadt oder Staat, die wir genannt haben. Diese Ursache nämlich – immer auf der Lauer, sich in alle Staaten einzuschleichen, wie es in der Einleitung hieß – hat durch ihr feindliches Wirken schon längst den italischen Staat heimgesucht und nicht zu Ruhe und Frieden kommen lassen und verhindert das immer wieder, indem sie des Herrschers, des römischen Kaisers, Thronerhebung oder Einsetzung und Regierungstätigkeit in dem genannten Reich mit allen ihren Mitteln hemmt. Weil diese, die Wahrung der staatlichen Rechtsordnung, fehlt, entstehen leicht Gewalttaten und Streitigkeiten. Werden diese nicht nach der Richtschnur von Gerechtigkeit oder Gesetz ausgeglichen, weil niemand da ist, der ausgleicht, so verursachen sie Kämpfe, und daraus sind, wie gesagt, Spaltung unter den Bürgern und schließlich Auflösung der italienischen Staaten oder Gemeinwesen hervorgegangen. In diesem Wahn nun und vielleicht in dem erwähnten Streben nach Herrschaft sucht der römische Bischof den römischen Kaiser seiner zwingenden oder weltlichen Rechtsprechung zu unterwerfen, der weder mit Recht einer solchen Gerichtsbarkeit sich unterwerfen darf, wie im folgenden deutlich gezeigt werden soll, noch dazu willens ist. Daraus ist so heftiger Streit und Zwist entstanden, daß er sich nicht ohne große Gefahr für Seele und Leib und ohne großen Güterverlust zu Ende bringen läßt.

Denn keinem römischen oder anderen Bischof, keinem Priester oder geistlichen Diener als solchem kommt gegenüber einer Einzelperson, welches Standes auch immer, einem Gemeinwesen oder einem Kollegium das zwingende Regierungsamt zu, wie I 15 und I 17[226] gezeigt worden ist. Das war auch die Meinung des Aristoteles über das Priestertum jedes Gesetzes oder jeder Religion, Pol. B. 4[227], wo es heißt: *Deshalb darf man nicht alle, weder die Erwählten noch die Erlosten, als Beamte ansehen, z. B. gleich die Priester nicht. Das Priesteramt muß man nämlich als etwas Verschiedenes neben die politischen Ämter stellen usw. Es sind aber die*

*einen von den Obliegenheiten politischen Charakters, d. h.
von den Ämtern usw. Ein wenig weiter unten fügt er hinzu:
die anderen sind wirtschaftlichen Charakters.*

§ 13 Weil jene verderbliche Pest, der menschlichen Ruhe
und jedem Glück der Ruhe todfeind, infolge der Fäulnis
ihrer verderbten Wurzel die übrigen Reiche der gläubigen
Christen in der Welt aufs schwerste vergiften könnte, halte
ich es für das Allernotwendigste, sie zurückzuwerfen, wie in
der Einleitung gesagt ist, indem ich zunächst die Hülle von
dem obengenannten Wahn[228] als der Wurzel der schon einge-
tretenen und der künftigen Übel wegreiße, ferner, indem ich
seine unwissenden oder unmoralischen Schutzherren oder
Ertüfteler und hartnäckigen Verteidiger, wenn nötig, mit
äußerem Handeln im Zaume halte. Außerdem sind aber
auch alle zur Gegenwehr verpflichtet, die das Wissen und
die Macht dazu haben.[229] Auch wer diese Pflicht unter
irgendeinem Vorwand vernachlässigt oder versäumt, ist
schlecht, wie Cicero Über die Pflichten B. 1, Kap. 5[230] bezeugt mit den Worten: *Von dem Mangel an Rechtsgefühl
gibt es zwei Gattungen: die der einen, die Unrecht tun, die
der anderen, die den Bedrohten, wenn sie es können, das
Unrecht nicht abwehren!* Beachte also: Nach dieser bemer-
kenswerten Ansicht Ciceros ist nicht nur schlecht, wer anderen Unrecht zufügt, sondern auch, wer andere vor Übeltätern zu schützen weiß und es kann, das aber nicht tut;
denn dazu ist jeder dem Nächsten verpflichtet sozusagen
durch eine Art von natürlichem Recht, durch eine Verpflichtung, die aus der Freundschaft und der menschlichen Gesellschaft erwächst. Um nun wenigstens mich selbst nicht wegen
wissentlicher Übertretung dieses Rechtsgebotes schlecht nennen zu müssen, nehme ich mir vor, diese Pest von den
christusgläubigen Brüdern zunächst durch Belehrung und
dann, so gut ich vermag, mit der Tat abzuwehren. Denn wie
ich ohne jeden Zweifel zu sehen glaube, ist mir von oben das
Wissen um den Trugschluß und die Fähigkeit, ihn aufzudecken, gegeben – den Trugschluß, an dem die unhaltbare

Meinung gewisser römischer Bischöfe und ihrer Helfershelfer bisher und in der Gegenwart und zusammen damit vielleicht ein verderbtes Streben, die Quelle der obenerwähnten Ärgernisse, eine Stütze gefunden hat und sich immer wieder aufrechtzuerhalten sucht.

Teil II

KAPITEL I

Drei Hindernisse oder drei Gegnerschaften der in diesem Teil enthaltenen Wahrheiten, das Ziel der Abhandlung und die Methode des Vorgehens

§ 1 Wenn ich nun angesichts einer so schwierigen Aufgabe auch keinerlei Hemmnis fürchtete, das sich der Wahrheit entgegenstemmen könnte – ich sehe doch: drei gefährliche Feinde der Wahrheit bedrohen dieses Werk mit Krieg: erstens die Verfolgung durch die keinen Gewaltakt scheuende Macht der römischen Bischöfe und ihrer Helfershelfer. Das Werk nämlich und seine wahrhaftigen Verkünder werden sie mit allen Kräften zu vernichten suchen im Bewußtsein, daß diese unmittelbar ihrer Absicht, weltliche Güter – ohne alles Recht – festzuhalten und zu besitzen, und auch ihrem glühenden Verlangen nach Herrschaft entgegentreten. Davon die römischen Bischöfe durch eine wahrhafte Darstellung abzubringen, sei sie noch so schlagend richtig, wird schwierig werden. Möge jedoch der barmherzige Gott in Gnaden sich dazu herablassen, möge Er ihre keinen Gewaltakt scheuende Macht selbst in Schranken halten, und möge es tun, wer an Ihn glaubt, Regenten wie Untertanen, deren aller Ruhe sie wahrhaftig feind sind. Zweitens bedroht ein alter Feind fast jeder Wahrheit dieses Werk nicht minder mit Krieg, die Gewohnheit, Falsches zu hören und das zu glauben, Falsches, sag ich, das durch einige Priester oder Bischöfe und außerdem deren Anhänger schon längst ausgesät ist und in den Seelen der meisten schlichten Christusgläubigen Wurzel gefaßt hat. Denn diese Priester haben durch ihre Reden und durch gewisse Schriften die göttlichen und menschlichen Anschauungen über das menschliche Handeln, das private wie das staatliche[1], in ein buntes und nur

mit größter Mühe zu entwirrendes Durcheinander verhüllt;
aus einer solchen Verschleierung ihrer Gedanken leiten sie
dann, wenn auch ohne alles Recht, einige Auffassungen ab,
mit denen sie ihre unmoralische Tyrannei über die Christusgläubigen begründet haben; diese glauben in ihrer Einfalt
infolge gewisser Trugschlüsse dieser Priester und einer An-
drohung der ewigen Verdammnis, zur Befolgung solcher
trügerischer Worte wie Schriften, in denen der logische Fehler begangen wird, Schlüsse zu ziehen, wo Schlüsse nicht
möglich sind, durch Gottes Ordnung verpflichtet zu sein.
Da nämlich die richtigen Ansichten über diese Fragen, um
die die Untersuchung und der Streit geht, und ihre wahren
und einfachen Anfänge aus den Köpfen der Menschen aus-
getilgt und dafür falsche allmählich suggeriert worden sind,
so ist jetzt den meisten die klare Unterscheidung von wahr
und falsch verborgen. In jedem geistigen Bereich nämlich
erzeugt die Gewohnheit, Falsches zu hören, Verwirrung und
lenkt von der Wahrheit nicht wenig ab; Zeuge ist Aristoteles
Met. B. 2 im Schlußkapitel[2]. Diese Gewohnheit wird auch
von Anfang an die Leser und Hörer dieses Teils, zumal die
philosophisch ungebildeten und die in den Heiligen Schriften nicht bewanderten, sehr stark hindern, die in diesem
Buche enthaltenen Wahrheiten vollkommen zu erfassen und
zu glauben. Drittens wird der noch übrige gefährliche Feind
der Wahrheit für diese Lehre ein schweres Hemmnis bedeuten: auch der bleiche Neid derjenigen, die zwar glauben,
wir hätten die Wahrheit gesagt, trotzdem aber, weil sie sich
sagen müssen, ein anderer habe diese wahre Meinung eher
als sie entwickelt, heimlich mit dem Zahn der Mißgunst
oder unter dem lärmenden Gebell der Anmaßung – das gibt
ihnen der nichtswürdige Geist des brennenden Neides ein –
sie zerreißen und ihr entgegentreten werden.[3]

§ 2 Aber weder werde ich mein Vorhaben aus Angst vor
der keinen Gewaltakt scheuenden Macht der ohne jedes
Recht von Herrschsucht glühenden Priester aufgeben, die ich
in diesen Schriften anrede – denn der Psalmist[4] sagt: *Der*

*Herr ist mir Helfer, und ich werde mich nicht fürchten;
was könnte mir ein Mensch tun? –*, noch auch werde ich
wegen des Tadels der mißgünstigen Neider unterlassen zu
äußern, was, offen ausgesprochen, allen nützen, und was,
verschwiegen, allen schaden kann, und diese werden wegen
ihrer Selbstquälerei mit ihrer eigenen Bosheit sich im Wege
stehen; denn *der Neid*, wie Ugucio[5] in einer treffenden Beschreibung sagt, *fällt auf seinen Träger zurück, denn er ist
die Qual eines Herzens, das sich wegen des Guten eines anderen verzehrt.* Der feindlichen Gewohnheit, Falsches zu
hören, aber wird die Überzeugungskraft der Wahrheiten,
die ich vorzubringen habe, zur Genüge entgegenwirken.

§ 3 Ich werde im zweiten Teil dieses Buches so vorgehen:
Zuerst führe ich die autoritativen Stellen des Heiligen Kanons zusammen mit einigen erdichteten und abwegigen Er-
klärungen gewisser Leute an, die vielleicht scheinbar den
Beweis erbringen könnten, dem römischen Bischof stehe mit
Recht die oberste von allen zwingenden Rechtsprechungen
zu oder die Herrschaft – zumal im Gültigkeitsbereich des
Gesetzes der Christen – über den römischen Herrscher wie
über alle anderen Regierungen, Gemeinschaften, Kollegien
und Einzelpersonen, auch die weltlichen, und um so mehr
über die Priester oder Bischöfe, die Diakonen und deren
Kollegien und Einzelpersonen, in welchem Range auch immer. Denn wenn sich das mit Notwendigkeit für eine von
diesen weltlichen oder geistlichen Personen kraft der Worte
der Schrift erschließen läßt, so gilt das mit derselben Notwendigkeit auch für alle übrigen.
Im Anschluß daran werde ich als Stütze für die eben genannte Behauptung einige politisch klingende Gründe anführen, die sehr einleuchten, wenn man gewisse Wahrheiten
der Heiligen Schrift voraussetzt, die auch alle einmütig anerkennen müssen. Diese, sag ich, werde ich anführen, um sie
so klar zu entkräften, daß keiner durch diese oder ähnliche
Gründe fortan sich täuschen läßt und daß aus deren Entkräftung die Schwäche der vorgenannten Meinung deutlicher

wird, der sie seit langer Zeit bis heute den Anschein, sie sei bewiesen, geliehen haben.

§ 4 Danach werde ich im Gegensatz dazu Wahrheiten des Heiligen Kanons anführen mit nicht erdichteten, nicht abwegigen oder falschen, sondern passenden und eigentlichen Auslegungen seiner heiligen Erklärer, die klar beweisen: Kein römischer Bischof, Papst genannt, und kein anderer Priester oder Bischof oder geistlicher Diener hat gemeinschaftlich oder einzeln als solcher oder ihr Kollegium eine zwingende Rechtsprechung, die Gut oder Person betrifft, über jemand: einen Priester oder Bischof oder Diakonen oder deren Kollegium, oder darf sie haben; und um so weniger hat er oder einer von ihnen gemeinsam oder einzeln eine solche Rechtsprechung über einen Herrscher oder eine Regierung, eine Gemeinschaft, ein Kollegium oder eine weltliche Einzelperson welches Standes auch immer, wenn nicht erst der menschliche Gesetzgeber im Lande diese Rechtsprechung einem Priester oder Bischof oder deren Kollegium übertragen hat. Um das auch zu beweisen und zu bekräftigen, werden – da das manchem liegt – politische Beweise angeführt werden können und müssen, deren eigentümliche Prinzipien in I 12, I 15 und I 17[6] enthalten sind; denn sie zu wiederholen, haben wir nicht beabsichtigt, um die Darstellung abzukürzen.

Im Anschluß daran werde ich zeigen, welcher Art und Ausdehnung die priesterliche Gewalt und die Schlüsselgewalt ist, die Christus dem römischen Bischof und jedem anderen Priester übergeben hat. Denn von der Klärung dieser ⟨Probleme⟩ hängt die Auflösung vieler Zweifel ab, die zur Wahrheit und zu dem Endergebnis, das wir zu gewinnen suchen, den Zugang eröffnet.

§ 5 Dann aber wird es sehr nützlich sein, zu einigen Fragen zu sprechen, die aus dem Gesagten sich ergeben; in diesem Zusammenhang werden wir auch über die Privilegien, die schon die römischen Herrscher den römischen Bischöfen zugestanden haben, etwas für die gestellte Aufgabe Förderliches sagen. Denn von diesen Privilegien als Anlässen haben widerrechtliche Anmaßung und Besitzergreifung oder Aneignung von zwingenden Rechtsprechungen, die die Bischöfe der Römer jetzt der eigenen Autorität zuschreiben, ihren Ausgang genommen, und durch Gewohnheit, vielmehr richtiger: durch Mißbrauch, haben ⟨diese Ansprüche⟩ sich später verstärkt, besonders wenn der Kaiserthron unbesetzt war. Durch diese Privilegien und durch nichts anderes sind nämlich von Anfang an die römischen Bischöfe bei dem Erwerb der zwingenden Rechtsprechungen und deren Behauptung gestützt worden. Weil sie aber durch eigenes Verschulden jener Privilegien verlustig gegangen sind, oder, damit nicht die Schwäche der Anlässe oder die Wahrheit über die Rechtsprechung, die sie ohne jedes Recht schon sich angemaßt hatten, an den Tag käme, und, um ihren Undank zu verdecken, oder auch vielleicht, wie wir als wahrscheinlich im letzten Kapitel des 1. Teils[7] nachgewiesen haben, da sie ja darauf ausgehen, sich die zwingende Rechtsprechung über alle Staaten anzueignen, wobei die erwähnten Privilegien ihnen nichts helfen würden – ziehen sie diese in der späteren Zeit nicht heran, sondern einen anderen ganz umfassenden obengenannten Rechtstitel, um die Regenten und alle im Staatsverband Lebenden sich zu unterwerfen: die Fülle der Gewalt. Auf Grund dieser, die Christus dem seligen Petrus als seinem Statthalter übergeben habe, behauptet nunmehr jeder römische Bischof, als des Petrus Nachfolger die oberste zwingende Rechtsprechung über alle Menschen und Länder zu haben.

Endlich wird in diesem Teil noch zu zeigen sein, daß die autoritativen Stellen des Heiligen Kanons nicht im geringsten wider die Meinung der Wahrheit und der Schrift, wie wir sie angegeben haben, für den vorgenannten Irrtum sprechen, sondern vielmehr dagegen, wie aus den Auslegungen gewisser Heiliger und auch anderer bewährter Lehrer des christlichen Glaubens klar hervorgehen wird. Dadurch wird auch deutlich werden: Die Auslegungen, vielmehr richtiger:

die Erdichtungen gewisser Leute, die versuchen, die Schrift zu verdrehen, um die Auffassung der vorhin genannten falschen Meinung zu stützen, sind gewaltsam, der Schrift fremd und verzerrt, stehen auch mit der Meinung der Heiligen und der sachkundigeren Lehrer des christlichen Glaubens nicht in Einklang.

Zuallerletzt werde ich die Gründe entkräften, die ich die politisch klingenden genannt habe und die die falsche obengenannte Meinung irgendwie zu unterstützen schienen.

KAPITEL II

Der verschiedene Sinn der Bezeichnungen oder Ausdrücke, die in den vorliegenden Fragen eine beherrschende Rolle spielen

§ 1 Um jedoch wegen der Vieldeutigkeit der Bezeichnungen, die wir bei den Hauptfragen verwenden werden, nicht Zweideutigkeit und Verwirrung der Ansichten entstehen zu lassen, die wir darlegen wollen, werden wir vor der Erörterung der aufgeworfenen Probleme erst die Bedeutungen der Wörter klären. Denn wie es in den Sophistischen Widerlegungen B. 1[8] heißt: *Wer die Wortbedeutungen nicht kennt, macht Fehlschlüsse, ebenso beim Disputieren wie beim Anhören anderer.* Die Bezeichnungen aber oder Ausdrücke, deren Vieldeutigkeit wir klären wollen, sind folgende: »Ekklesia« (Kirche, Gemeinde), »Richter«, »spiritual« (geistlich – geistig), »temporal« (weltlich)[9], weil wir nämlich aus der Untersuchung, die wir uns vorgenommen haben, erfahren wollen, ob es dem römischen oder irgendeinem anderen Bischof oder Priester, Diakon oder deren Kollegium, die man Männer der Kirche zu nennen pflegt, zukommt, zwingender Richter zu sein über Weltliches oder Geistliches oder beides – oder ob sie in keinem solche Richter sind.

§ 2 Wir fahren nun fort und wollen sagen: (1) »Ekklesia« ist ein Wort aus dem Sprachgebrauch der Griechen, das bei ihnen in den ⟨Schriften⟩, die auf uns gekommen sind, eine Versammlung des unter e i n e r Leitung zusammengefaßten Volkes bedeutet; in diesem Sinne nahm es Aristoteles Pol. B. 2, Kap. 7[10], als er sagte: *An der Ekklesia aber nehmen alle teil.*

(2) Bei den Lateinern meint dieses Wort nach der volkstümlichen und bekannten Gebrauchsweise in einer Bedeutung den Tempel oder das Haus, in dem Gott gemeinsam von den Gläubigen sehr häufig verehrt und angebetet wird. So nämlich sprach der Apostel von der Kirche im 1. Korintherbrief im 11. Kap.[11]: *Habt ihr etwa keine Häuser zum Essen und Trinken, oder verachtet ihr die Kirche Gottes?* Dazu sagt die Glosse nach Augustin[12]: *»Verachtet ihr die Kirche Gottes?«, d. h. das Haus des Gebetes,* und etwas weiter unten fügt sie hinzu: *Das hat der tägliche Gebrauch durchgesetzt, daß man »in die Kirche eintreten oder fliehen« nur sagt, wenn jemand in den Raum selbst und zwischen die Wände eingetreten oder geflohen ist.*

(3) In einer anderen Bedeutung meint »Kirche« alle Priester oder Bischöfe, Diakonen und die übrigen, die im Tempel oder der Kirche nach der vorigen Bedeutung Dienst tun. In dieser Bedeutung werden nur die Kleriker oder die vorhin erwähnten Diener im gewöhnlichen Sprachgebrauch Personen oder Männer der Kirche genannt.

(4) Ferner meint in anderer Bedeutung bei den Neueren »Kirche« besonders jene Diener, Priester oder Bischöfe und Diakonen, die in einer Metropolitan- oder Hauptkirche Dienst tun und leitende Stellungen innehaben, wie das die Kirche der Stadt Rom schon längst erreicht hat; deren Diener und Leiter sind der römische Papst und seine Kardinäle, die schon auf Grund eines gewissen Brauchs es durchgesetzt haben, »Kirche« genannt zu werden und ⟨daß man sagt⟩, die »Kirche« habe etwas getan oder erhalten, wenn jene etwas getan oder erhalten oder irgendwie sonst etwas angeordnet haben.

§ 3 (5) Ferner wird »Kirche« in einer anderen Bedeutung, und zwar am allerwahrhaftigsten und eigentlichsten nach der ersten Prägung dieser Bezeichnung oder nach der Absicht der ersten, die sie geprägt haben, mag sie auch nicht so bekannt und modern sein, von der Gesamtheit der Gläubigen gebraucht, die an den Namen Christi glauben und ihn anrufen, und von allen Teilen dieser Gesamtheit in jeder Gemeinschaft, auch der häuslichen. Dies war die erste Prägung dieses Ausdrucks und ihr gewöhnlicher Gebrauch bei den Aposteln und in der Urkirche. Daher sagt der Apostel im 1. Korintherbrief im 1. Kap.[13]: *An die Kirche (Gemeinde) in Korinth, die in Christus Jesus Geheiligten, die berufenen Heiligen samt allen, die den Namen unseres Herrn Jesus Christus anrufen.* Dazu sagt die Glosse nach Ambrosius[14]: *Geheiligt in der Taufe, und zwar in Christus Jesus.* In diesem Sinn sprach der Apostel in der Apostelgeschichte Kap. 20[15] zu den Ältesten der Epheser: *Gebt acht auf euch selbst und die ganze Herde, in der euch der Heilige Geist zu Aufsehern gesetzt hat, um die Kirche (Gemeinde) Gottes zu leiten, die er erworben hat durch sein eigenes Blut.* Deswegen sind alle Christusgläubigen Männer der Kirche in dieser wahrsten und eigentlichsten Bedeutung und müssen so genannt werden: die Priester wie die Nicht-Priester, denn alle hat Christus erworben und erlöst durch sein Blut, wie es auch ausdrücklich in der Glosse zu jener Stelle des Lukas im 22. Kap.[16] heißt: *Das ist mein Leib, der für euch gegeben wird. »Für euch«,* sagt die Glosse[17], *bedeutet, nicht für die Apostel allein sei der Leib Christi gegeben und sein Blut vergossen, sondern um der ganzen Menschheit willen.* So ist also nicht für die Apostel allein Christi Blut vergossen; also sind nicht sie allein von ihm erworben worden oder erworben gewesen und folglich nicht allein die Priester oder Tempeldiener, ihre Nachfolger im Amt; also sind nicht s i e allein die Kirche, die Christus durch sein Blut erworben hat. Aus demselben Grunde sind jene Diener, Bischöfe oder Priester und Diakonen nicht allein die Kirche, die die Braut

Christi ist, sondern ein Teil dieser Braut; **Christus hat sich** ja für diese Braut hingegeben. Daher sagt der Apostel im Philipperbrief im 5. Kap.[18]: *Ihr Männer, liebt eure Frauen, wie auch Christus die Gemeinde (Kirche) geliebt und sich selbst für sie dargebracht hat.* Nun aber hat sich Christus nicht nur für die Apostel allein und deren Nachfolger im Amt, die Bischöfe oder Priester und Diakone, dargebracht, vielmehr für die ganze Menschheit. Also sind nicht nur sie oder ihre Gemeinschaft Braut Christi, mag auch eine gewisse Gemeinschaft derer, die das Wort mißbrauchen, um eigenen und zeitlichen Vorteil und den Nachteil der anderen betrügerisch zu erlangen, sich besonders Braut Christi nennen. Diese gleiche Meinung kann man aus den Worten des Apostels im 1. Korintherbrief im letzten Kapitel, im Thessalonicherbrief im 1. Kap., im Kolosserbrief im 4. Kap. und im Brief an Philemon im 1. Kap.[19] lernen. An allen diesen Stellen nimmt der Apostel Kirche in der Bedeutung, die wir eben ihre eigentliche und wahrste genannt haben.

§ 4 Im Anschluß daran sind die Bezeichnungen »temporal«[20] (weltlich) und »spiritual« (geistig - geistlich) zu klären. Wir wollen jedoch mit der uns bekannteren[21] anfangen und sagen: (1) Der Ausdruck »temporal« wird in der einen bekanntesten Bedeutung von allen körperlichen Dingen, natürlichen und künstlichen, gebraucht, die, vom Menschen getrennt, aber in irgendeinem Sinne in seiner Gewalt befindlich, seinen Bedarf zu befriedigen, seine schwachen Kräfte zu ergänzen und seine Lebensfreude zu erhöhen, im Stande und für den Stand des weltlichen Lebens bestimmt sind. In diesem Sinne pflegt man allgemeiner »temporal« auch alles zu nennen, was in der Zeit anfängt und aufhört. Das nämlich ist und heißt im eigentlichen Sinne nach der Physik B. 4[22]: in der Zeit. (2) In einem anderen Sinne wird »temporal« von jedem Habitus, jeder Tätigkeit oder jedem Widerfahrnis des Menschen gebraucht, die ein Mensch in bezug auf sich selbst oder gegenüber einem anderen für einen Zweck in dieser Welt oder im gegenwärtigen Leben bewirkt.

(3) Ferner wird, weniger umfassend, »temporal« von
menschlichen Tätigkeiten und Widerfahrnissen gebraucht, die
willentlich geschehen und zum Vorteil oder Nachteil eines
anderen vom Täter übergreifen; damit beschäftigen sich vor
allem die menschlichen Gesetzgeber.

§ 5 Jetzt will ich die Bedeutungen oder Sinnrichtungen
des Ausdrucks »spiritual« (geistig-geistlich) unterscheiden:
(1) In einer Auffassung wird er von allen unkörperlichen
Substanzen und ihren Tätigkeiten gebraucht.
(2) In einer anderen Bedeutung wird er von jeder menschlichen Tätigkeit oder jedem Widerfahrnis des Erkenntnis-
oder des Begehrungsvermögens gebraucht, die dem Menschen
immanent ist. In diesem Sinne pflegt man gewisse Wirkungen der körperlichen Dinge auf die Sinne der Lebewesen
geistig und immateriell zu nennen, z. B. die Abbilder oder
Vorstellungen und Denkbilder, die für die Seele irgendwie
Erkenntnisgrund sind; in diese Gruppe rechnen manche die
Tätigkeiten der Sinnendinge, auch in der unbelebten Substanz, z. B. die Erzeugung des Lichtes und einiger ähnlicher
Dinge.
(3) Ferner – in näherer Beziehung zu unserem Thema –
wird »spiritual« vom göttlichen Gesetz gebraucht, von der
Lehre und Unterweisung in den Geboten und Ratschlägen
nach dem Gesetz und durch das Gesetz. Unter diese Bedeutung fallen natürlich auch alle kirchlichen Sakramente und
deren Wirkungen, jede göttliche Gnade, alle theologischen
Tugenden und die Gaben des Heiligen Geistes, die uns für
das ewige Leben bereit machen. Denn so und im eigentlichen
Sinne gebraucht der Apostel diese Bezeichnung im Römerbrief im 15. Kap.[23] und im 1. Korintherbrief im 9. Kap.[24];
er hat nämlich gesagt: *Wenn wir euch das Geistliche gesät
haben, ist es denn etwas Großes, wenn wir euer fleischliches
Gut ernten sollen?* Dazu sagt die Glosse nach Ambrosius[25]:
*Geistliches, d. h., was euren Geist lebendig macht oder was
vom Heiligen Geist gegeben ist: das Wort Gottes und das
Geheimnis des Himmelreiches.*

(4) Ferner pflegt man in einer anderen Bedeutung diese Bezeichnung für irgendeine freiwillige menschliche Tätigkeit oder ein solches Widerfahrnis zu nehmen, das man in bezug auf sich selbst wie gegenüber einem anderen bewirkt, um das selige Leben in der künftigen Welt zu verdienen; solcherart sind die Betrachtungen Gottes, die Liebeswerke für ihn und die Nächsten, asketische Übungen, Handlungen des Erbarmens und der Milde, Gebete, freiwillige Gaben aus Frömmigkeit oder für den Gottesdienst, Gastlichkeit, Wallfahrten, Kasteiungen des eigenen Körpers, Verachtung und Meiden des Weltlichen und der irdischen Freuden und überhaupt alles Ähnliche, was zu dem vorgenannten Zweck getan wird.

(5) Ferner wird diese Bezeichnung, wenn auch nicht so eigentlich wie im zweiten und dritten Sinne, vom Tempel oder der Kirche in der zweiten Bedeutung und von allen Gefäßen und Geräten gebraucht, die dort zum göttlichen Kult bestimmt sind.

(6) Ganz neuerdings – unpassend und sehr uneigentlich – dehnen einige diese Bezeichnung aus, um die freiwilligen übergreifenden Handlungen der Priester oder Bischöfe, Diakonen und anderen Tempeldiener und deren Unterlassungen zu benennen, die der Täter zum Vorteil oder Nachteil eines anderen für das weltliche Leben ausführt.

(7) Man dehnt dieselbe Bezeichnung, und zwar noch uneigentlicher, aus auf ihre Besitzungen und zeitlichen Güter, bewegliche und unbewegliche, und auf gewisse Einkünfte aus zeitlichen Gütern, die sogenannten Zehnten, um sie unter dem Vorwand dieses Wortes aus der Zuständigkeit der Gesetze und der Staatsregierung herauszunehmen.[26]

§ 6 Tatsächlich aber mißbrauchen sie das Wort hierbei gegen die Wahrheit und gegen die Absicht und den Sprachgebrauch des Apostels und der Heiligen, die solche Dinge nicht geistlich, sondern fleischlich oder zeitlich genannt haben. Daher sagt er im Römerbrief im 15. Kap.[27]: *Denn haben die Heiden am geistlichen Besitz von jenen Anteil bekommen, so müssen sie ihnen auch im Fleischlichen die-*

nen. Dasselbe steht ausdrücklicher im 1. Korintherbrief im
9. Kap.[28]: *Wenn wir,* sagt der Apostel, *euch das Geistliche
gesät haben, ist es denn etwas Großes, wenn wir euer fleischliches Gut ernten sollen?* Dazu sagt die Glosse nach Ambrosius[29]: *Denn »wenn wir euch das Geistliche gesät haben«,*
d. h., was eueren Geist lebendig macht oder was vom Heiligen Geist gegeben ist: *das Wort Gottes und das Geheimnis
des Himmelreiches, »ist es dann etwas Großes, wenn wir«
– zu unserem Lebensunterhalt – »euer fleischliches Gut«
ernten sollen,* d. h. *d i e zeitlichen Güter, die dem Leben
und dem Bedürfnis des Fleisches nachgelassen sind?* Beachte,
daß die äußeren Güter, aus denen die Prediger des Evangeliums mit Nahrung und Kleidung versorgt werden mußten, der Apostel und Ambrosius ausdrücklich fleischlich und
zeitlich nennen, und sie sind es in Wahrheit, mögen sie Zehnten oder Grundstücke, Gewinne oder Almosen oder Kollek-
ten sein; den Grund davon nannte Ambrosius, daß sie nämlich *dem Leben und dem Bedürfnis des Fleisches,* d. h. des
vergänglichen Lebens, *nachgelassen sind.*

§ 7 Dasselbe muß man unzweifelhaft auch von gewissen
Handlungen der Priester, Bischöfe und Diakonen denken.
Denn nicht alle ihre Handlungen sind geistlich oder dürfen
so heißen, vielmehr gehören viele von ihnen dem bürgerlichen und gerichtlichen Bereich an, sind fleischlich, d. h. zeitlich.
Sie können nämlich borgen, Geld anlegen, kaufen, verkaufen,
niederstoßen, töten, stehlen, Ehebruch treiben, rauben,
verraten, täuschen, falsches Zeugnis ablegen, verleumden,
in Ketzerei verfallen und die übrigen Verbrechen und
Frevel begehen, und ⟨sich in⟩ Streitereien ⟨einlassen⟩, wie
sie auch bei Nicht-Priestern vorkommen. Deshalb muß man
sie mit Recht fragen, ob solche Handlungen, wie sie – so
sagten wir – bei ihnen auftreten können, geistlich sind oder
von irgendeinem vernünftigen Menschen so genannt werden
dürfen. Es steht fest: Sie sind es keineswegs, vielmehr fleischlich und zeitlich. Daher sagt der Apostel im 1. Korintherbrief im 3. Kap.[30] von solchen Handlungen zu allen ohne

Unterschied: *Wenn unter euch Eifersucht und Hader herrscht, seid ihr da nicht fleischlich und wandelt ihr nicht in menschlicher Weise?* Da er also aus unbezweifelbarer Erfahrung beweist, daß zwischen Priestern untereinander und gegenüber Weltmenschen Eifersucht und Streitigkeiten infolge der vorgenannten und anderer ähnlicher Handlungen vorkommen, so sind offenbar derartige Handlungen von Priestern und Bischöfen fleischlich oder zeitlich und in Wahrheit nicht geistlich und dürfen nicht so heißen.

Beweis für die Wahrheit unserer Behauptung ist auch nach der Meinung der Priester: Um derartige Streitigkeiten aus der Welt zu schaffen, sind viele menschliche Verordnungen, die sogenannten »Dekretalen«, von den römischen Päpsten herausgegeben worden und zuvor darüber Gesetze der römischen Herrscher. Diakone und Priester oder Bischöfe vollführen nämlich viele freiwillige Handlungen und können sie vollführen, die sich zum Vorteil oder Nachteil und zur Schädigung eines anderen für den Stand und in dem Stand des gegenwärtigen Lebens auswirken. Darum muß der Maßstab für solche Handlungen das menschliche Gesetz sein, wie I 15[31] festgestellt worden ist; zu diesem Thema soll II 8[32] mehr gesagt werden.

§ 8 Nun sind noch die Bezeichnungen: »Richter« und »Gericht«[33] (»Urteil«), das die Tätigkeit des Richters angibt, zu klären. Sie gehören nämlich zu den vieldeutigen Wörtern, die bei der scharfen Formulierung der Probleme durch ihre Vieldeutigkeit Unklarheit und ein Hemmnis schaffen. (1) »Richter« wird in einer Bedeutung von jedem gebraucht, der entscheidet oder erkennt, besonders nach einem theoretischen oder praktischen Habitus, und die Bezeichnung »Urteil« von der Erkenntnis oder Entscheidung solcher Richter. In diesem Sinne ist der Geometer ein Richter und urteilt über Figuren und deren Eigenschaften, der Arzt über Gesunde und Kranke, der Kluge über Tun und Lassen, der Baumeister über die Bauart der Häuser. So heißt auch jeder Kenner oder Fachmann Richter und urteilt über das auf

seinem Gebiet Wissensmögliche oder Ausführbare. In dieser
Bedeutung hat Aristoteles die Bezeichnungen Eth. B. 1,
Kap. 1[34] genommen, als er sagte: *Jeder beurteilt gut, was er
kennt, und darin ist er ein guter Richter.*

(2) Ferner wird »Richter« in einer anderen Bedeutung von
dem gebraucht, der ein Wissen vom öffentlichen oder bürgerlichen Recht besitzt und der auch gewöhnlich als »Advo-
kat« bezeichnet zu werden pflegt, mag er auch in sehr vielen
Ländern und besonders in italienischen »Richter« genannt
werden.

(3) Weiter wird »Richter« vom Regenten und »Urteil« von
dem Spruch des Regenten gebraucht, zu dessen Zuständigkeit es gehört, über das Gerechte und Nützliche nach den
Gesetzen oder Gewohnheitsrechten zu urteilen und die von
ihm gefällten Entscheidungen mit zwingender Gewalt für
rechtskräftig zu erklären und zu vollstrecken. In diesem
Sinne heißt ein bestimmter Teil des heiligen Kanons oder
der Bibel Buch der Richter. In diesem Sinne hat auch Aristoteles vom Richter oder Regenten Rhet. B. 1, Kap. 1[35] gesagt:
*Der Teilnehmer an der Volksversammlung und der Richter
urteilen schon über Gegenwärtiges und Bestimmtes.* So auch
fügt er – und er meint das Urteil des Regenten – gleich darauf hinzu: *Diesen*, dem Teilnehmer an der Volksversammlung oder dem Richter, *hängt oft schon das Lieben und das
Hassen und der eigene Vorteil an, so daß sie die Wahrheit
nicht mehr genügend sehen können, sondern beim Urteil auf
das für die eigene Person Angenehme oder Betrübliche achten.*

Vielleicht gibt es noch andere Bedeutungen der obengenannten Bezeichnungen; die bekanntesten und für die vorliegende
Untersuchung notwendigsten jedoch glauben wir festgestellt
zu haben.

Die Einteilung der menschlichen Akte und die Art ihrer Beziehung zum menschlichen Gesetz und zum Richter in dieser Welt

§ 1 Da jedes zwingende Gericht über freiwillige Akte der Menschen nach einem Gesetz oder Gewohnheitsrecht urteilt, und zwar entweder, soweit man sie anordnen kann für den Zweck dieser Welt, für die befriedigende Form des irdischen Lebens, oder für den Zweck der künftigen Welt, den wir ewiges Leben oder ewige Herrlichkeit nennen, so wollen wir uns über die Unterschiede dieser Akte einigermaßen auslassen, damit die Verschiedenheit der Richter oder derer, die richten sollen, der für sie maßgebenden Gesetze, des Gerichts und des Sinnes ihres Urteils deutlicher wird. Denn zur Behebung früherer Zweifel wird die Erledigung dieser Fragen nicht wenig förderlich sein.

§ 2 Wir wollen also sagen: Von den menschlichen Akten, die aus Erkenntnis und Streben hervorgehen, entstehen manche ohne Befehl des bewußten Willens des Menschen, manche durch den Befehl des bewußten menschlichen Willens. Zu den ersten gehören Erkenntnisse, Strebungen, Liebesregungen und Lustgefühle, die aus uns und in uns ohne Befehl oder Weisung der Denkkraft oder des Begehrungsvermögens entstehen; dazu gehören Erkenntnisse und Emotionen, die wir vorfinden, wenn wir aus dem Schlaf erwachen, oder die sonst in uns ohne Befehl unseres bewußten Willens zustande kommen. Diesen folgen Erkenntnisse, Willensregungen und Neigungen, die sich befassen mit der Weiterführung der ersten Akte oder der ⟨bewußten⟩ Untersuchung und Erfassung von etwas, z. B. bei der Wiedererinnerung, und diese sind und heißen »Befehle« oder »Weisungen des bewußten Willens«, teils weil sie selbst durch unseren Befehl bewirkt oder hervorgerufen werden, teils andere durch sie, wie z. B. das Erstreben und das Vermeiden.

§ 3 Es gibt aber auch einen Unterschied zwischen befohlenen und nichtbefohlenen Akten unter einem Gesichtspunkt, den wir früher genannt haben, daß nämlich für die nichtbefohlenen Akte in uns nicht unbedingt Freiheit oder Befehlsgewalt ⟨darüber⟩ besteht, daß sie erfolgen oder nicht, während die Gewalt über die befohlenen nach der christlichen Religion in uns vorhanden ist. Und ich habe gesagt, daß die Gewalt über die Akte der ersten Art nicht unbedingt in uns ist; denn es liegt ja nicht vollkommen in unserer Gewalt, deren Auftreten zu verhindern; indessen können wir durch Akte der zweiten Art, die »Befehle« genannt werden, und durch die, die ihnen folgen, die Seele so einstimmen, daß es ihr nicht leicht ist, das, was Akte der ersten Art hervorruft oder aufnimmt, zu lieben oder zu betrachten; ⟨durch die erwähnte Selbsterziehung⟩ ist jeder gewöhnt, die ⟨den unerwünschten Akten⟩ entgegengesetzten ⟨Akte⟩ sich vorzuschreiben.

Von den befohlenen Akten sind und heißen manche rein »innerlich« und andere »übergreifend«. Rein »innerlich« sind und heißen befohlene Erkenntnisse, Emotionen und aus ihnen hervorgehende Habitus, die vom bewußten Willen des Menschen geschaffen sind, weil sie von dem Handelnden selbst auf ein anderes Subjekt nicht übergreifen. »Übergreifend« aber sind und heißen alle Ausführungen des Erstrebten und dessen Unterlassungen, in der Art von Entbehrungen, und alle Bewegungen, die durch eines der äußeren Organe des Körpers vollzogen werden, besonders der Organe der Ortsbewegung. Ferner, von den übergreifenden Akten sind und geschehen manche ohne Schädigung oder Kränkung einer einzelnen Person, eines Kollegiums oder einer anderen Gemeinschaft durch den Handelnden, wie es z. B. die Gattungen alles dessen sind, was man überhaupt tun kann: Zahlung von Geldern, Wallfahrt und Züchtigung des eigenen Körpers durch Geißelhiebe oder Schläge oder auf jede andere Art und anderes dergleichen. Andere aber von den übergreifenden sind und geschehen unter den entgegengesetzten Umständen, nämlich unter Schädigung oder Kränkung eines anderen durch den Handelnden, wie es Schlag, Diebstahl, Raub, falsches Zeugnis und sehr viele andere Akte in ihren Arten und Unterarten sind.

§ 4 Für alle bisher genannten Akte, die aus dem Geist des Menschen hervorgehen, besonders für die befohlenen, sind gewisse Regeln oder Maßstäbe oder Formen erfunden, nach denen sie in angemessener Weise und in gehöriger Form erfolgen und hervorgehen sollen, damit die Menschen dadurch ein befriedigendes Leben in dieser wie der künftigen Welt erlangen. Unter diesen Formen oder Regeln gibt es einige, nach denen die Akte des bewußten Willens des Menschen, die rein innerlichen wie die übergreifenden, bei Tun oder Lassen ausgerichtet und geregelt werden ohne Strafe oder Belohnung, die dafür ein anderer durch zwingende Gewalt auszuteilen hätte; dazu gehören die meisten Regeln der praktischen Berufe, der aktiven und schaffenden. Andere aber gibt es unter den genannten Regeln, die vorschreiben, daß Handlungen dieser Art ausgeführt oder unterlassen werden, unter Strafe oder Belohnung, die dafür die zwingende Gewalt eines anderen auszuteilen hat. Von diesen zwingenden Regeln gibt es wieder einige, nach denen, wer sie befolgt oder übertritt, Strafe oder Belohnung im Stande und für den Stand des gegenwärtigen Lebens erhält; derart sind alle Gesetze und menschlichen Gewohnheitsrechte im bürgerlichen Leben. Andere aber gibt es darunter, nach denen die Täter allein für den Stand und in dem Stand der künftigen Welt bestraft oder belohnt werden; derart sind meistens die göttlichen Gesetze, die mit gemeinsamem Namen »religiöse Lehren« heißen; unter diesen enthält die der Christen, wie wir I 6[36] gesagt haben, allein die Wahrheit und vollkommene Belehrung über das, was für die künftige Welt zu erhoffen ist.

§ 5 Für das befriedigende Dasein oder Leben in dieser Welt ist nun eine Regel über die befohlenen übergreifenden Akte der Menschen gegeben, die der Handelnde zum Vorteil

oder Nachteil eines anderen, berechtigter- oder unberechtigterweise, ausführen kann, eine Regel, die nur für die gegenwärtige Welt Gebote gibt und die Übertreter durch Pein
oder Strafe zwingt. Diese haben wir mit der allgemeinen
Bezeichnung I 10[37] »menschliches Gesetz« genannt; auch haben wir deren Zweck-Notwendigkeit und bewirkende Ursache in I 11, I 12 und I 13[38] festgestellt.
Für Dasein oder Leben in dieser Welt und doch für den
Stand der künftigen hat C h r i s t u s das Gesetz überliefert und gegeben. Dieses Gesetz ist die Regel für die befohlenen menschlichen Akte, die unter der aktiven Gewalt
unseres bewußten Willens stehen, die rein innerlichen wie
die übergreifenden, soweit sie mit Recht oder Unrecht in
dieser Welt getan oder unterlassen werden können; dieses
Gesetz ist jedoch nur für den Stand und den Zweck der
künftigen Welt zwingend und teilt Strafe oder Belohnung
aus und vollzieht sie nur in der künftigen Welt, nicht in dieser je nach den Verdiensten oder Verfehlungen derer, die das
Gesetz im gegenwärtigen Leben befolgt oder übertreten
haben.

§ 6 Freilich haben diese zwingenden Gesetze, die göttlichen wie die menschlichen, keine Seele und besitzen kein
bewegendes Prinzip, das urteilt und vollstreckt; daher haben
die Gesetze ein Subjekt oder ein beseeltes Prinzip erhalten
müssen, das nach ihnen die menschlichen Handlungen vorschreiben, regeln oder beurteilen und auch die Urteile vollstrecken und die Übertreter der Gesetze strafen soll. Dieses
Subjekt oder Prinzip heißt »Richter«, wie wir ihn in der
dritten Bedeutung II 2[39] aufgefaßt haben. Daher heißt es in
der Ethik B. 4[40] in der Abhandlung über die Gerechtigkeit:
Der Richter ist nämlich gleichsam das beseelte Gerechte. Man
muß also einen Richter haben, wie er schon geschildert ist,
der die Vollmacht besitzt, nach den menschlichen Gesetzen
über die Streitsachen der Menschen zu urteilen, und zwar
durch ein Urteil in der dritten Bedeutung, die Urteile zu
vollstrecken und jeden, der die Gesetze übertritt, mit zwin-

gender Gewalt zu strafen. Dieser Richter nämlich *ist Gottes Diener und Rächer zum Zorngericht für den, der Böses tut,* wie der Apostel im Römerbrief im 13. Kap.[41] gesagt hat, und ist von Gott dazu gesandt, wie es im 1. Brief des Petrus im 2. Kap.[42] heißt.

§ 7 Der Apostel sagte: *wer Böses tut,* nämlich jeder, wer es auch sein mag, und verstand das ohne Unterschied von allen. Da nun die Priester oder Bischöfe und überhaupt alle Diener der Kirchen, mit einem gemeinsamen Namen »Kleriker« genannt, durch Tun oder Lassen 'Böses begehen können und da tatsächlich einige von ihnen – wären es doch nicht die meisten! – zu Schaden oder Kränkung eines anderen manchmal ⟨Böses⟩ begehen, so sind sie gleichfalls der Strafgewalt oder Rechtsprechung der Richter unterstellt, denen die zwingende Gewalt zusteht, die Übertreter der menschlichen Gesetze zu strafen. Das hat auch der Apostel im Römerbrief im 13. Kap. mit klaren Worten ausgesprochen; daher hat er gesagt: *Jede Seele sei untertan den höheren Gewalten,* den Königen, den Fürsten und Tribunen nach der Auslegung der Heiligen. Denn dieselbe spezifische Materie muß die Einwirkung eben d e s Wirkenden in sich aufnehmen, das befähigt und bestimmt ist, auf sie einzuwirken zu dem Zweck, für den sie geeignet ist, wie in der Physik B. 2[43] deutlich steht. So nämlich, heißt es dort, *erfährt ein jedes Ding Einwirkungen, wie es befähigt ist, Einwirkungen zu erfahren,* und umgekehrt. Nun aber ist der Übertreter des Gesetzes die Materie oder das Substrat, auf das einzuwirken der Richter oder Herrscher befähigt und bestimmt ist, nämlich es zur Rechenschaft zu ziehen zur Herstellung des Gleichmaßes oder des richtigen Verhältnisses, um Frieden oder Ruhe und das Zusammenleben oder die Lebensgemeinschaft der Menschen zu erhalten, endlich, zur befriedigenden Gestaltung des menschlichen Lebens. Deshalb muß der Richter überall, wo eine solche Materie oder ein solches Substrat in seinem Amtsbereich sich findet, sie zur Rechenschaft ziehen. Also muß der Priester, da er für seine

Person eine spezifische oder eine solche Materie an sich sein
kann, nämlich Übertreter des menschlichen Gesetzes, seinem
Urteil unterstehen. Denn ob jemand Priester oder Nicht-
Priester ist, das ist bei einem Übertreter für sein Verhältnis
gegenüber dem Richter unwesentliche Eigenschaft, wie, ob
er Bauer oder Baumeister ist; ebenso ⟨ist es⟩ bei einem Heil-
bedürftigen oder Kränklichen für sein Verhältnis gegenüber
dem Arzt ⟨gleichgültig⟩, ob er musikalisch oder unmusika-
lisch ist. Denn was etwas an und für sich ist, wird weder
aufgehoben noch verändert durch eine unwesentliche Eigenschaft; sonst wären die Arten der Richter und Ärzte unendlich.

Also muß jeder Priester oder Bischof, wenn er das menschliche Gesetz übertritt, von d e m Richter zur Rechenschaft
gezogen und bestraft werden, dem in dieser Welt die zwingende Gewalt gegenüber den Übertretern des menschlichen
Gesetzes zukommt. Nun ist das der weltliche Herrscher als
solcher, nicht der Priester oder Bischof, wie in I 15 und
I 17, II 4 und II 5[44] gezeigt worden ist. Also müssen die
Priester oder Bischöfe alle, wenn sie das menschliche Gesetz
übertreten, vom Herrscher bestraft werden. Und nicht nur
wie ein Laie muß ein Priester oder ein anderer Diener der
Kirche wegen einer Übertretung leiden, sondern um so mehr,
je schwerer und unwürdiger seine Sünde ist; es muß ja besser
Bescheid wissen und sorgsamer prüfen, wer die Gebote für
das, was man meiden und tun soll, genauer zu kennen verpflichtet ist, und ferner begeht ja eine schimpflichere Sünde,
wer Lehre erteilen, als derjenige, der Lehre empfangen soll.
Dieser ⟨schärferen Beurteilung⟩ aber unterliegt die Sünde
eines Priesters im Vergleich zu der des Nicht-Priesters. Die
Sünde des Priesters ist also schwerer, und um so härter muß
er bestraft werden.

§ 8 Man darf aber den Einwand nicht gelten lassen, die
Rechtsverletzungen im Wort, gegen Sache und Person und
was sonst das menschliche Gesetz verbietet, wären bei einem
Priester geistliche Handlungen, und daher komme es einem

weltlichen Herrscher nicht zu, an einem Priester dergleichen zu ahnden. Denn derartige durch Gesetz verbotene ⟨Verbrechen⟩ wie Ehebruch, Körperverletzung, Mord, Diebstahl, Raub, Beleidigung, Verleumdung, Verrat, Betrug, Ketzerei und ähnliches mehr sind auch bei einem Priester fleischlich und zeitlich, wie aus Erfahrung ganz bekannt ist und wie wir das oben II 2[45] unter Berufung auf den Apostel – 1. Korintherbrief 3. und 9. Kap. und Römerbrief 15. Kap. – bewiesen haben. Um so mehr müssen solche Handlungen als fleischlich und zeitlich angesehen werden, je schwerer und schimpflicher dabei die Sünde des Priesters oder Bischofs ist, als die derjenigen, die er von dergleichen zurückhalten soll; denn durch sein schlechtes Vorbild reizt er zu Vergehen und macht sie leichter.

§ 9 Jeder Priester oder Bischof untersteht also der Rechtsprechung der Herrscher in dem, was das menschliche Gesetz vorschreibt, wie die Laien, und muß ihr unterstehen. Er ist nicht von einem zwingenden Gericht über dergleichen ausgenommen, und keinen anderen kann er durch seine Machtvollkommenheit ausnehmen. Das beweise ich durch einen Zusatz zu I 17, indem ich den Gegner zu einer offenbar widersinnigen Folgerung nötige. Denn wenn der römische Bischof oder jeder beliebige andere Priester ⟨aus dem Staat⟩ so weit herausgenommen wäre, daß er dem zwingenden Gericht der Herrscher nicht unterstünde, sondern selbst ein derartiger Richter wäre ohne Ermächtigung durch den menschlichen Gesetzgeber, und wenn er alle Diener der Kirchen, die man mit einem gemeinsamen Namen »Kleriker« nennt, von der Rechtsprechung der Herrscher frei machen und sich unterstellen könnte, wie das in neuer Zeit die römischen Päpste tun, so wäre die notwendige Folge, daß die Rechtsprechung der weltlichen Regenten so gut wie ganz zunichte gemacht würde. Das halte ich für einen groben Widersinn, der für alle Herrscher und Gemeinschaften unerträglich wäre; denn die christliche Religion beraubt niemanden seines Rechtes, wie die Glosse aus Ambrosius über jenes Wort

im Brief an Titus im 3. Kap.: *Mahne sie, den Herrschern und
Gewalten untertan zu sein*, lautet und wir in II 5[46] ausgeführt haben.

Wohin aber dieser Widersinn führt, zeige ich folgendermaßen: Im göttlichen Gesetz findet sich kein Verbot – es wird
vielmehr erlaubt –, daß Priester oder Bischof sein darf, wer
eine Frau hat, zumal wenn er nicht mehr als eine hat, wie
im 1. Brief an Timotheus im 3. Kap.[47] steht. Was aber durch
menschliches Gesetz oder menschliche Festsetzung eingerichtet ist, kann durch dieselbe Macht als solches widerrufen
werden. Ein römischer Bischof, der sich zum Gesetzgeber
macht oder aus der Fülle seiner Gewalt ⟨handelt⟩ – doch
nur, wenn ⟨überhaupt⟩ jemand ihm deren Besitz zugestehen
sollte! –, wird also allen Priestern, Diakonen und Unterdia-
konen Frauen erlauben können, und nicht nur diesen, sondern auch anderen, die nicht als Priester oder Diakone ordiniert oder sonst geweiht sind und die man »Kleriker mit
einfacher Tonsur« nennt, ja sogar diesen mit mehr Recht,
was auch tatsächlich Bonifatius VIII. getan hat, wie man
sieht, um seine weltliche Macht zu steigern. Alle nämlich, die
e i n e Jungfrau geheiratet hatten und die es wollten, schrieb
er der Gruppe der Kleriker zu und bestimmte ihre Zuschrei-
bung durch seine Anordnungen, die man Dekretalen[48] nennt.
Auch auf diese Grenzen haben sie sich nicht mehr einschrän-
ken lassen, sondern bestimmte Laien, die man in Italien
»Fröhliche Brüder«, sonst aber »Beginen« nennt, haben sie in
ähnlicher Weise aus den ordnungsmäßig gegebenen Staats-
gesetzen der Menschen herausgenommen, so auch die Brüder
der Templer, der Hospitalarier und die meisten übrigen Orden dieser Art, ähnlich auch die von Altopascio; so können
sie auch mit den übrigen nach Belieben mit gleicher Begründung verfahren.[49] Wenn aber alle Leute dieser Art schon
dadurch nach ihren Dekretalen, die diesen auch noch gewisse
Befreiungen von öffentlichen oder staatlichen Lasten zusi-
chern, aus der Rechtsprechung der Herrscher herausgenommen sind, so halte ich es für sehr wahrscheinlich, daß die

Mehrheit der Menschen zu diesen Orden neigt, zumal da sie in diese Gebildete wie Ungebildete ohne Unterschied aufnehmen. Jeder ist nämlich bereit, den eigenen Vorteil wahrzunehmen und Nachteil zu meiden. Wenn aber die überwiegende Zahl oder die Mehrheit in diese Orden eintritt, so wird die Rechtsprechung und die zwingende Gewalt der Herrscher ohnmächtig bleiben, und die Zahl derer, die die öffentlichen Lasten tragen müssen, wird gleich Null. Das ist ein ganz grobes Übel und das Verderben des Staates. Wer sich nämlich der Ehren und Vorteile des Staatsbürgers erfreut, z. B. des Friedens und des Schutzes durch den menschlichen Gesetzgeber, der darf von den Lasten und der Rechtsprechung ohne Anordnung desselben Gesetzgebers nicht ausgenommen werden. Daher sagt der Apostel im Römerbrief im 13. Kap.[50]: Und gerade deswegen *leistet ihr Abgaben.*

Um dem zu entgehen, muß man natürlich wahrheitsgemäß zugeben, daß der Herrscher die Rechtsprechung über Bischöfe oder Priester und alle Kleriker kraft Ermächtigung durch den Gesetzgeber besitzt, damit es nicht dahin kommt, daß der Staat durch die ungeordnete Vielzahl der Regierungen sich auflöst, wie in I 17[51] festgestellt worden ist; auch, daß der Herrscher eine bestimmte Anzahl von Klerikern in seinem Lande festlegen muß, wie auch von Personen jedes anderen Bestandteils des Staates; sonst könnten sie durch ihr ordnungswidriges übermäßiges Anwachsen stark genug werden, sich der zwingenden Gewalt der Herrscher zu widersetzen oder sonst den Staat in Verwirrung zu stürzen oder durch Überheblichkeit und Müßiggang Stadt oder Staat um den Vorteil zu bringen, den die notwendigen Berufsarbeiten für ihn bedeuten, wie wir aus der Politik B. 5, Kap. 2 in I 15[52] angeführt haben.

So haben also das menschliche Gesetz und der menschliche Richter, dieser in der dritten Bedeutung, die menschlichen Handlungen zu regeln, die zum Vorteil oder Nachteil eines anderen berechtigter- oder unberechtigterweise von dem Handelnden übergreifen. Dieser zwingenden Gewalt nun

müssen alle Laien und Kleriker unterstehen. Es gibt aber
auch einige andere Richter im Sinne der menschlichen Gesetze, die Richter in der ersten oder zweiten Bedeutung,
z. B. die Lehrer ⟨der Gesetze⟩. Diese haben jedoch keine
zwingende Machtbefugnis; daß es deren in jeder einzelnen
Gemeinschaft mehrere gibt, auch ohne Unterordnung des
einen unter den anderen, dem steht nichts im Wege.

KAPITEL IX

Die Beziehung der menschlichen Handlungen zum göttlichen Gesetz und zum Richter in der anderen Welt,
Christus, auch das Verhältnis, in dem sie zum Lehrer
desselben Gesetzes, dem Bischof oder Priester, in dieser
Welt stehen

§ 1 Führen wir diesen Gedanken weiter, so gibt es nun
auch einen Richter mit zwingender Machtbefugnis gegen die
Übertreter des göttlichen Gesetzes, das wir eine zwingende
Regel genannt haben auch für manche menschliche Handlungen, rein innerliche wie übergreifende. Dieser Richter
aber ist nur einer, Christus, und kein anderer. Daher heißt
es im Brief des Jakobus im 4. Kap.[53]: *Einer ist Gesetzgeber
und Richter, der verderben und retten kann.* Aber dieses
Richters zwingende Gewalt wird gegen niemand in dieser
Welt ausgeübt, um Strafe oder Pein oder Belohnung denen
auszuteilen, die das von ihm unmittelbar gegebene Gesetz
übertreten oder befolgen, das wir sehr oft das evangelische
genannt haben. Christus wollte nämlich in seiner Barmherzigkeit jedem bis zum Ende seiner Lebenszeit die Möglichkeit geben, sich Verdienste zu erwerben und die Vergehen
gegen sein Gesetz zu bereuen, wie auch mit Hilfe der autoritativen Stellen der Heiligen Schrift im folgenden gezeigt
werden soll.

§ 2 Es gibt aber auch einen anderen Richter nach der Heiligen Schrift, den in der ersten Bedeutung, ebenso wie beim menschlichen Gesetz, den Priester, der in dieser Welt Lehrer des göttlichen Gesetzes und dessen ist, was man tun oder meiden muß und was dazu dient, das ewige Leben zu erlangen und der ewigen Strafe für ⟨Übertretung⟩ des nach dem göttlichen Gesetz Gebotenen zu entgehen; ⟨dieser Richter⟩ hat jedoch nicht die zwingende Gewalt, in dieser Welt einen zur Befolgung des nach diesem Gesetz Gebotenen zu nötigen. Denn es wäre zwecklos, wenn er einen dazu zwingen wollte; denn Handeln unter Zwang würde für das ewige Heil nichts nützen, wie wir mit Berufung auf Chrysostomus oder vielmehr den Apostel in II 5, 6[54] überzeugend nachgewiesen haben. Darum läßt sich dieser Richter passend mit einem Arzt vergleichen, dem die Vollmacht gegeben ist, Lehren und Weisungen zu geben und Prognosen zu stellen oder zu urteilen über das, was zu tun oder zu lassen nützlich ist, um körperliche Gesundheit zu erlangen und Tod oder Krankheit zu vermeiden. Deswegen hat sich auch Christus im Stande und für den Stand des gegenwärtigen Lebens Arzt genannt, nicht Herrscher oder Richter. Daher sagt er bei Lukas im 5. Kap.[55] – wir haben die Stelle oben im vorausgehenden Kapitel[56] angeführt – zu den Pharisäern von sich: *Nicht die Gesunden bedürfen des Arztes, sondern die Kranken.* Denn Christus hat nicht angeordnet, jemanden in dieser Welt zur Befolgung des von ihm gegebenen Gesetzes zu nötigen, und deswegen hat er in dieser Welt auch keinen Richter eingesetzt mit der zwingenden Gewalt, die Übertreter dieses Gesetzes zu nötigen.

§ 7 In Wahrheit also und nach der klar ausgesprochenen Meinung des Apostels und der Heiligen, die hervorragende Lehrer der Kirche oder des Glaubens für die anderen gewesen sind, besteht das Gebot, niemand dürfe in dieser Welt durch Strafe oder Pein zur Befolgung der Gebote des evangelischen Gesetzes gezwungen werden, besonders nicht durch den Priester, nicht nur ein Gläubiger, sondern auch nicht

einmal ein Ungläubiger; deswegen können oder dürfen die
Diener dieses Gesetzes, die Bischöfe oder Priester, weder
einen in dieser Welt durch ein Urteil in der dritten Bedeutung richten noch einen gegen seinen Willen durch eine
Strafe oder Pein zur Befolgung der Gebote des göttlichen
Gesetzes zwingen, besonders nicht ohne Ermächtigung durch
den menschlichen Gesetzgeber; denn in dieser Welt darf ein
solches Gericht nach dem göttlichen Gesetz nicht gehalten
noch ein solches Urteil vollstreckt werden, sondern nur in
der künftigen.

§ 8 Daher ist es höchst verwunderlich, wieso ein Bischof
oder Priester, wer auch immer er sei, sich eine größere oder
andere Machtbefugnis anmaßt, als Christus oder seine Apostel sie in dieser Welt haben wollten. Denn die Apostel sind
in Knechtsgestalt von weltlichen Herrschern gerichtet worden. Deren Nachfolger aber, die Priester, weigern sich nicht
nur, gegen Christi und der Apostel Vorbild und Gebot sich
den Herrschern zu unterstellen, sondern behaupten sogar,
mit einer zwingenden Rechtsprechung über den Herrschern
und höchsten Gewalten zu stehen; Christus jedoch hat bei
Matthäus im 10. Kap.[57] gesagt: *Und man wird euch vor
Könige und Statthalter führen um meinetwillen;* und nicht:
Statthalter oder Könige werdet ihr sein.

§ 9 Für das Gesagte zeugt: Hätte Christus gewollt, daß
die Priester des Neuen Gesetzes nach dem Gesetz in der dritten Bedeutung Richter wären, durch ein zwingendes Gericht
nämlich, und Streitsachen der Menschen in dieser Welt durch
einen solchen Spruch entschieden, so hätte er sicherlich in
einem derartigen Gesetz ins einzelne gehende Vorschriften
dafür gegeben, wie das Moses in dem Alten Gesetz getan
hat, den Gott nach der Apostelgeschichte Kap. 7[58] durch
seinen Ausspruch und nicht durch einen Menschen zum Führer und zwingenden Richter der Juden eingesetzt hat. Deswegen hat ihm auch Gott das Gesetz für das übergeben, was
im Stande und für den Stand des gegenwärtigen Lebens zu
beachten sei, um die Streitigkeiten unter den Menschen zu

schlichten, ein Gesetz, das Einzelvorschriften dafür enthält und hierin dem menschlichen Gesetz entspricht, wenigstens in einem bestimmten Teil. Zu deren Befolgung wurden natürlich die Menschen in dieser Welt von Moses und den für ihn eingesetzten Richtern mit Vollstreckungsgewalt durch Strafe oder Pein gezwungen und genötigt, keineswegs von einem Priester, wie aus Exodus Kap. 18[59] mit voller Klarheit hervorgeht. Aber Christus hat derartige Gebote im evangelischen Gesetz nicht gegeben, sondern hat vorausgesetzt, daß sie in den menschlichen Gesetzen gegeben oder zu geben sind; diese zu befolgen und den nach ihnen regierenden Männern zu gehorchen, hat er jeder menschlichen Seele geboten, wenigstens in dem, was dem Gesetz des ewigen Heils nicht widerspräche. Daher sagt er bei Matthäus im 22.[60] und bei Markus im 11. Kap.[61]: *Gebt dem Kaiser, was des Kaisers ist*, wobei er mit Kaiser jeden beliebigen Herrscher bezeichnet. So auch der Apostel im Römerbrief im 13. Kap.[62], und wir wiederholen es gern: *Jede Seele sei untertan den höheren Gewalten*, so auch im 1. Brief an Timotheus im letzten Kapitel[63]: *Auch den ungläubigen Herren*, und dazu die Glosse nach Augustin, die wir in II 5, 8[64] angeführt haben. Daraus ergibt sich deutlich: Es ist die Ansicht Christi, des Apostels und der Heiligen gewesen, daß alle Menschen den menschlichen Gesetzen und den nach ihnen ⟨urteilenden⟩ Richtern unterstehen sollen.

§ 11 Auch noch einige andere Gebote waren im Mosaischen Gesetz gegeben, die für die künftige Welt befolgt werden sollten, wie die über Opfer oder Opfertiere oder gewisse Spenden für die Erlösung von den Sünden, besonders den verborgenen, die durch rein innerliche Handlungen begangen werden, Gebote, die zu erfüllen niemand durch Strafe oder Pein in der gegenwärtigen Welt gezwungen wurde. Dem entsprechen alle Ratschläge wie Gebote des Neuen Gesetzes, weil zur Befolgung solcher Weisungen nach Christi Willen und Gebot in dieser Welt niemand genötigt werden sollte, mag er auch durch eine allgemeine Anweisung gebie-

ten, die Bestimmungen der menschlichen Gesetze zu befolgen, jedoch unter einer Strafe oder Pein, die in der anderen
Welt gegen die Übertreter verhängt werden soll. Wer daher
ein menschliches Gesetz übertritt, verstößt fast immer zugleich gegen das göttliche Gesetz, mag es auch umgekehrt
nicht so sein. Denn es gibt viele Handlungen, bei denen der
Mensch durch Tun oder Lassen gegen das göttliche Gesetz
sündigt, das über Handlungen Vorschriften gibt, über die
Vorschriften des menschlichen Gesetzes zwecklos wären;
solche Handlungen sind die, die wir vorhin rein innerlich
genannt haben, und daß sie in einem Menschen vorgehen
oder nicht, läßt sich nicht beweisen, während sie doch Gott
nicht verborgen bleiben können. Darum ist es zweckmäßig,
daß über solche Handlungen, wie sie im Tun und Lassen sein
sollen, das göttliche Gesetz gegeben ist, um die Menschen in
der gegenwärtigen Welt wie in der künftigen zu bessern.

§ 12 Mancher wird dem evangelischen Gesetz Unvoll-
kommenheit vorwerfen, wenn es, wie gesagt, die Streitsachen
der Menschen für den Stand und in dem Stand des gegenwärtigen Lebens nicht genügend regeln kann. Wir aber wollen sagen: Das evangelische Gesetz leitet uns genügend in
dem, was im gegenwärtigen Leben zu tun oder zu meiden
ist, ebenso darin, was die künftige Welt angeht oder die
ewige Seligkeit zu gewinnen und der ewigen Pein zu entgehen. Dafür ist es gegeben, wahrhaftig aber nicht, um
Streitsachen der Menschen im bürgerlichen Leben wieder
auszugleichen und wieder ins richtige Verhältnis zu bringen,
wie es für den Stand oder die befriedigende Form des gegenwärtigen Lebens sein soll; denn Christus ist nicht in die
Welt gekommen, um dergleichen für das gegenwärtige Leben
zu regeln, sondern nur für das künftige. Deswegen sind die
beiden Regeln für die zeitlichen und menschlichen Handlungen verschieden, weil sie in verschiedener Weise auf diese
Ziele hinlenken. Die eine, die göttliche, gibt in keiner Weise
Anweisungen, wie man vor Gericht zu streiten und vor Gericht zurückzufordern hat, wenn sie es auch nicht verbietet;

darum gibt sie auch dafür, wie gesagt, keine Einzelvorschriften. Die andere Regel für diese Handlungen, das menschliche Gesetz, gibt solche Anweisungen und gebietet, die Übertreter zu strafen. Deshalb hat Christus bei Lukas im 12. Kap.[65] einem, der von ihm ein menschliches Urteil ⟨in einem Streit⟩ zwischen ihm und seinem Bruder erbat, zur Antwort gegeben: *Mensch, wer hat mich zum Richter oder Erbteiler über euch gesetzt?*, als ob er sagen wollte: Ich bin nicht gekommen, um ein solches Gericht auszuüben. Daher sagt die Glosse[66]: *Er hält es für seiner unwürdig, Richter in Streitigkeiten und Schiedsrichter über irdische Güter zu sein, der über Lebende und Tote Gericht hält und die Entscheidung über ihre Verdienste hat.* Also könnten die menschlichen Handlungen durch das evangelische Gesetz für den Zweck der gegenwärtigen Welt nicht genügend ins Gleichgewicht gebracht werden. Denn nicht einmal ⟨allgemeine⟩ Regeln, solche Streitsachen wieder in das richtige Gleichgewicht zu bringen, das die Menschen wünschen, und zwar erlaubterweise, sind für das gegenwärtige Leben in dem evangelischen Gesetz gegeben, sondern es ist vorausgesetzt, daß sie durch die menschlichen Gesetze schon überliefert sind oder noch überliefert werden sollen; ohne diese Regeln könnte wegen der Schwäche des Gerechtigkeitsgefühls aus dem Ärgernis, das die Menschen nehmen, oder ihrem Streit zum Kampf und Spaltung und ein unbefriedigender Zustand des menschlichen Lebens in dieser Welt entstehen, den fast alle aus natürlicher Abneigung scheuen.

§ 13 Man kann also in Wahrheit deswegen das evangelische Gesetz oder die evangelische Lehre nicht unvollkommen nennen; denn es gehört nicht zu seinem Wesen, eine Vollkommenheit zu haben, die es nicht haben soll. Es ist nämlich gegeben, damit wir dadurch unmittelbar über das und in dem eine Anleitung erhalten, was den Menschen dazu dient, die ewige Seligkeit zu gewinnen und der ewigen Pein zu entgehen, und darin ist es völlig ausreichend und vollkommen. Es ist aber nicht gegeben worden oder dazu da, um bürgerliche Streitsachen zu schlichten für den Zweck, den die Menschen, und zwar erlaubterweise, im irdischen Dasein wünschen. Wollte man es nämlich aus diesem Grunde unvollkommen nennen, so könnte man es ebensogut deshalb unvollkommen nennen, weil wir damit nicht körperliche Krankheiten heilen oder Größen ausmessen oder den Ozean befahren können. Das allerdings kann man zugeben: Es ist nicht schlechthin vollkommen, aber das ist kein Wesen außer einem einzigen: Gott selbst.

Welche also und welcher Art die gesetzlichen Handlungen der Menschen sind, auch von welchen Gesetzen und Richtern, in welchem Sinn und wann und von wem sie zu regeln und auszugleichen sind, glauben wir für unser Thema genügend gezeigt zu haben.

KAPITEL X

Der zwingende Richter über die Ketzer, der sie in dieser Welt abzuurteilen, büßen zu lassen und Strafen an Gut oder Person über sie zu verhängen und einzuziehen hat und der über diese Strafen verfügen soll

§ 1 Doch erhebt sich gegen unsere Behauptungen mit Recht ein Zweifel. Wenn nämlich die Rechtsprechung über alle, die im gegenwärtigen Leben durch ein zwingendes Gericht und Verhängung und Einziehung von Bußen an Gut oder Person zu strafen sind, nur dem Herrscher kraft Ermächtigung durch den Gesetzgeber zukäme, wie früher gezeigt worden ist, so würde also das zwingende Gericht über Ketzer und andere Ungläubige oder Schismatiker, auch die Verhängung, Einziehung und Verwendung einer Strafe an Gut oder Person dem Herrscher zukommen; das scheint doch wie Widersinn auszusehen. Da es nämlich offenbar Sache derselben Instanz ist, ein Vergehen festzustellen, abzuurteilen und ⟨den Täter⟩ zurechtzuweisen, es aber Aufgabe des Geistlichen, des Priesters oder Bischofs ist, über das Verbrechen der Ketzerei zu entscheiden, und keines anderen, so wird, wie es scheint, dem Priester oder Bischof allein auf jeden Fall das zwingende Gericht oder die Züchtigung wegen dieses und ähnlicher Verbrechen zukommen. Ferner scheint d e m das Urteil und die Einziehung der Strafe bei dem Schuldigen zuzukommen, gegen den oder dessen Gesetz der Schuldige gefehlt hat. Dies aber ist der Priester oder Bischof. Er ist nämlich Diener und Richter des göttlichen Gesetzes, gegen das allein der Ketzer, Schismatiker oder anderweit Ungläubige sündigt, mag der Sünder eine Gruppe oder eine Einzelperson sein. Also bleibt nur übrig, daß dies Urteil dem Priester zukommt, dem Herrscher aber keineswegs. Dies scheint klar die Meinung des seligen Ambrosius im 1. Brief »An den Kaiser Valentinian«[67] zu sein, und weil fast im ganzen Wortlaut jenes Briefes diese Meinung hervortritt, habe ich ihn nicht angeführt – der Kürze halber.

§ 2 Wir aber wollen den früheren Feststellungen gemäß sagen: Jeder, der gegen das göttliche Gesetz sündigt, muß nach ihm gerichtet, zurechtgewiesen und gestraft werden. Aber Richter nach dem göttlichen Gesetz gibt es zwei: den einen, den in der dritten Bedeutung, der die zwingende Macht hat, die Übertreter dieses Gesetzes zu strafen und ihnen Bußen aufzuerlegen, und dieser ist ein einziger, Christus, wie wir aus dem Jakobusbrief Kap. 4 im vorausgehenden Kapitel[68] angeführt haben. Christus jedoch wollte und ordnete an, alle Übertreter dieses Gesetzes sollten durch ein zwingendes Gericht erst in der kommenden Welt gerichtet und ⟨nur⟩ in der künftigen durch Strafe oder Pein getroffen werden, nicht in der irdischen, wie aus dem vorausgehenden Kapitel deutlich geworden ist. Einen zweiten Richter aber gibt es, der nach diesem Gesetz entscheidet, den Priester oder Bischof, freilich nicht Richter in der dritten Bedeutung, so daß es seine Aufgabe wäre, einen Übertreter dieses Gesetzes in dieser Welt büßen zu lassen, ihm Strafe oder Pein durch zwingende Gewalt aufzuerlegen, wie in II 5[69] und im

vorausgehenden Kapitel durch die Autorität des Apostels
und der Heiligen und durch deren unüberwindliche Logik
klar bewiesen worden ist. Richter jedoch ist der Bischof in
der ersten Bedeutung; seine Aufgabe ist es, die Schuldigen
oder die Übertreter des Gesetzes zu belehren, zu ermahnen,
zu überführen, zu rügen und durch ein Gericht in der kommenden Welt mit der ihnen drohenden Verdammung und
mit Verhängung einer Strafe durch den zwingenden Richter,
Christus, zu schrecken. Das haben wir II 6 und II 7[70] darge-
legt, in denen von der Gewalt der priesterlichen Schlüssel
die Rede war, und im vorigen Kapitel; mit dem Arzt für
die Körper haben wir dort die Priester verglichen, die Ärzte
der Seelen, wie Augustin auf Grund der Autorität des Pro-
pheten gesagt hat, was der Meister in B. 4, Abt. 18, Kap. 9[71]
anführt. Da also der Ketzer, Schismatiker oder jeder beliebige andere Ungläubige Übertreter des evangelischen Gesetzes ist, so wird er, falls er in diesem Verbrechen beharrt, von
d e m Richter gezüchtigt werden, dessen Sache es ist, die
Übertreter des göttlichen Gesetzes als solche zu strafen,
wenn er nämlich sein Gericht halten wird. Dieser Richter
aber ist Christus, der die Lebendigen und die Toten und die
zum Tode Bestimmten richten wird, doch in der künftigen
Welt, nicht in dieser. Denn bis zum letzten ⟨Augenblick⟩,
dem Übergang aus dieser Welt, dem Tode, hat er in seiner
Barmherzigkeit den Sündern die Möglichkeit gewährt, sich
Verdienste zu erwerben und zu bereuen. Der andere Richter
aber, der Hirte, der Bischof oder Priester, soll den Menschen
als Sünder im gegenwärtigen Leben belehren und ermahnen,
überführen und rügen und durch das Gericht oder die Ankündigung künftiger Herrlichkeit oder ewiger Verdammnis
schrecken, keineswegs aber zwingen, wie aus dem vorausgehenden Kapitel hervorgeht.

§ 3 Wenn hingegen das menschliche Gesetz verbietet, daß
ein Ketzer oder ein anderer Ungläubiger im Lande bleibe,
der als solcher dort ermittelt ist, so muß er als Übertreter
eines menschlichen Gesetzes durch eine Strafe oder Pein, die

dasselbe Gesetz für diese Übertretung festgelegt hat, in dieser Welt getroffen werden, und zwar durch d e n Richter, der, wie wir I 15[72] gezeigt haben, kraft Ermächtigung durch den Gesetzgeber Hüter des menschlichen Gesetzes ist. Wenn aber ein menschliches Gesetz nicht verbietet, daß ein Ketzer oder ein anderer Ungläubiger in demselben Lande wie die Gläubigen sich aufhält, wie das Ketzern und dem Volk der Juden schon ⟨immer⟩ das menschliche Gesetz erlaubt hat, auch im Zeitalter der christlichen Völker, Herrscher und Päpste, so ist es, sage ich, keinem erlaubt, einen Ketzer oder einen anderen Ungläubigen vor Gericht zu ziehen oder an Gut oder Person für das gegenwärtige Leben zu strafen; und die allgemeine Ursache dafür ist: Wie sehr einer auch gegen theoretische oder praktische Lehren fehlt, er wird in dieser Welt nicht bestraft oder gemaßregelt, insofern er gegen eine solche Ordnung, sondern nur, insofern er gegen die Vorschrift des menschlichen Gesetzes verstößt. Wenn nämlich sich zu betrinken oder Schuhe jeder möglichen Art herzustellen und zu verkaufen, so gut jeder könnte oder wollte, als Arzt und Lehrer aufzutreten und andere ähnliche Berufe nach Belieben auszuüben das menschliche Gesetz nicht verböte, so würde ein Trunkenbold oder einer, der sonst in seinem Beruf Verkehrtes tut, keineswegs bestraft.

§ 4 Deshalb ist zu beachten: Bei jedem zwingenden Gericht in dieser Welt müssen, ehe der Spruch auf schuldig oder nichtschuldig gefällt wird, für den vorliegenden Fall ordnungsgemäß einige Untersuchungen geführt werden: erstens, ob die Äußerung oder Tat, die einem als Angeklagten zur Last gelegt wird, ein solches Vergehen ist, wie man behauptet; das aber bedeutet, im voraus das Wesen dessen zu kennen, was er begangen haben soll. – Zweitens, ob das menschliche Gesetz dergleichen verbietet. – Drittens, ob der Angeklagte das begangen hat oder nicht. Darauf folgt das Urteil über den Angeklagten oder der Spruch auf schuldig oder nichtschuldig. Zum Beispiel: Jemand sei als Ketzer oder als Fälscher von Gefäßen aus Gold oder einem anderen Me-

tall angeklagt; bevor er durch einen zwingenden Spruch verurteilt oder freigesprochen wird, muß untersucht werden, ob
die Äußerung oder Tat, die jemand zur Last gelegt wird,
ketzerisch ist oder nicht. – Zweitens, ob etwas Derartiges zu
sagen, zu tun oder zu lehren das menschliche Gesetz verbietet. – Drittens, ob der Beklagte ein derartiges Vergehen
begangen hat oder nicht. – Endlich folgt danach das zwingende Urteil auf nichtschuldig oder schuldig.

§ 7 Denn nicht deswegen, weil er ausschließlich gegen das
göttliche Gesetz sündigt, wird jemand von dem Herrscher
bestraft – es gibt viele Sünden gegen das göttliche Gesetz,
sogar Todsünden, z. B. Unzucht, die der menschliche Gesetzgeber sogar wissentlich erlaubt und nicht mit zwingender
Gewalt verbietet und auch der Bischof oder Priester nicht
mit zwingender Gewalt verbieten kann oder darf. Sondern
wer gegen das göttliche Gesetz sündigt, der Ketzer, wird nur
dann, wenn eine solche Sünde auch das menschliche Gesetz
verbietet, in dieser Welt bestraft, ⟨und zwar nur⟩ wegen
Verstoßes gegen das menschliche Gesetz. Dieses ist nämlich
die genaue Ursache und die alleinige erste Ursache, weshalb
einer von Strafe oder Pein in der gegenwärtigen Welt betroffen wird – denn mit der Ursache wird die Wirkung gesetzt, und mit ihrer Beseitigung wird auch die Wirkung beseitigt –, ebenso wie umgekehrt, wer gegen das menschliche
Gesetz mit einem Vergehen verstößt, in der anderen Welt
bestraft wird ⟨nur⟩ wegen Verstoßes gegen das göttliche,
nicht das menschliche Gesetz. Denn vieles verbietet das
menschliche Gesetz, was doch das göttliche Gesetz erlaubt;
z. B. wenn jemand ein Darlehen aus Unvermögen, aus Zu-
fall, wegen Krankheit, Vergeßlichkeit oder irgendeines anderen Hindernisses zur festgesetzten Zeit nicht zurückgibt,
so wird ihn deswegen in der anderen Welt der zwingende
Richter nach dem göttlichen Gesetz nicht strafen, während
ihn doch der zwingende Richter nach dem menschlichen Gesetz in dieser Welt mit Recht belangt. Aber wer gegen das
göttliche Gesetz durch eine Handlung sündigt, mag diese

noch sosehr durch das menschliche Gesetz erlaubt sein, z. B. durch Unzucht, der wird in der anderen Welt büßen; und darum ist Sünde gegen das göttliche Gesetz die alleinige wesentliche Ursache, die man in der Philosophie die »Ursache als solche« zu nennen pflegt; denn mit dieser Ursache wird auch die Wirkung der Strafe oder Pein für den Stand und in dem Stand des künftigen Lebens gesetzt, und mit ihrer Beseitigung wird auch diese Wirkung beseitigt.

KAPITEL XI

Gewisse Beweise, Zeugnisse und Beispiele aus der Heiligen Schrift wie aus der profanen Literatur, die die Wahrheit dessen erweisen, was sich in II 4 und II 5, II 8, II 9 und II 10[73] über den Stand der Bischöfe und überhaupt der Priester ergeben hat, und der Grund, warum Christus deren Stand, den der Armut, vom Stand der Herrscher getrennt hat

§ 1 Nachdem wir früher[74] durch autoritative Stellen der Heiligen Schrift wie durch einige andere politisch klingende überzeugende Argumente nachgewiesen haben, daß keinem Bischof oder Priester und keinem anderen Kleriker eine zwingende Rechtsprechung über jemand in dieser Welt zukommt, wollen wir jetzt dieses Ergebnis durch klare Beweise und Zeugnisse deutlich machen. Davon ist schon eins überzeugend: Wir lesen nichts davon, daß Christus oder einer von seinen Aposteln jemals oder irgendwo einen als Richter oder Statthalter zur Durchführung eines solchen Regiments oder Gerichts eingesetzt hat, während man es doch nicht für wahrscheinlich halten kann, daß er oder seine Apostel etwas im menschlichen Zusammenleben so Notwendiges übersehen oder vernachlässigt hätten. Wären sie sich bewußt gewesen, das gehöre zu ihrem Amt, und hätten sie gewollt, dies solle ihren Nachfolgern, den Bischöfen oder Priestern, zustehen, so hätten sie darüber ein Gebot oder einen Rat gegeben. Aber für die Einsetzung von geistlichen Dienern, Bischöfen, Priestern und Diakonen haben sie die Form und die Art und Weise angegeben; und daß das zu ihrem Amt gehört, erkennt man zur Genüge aus der Meinung des Apostels im 1. Brief an Timotheus im 3. Kap.[75] und an Titus im 1. Kap.[76] und ergibt sich aus sehr vielen anderen Stellen der Schrift.

§ 2 Christus hat aber auch das Amt der Priester oder Bischöfe von dem der Herrscher getrennt, während er doch die Möglichkeit gehabt hätte, wenn er gewollt hätte, selbst die Tätigkeit eines Herrschers und das Amt eines Priesters auszuüben und anzuordnen, die Apostel sollten dasselbe in ähnlicher Weise tun. Aber das hat er nicht gewollt, vielmehr in der Meinung, so sei es am zweckmäßigsten, wollte er, der alles schlechthin aufs beste geordnet hat, daß diese Ämter nach Person und Wesensart unterschieden werden sollten. Weil nämlich Christus gekommen war, Niedrigkeit und Verachtung dieser Welt zu lehren als Weg, das ewige Heil zu verdienen, und zwar um Niedrigkeit und Verachtung der Welt und der zeitlichen Dinge zuerst durch sein Vorbild und dann durch sein Wort zu lehren, hat er in der tiefsten Niedrigkeit und in Verachtung der zeitlichen Güter diese Welt betreten; er wußte ja selbst, daß die Menschen nicht weniger, nein mehr durch Tat oder Vorbild sich belehren lassen als durch Worte. Daher sagt Seneca in B. 9[77] der Briefe: *Was zu tun ist, muß man vom Täter lernen.* Christus wollte also, um uns zuerst durch Vorbild und dann durch Worte zu belehren, in der tiefsten Niedrigkeit und Weltverachtung oder Armut geboren werden. Daher heißt es bei Lukas im 2. Kap.[78]: *Sie wickelte ihn in Windeln,* die selige Jungfrau, *und legte ihn in eine Krippe.* Beachte, in einem fremden Hause, in eine Krippe, wo für ein Tier Platz und Futter war, und wahrscheinlich in fremde Windeln, weil die selige Jungfrau und Joseph dort fremd waren und sich auf der

Reise befanden. Arm war er geboren, arm lebte er auch als Jüngling und Mann; daher sagte er bei Matthäus im 8. Kap. und bei Lukas im 9. Kap.[79] von seiner Armut: *Die Füchse haben Gruben und die Vögel unter dem Himmel Nester, aber des Menschen Sohn hat nicht, wo er sein Haupt hinlege.* Diesen Stand als den der Vollkommenheit – strenge Befolgung der übrigen Gebote und Ratschläge vorausgesetzt – lehrte Christus diejenigen wählen, die vornehmlich seine Jünger und Nachahmer sein wollen, und besonders seine Nachfolger in dem Amt, das auszuüben er in die Welt gekommen war. Daher bei Matthäus im 19., bei Markus im 10. und bei Lukas im 18. Kap.[80] seine Antwort an einen, der ihn fragte: *Guter Meister, was soll ich tun, um das ewige Leben zu erwerben?* Jesus aber sprach zu ihm: *Die Gebote kennst du: Du sollst nicht töten usw.* Er aber sagte: *Dieses alles habe ich gehalten von meiner Jugend auf.* Da es aber Jesus hörte, sagte er zu ihm: *Noch eines fehlt dir,* oder, wie es bei Matthäus heißt: *willst du vollkommen sein, verkaufe alles, was du hast, und gib es den Armen, und du wirst einen Schatz im Himmel haben.* Ferner sagte er auch bei Lukas im 14. Kap.[81] zu seinen Jüngern: *So kann denn auch keiner von euch, der nicht allem, was er besitzt, entsagt, mein Jünger sein.*

KAPITEL XII

Klärung der Bedeutungsverschiedenheit einiger Ausdrücke, die wegen der Lösung gewisser Fragen über den Stand der höchsten Armut notwendig ist

§ 1 Nachdem wir so in anschaulicher Form gezeigt haben, daß Christus und seine Apostel während ihres Erdenwandels den Stand der Armut und der Niedrigkeit gelehrt und gewahrt haben und daß die Gläubigen für gewiß halten müssen, daß jede Lehre oder jeder Rat Christi und der

Apostel für das ewige Leben irgendwie verdienstlich ist, so
scheint eine Untersuchung über Begriff, Art oder Umfang
ihrer Armut zweckmäßig und unbedingt notwendig zu sein,
damit sie denen, die ihnen auf ihrer irdischen Wanderschaft
nachleben wollen, deutlich wird.

§ 2 Wenn wir nun eine derartige Untersuchung in Angriff
nehmen, so wollen wir zunächst sagen, was das ist, was Armut heißt und auf wie viele Weisen Armut oder arm sein,
ähnlich aber auch reich sein, ⟨aufgefaßt werden kann⟩. Diese
Begriffe scheinen nämlich manchmal wie Haben und Nicht-
haben, manchmal wie konträre Gegensätze einander gegen-
übergestellt zu werden. Dann werden wir die Auffassungen
dieser beiden Bezeichnungen unterscheiden und deren Beschreibung hinzufügen, damit, wenn eine Form der Armut
verdienstlich sein sollte, sich auch innerhalb ihrer Auffassungen eine Rangordnung nach der Vollkommenheit für uns
ergibt und klar wird, welche davon die höchste oder erste
von allen ist. »Reich« nennen nun alle den, der eine zulässige
oder rechtlich begründete Gewalt oder ein Eigentum oder
einen Besitz an zeitlichen Dingen hat, die man »Reichtum«
nennt, persönlich oder mit anderen gemeinsam oder in beiden Formen, »arm« aber nennt man umgekehrt den, der
solche Güter nicht hat; damit daher nicht wegen der Verschiedenheit im Gebrauch gewisser eben angeführter Bezeichnungen, die wir für unser Thema brauchen werden, die Meinung, die wir entwickeln wollen, zweideutig sei, wollen wir
zuerst deren Bedeutungen oder Auffassungen unterscheiden.
Es handelt sich um folgende Bezeichnungen: »ius« (Recht),
»dominium« (Eigentum – Herrschaft), »possessio« (Besitz),
»proprium« (eigen, eigentlich, eigentümlich) und »communis« (gemeinsam, allgemein), »reich« und »arm«[82].

§ 3 Wir werden damit beginnen, die Bedeutungen von
»Recht«[83] zu unterscheiden; denn wir werden ihrer bei
Unterscheidung und Feststellung der anderen Begriffe be-
dürfen, nicht umgekehrt.

(1) »Recht« bedeutet also Gesetz, und zwar in dessen drit-

ter[84] und letzter Bedeutung, über die I 10[85] gehandelt worden ist. Gesetze gibt es natürlich zwei: das menschliche und das göttliche, das auch je nach Zeit und Umständen in die letzte Bedeutung von Gesetz übergeht, wie oben gesagt worden ist. Über Wesen und Beschaffenheit dieser Gesetze und deren Übereinstimmung und Verschiedenheit haben wir in II 8 und II 9[86] zur Genüge gesprochen.

Wir wollen darüber für unser Thema noch eine kurze Zusammenfassung geben und zunächst einmal deren Übereinstimmung darin feststellen, daß beide Gesetze »Gebot« oder Verbot oder Erlaubnis von Handlungen sind, die aus dem Befehl des bewußten Willens des Menschen hervorgehen können. Sie unterscheiden sich aber darin, daß das erste Gebot zwingend ist in dieser Welt für die, die es übertreten, das zweite, das göttliche, keineswegs, sondern ausschließlich in der künftigen Welt. »Gebot« wird doppelt gebraucht: erstens aktiv, nämlich von dem Akt dessen, der das Gebot gibt; in dieser Auffassung pflegen wir zu sagen: Gebot sei das ausdrückliche Wollen eines Befehlenden, z. B. eines Königs oder eines anderen Herrschers. Zweitens heißt »Gebot« das durch den Akt des Gebietenden Gewollte; so pflegen wir zu sagen, der Knecht habe das Gebot des Herrn ausgeführt, nicht weil der Knecht die Tätigkeit des Herrn, Gebieten oder Befehlen, ausgeübt hätte, sondern weil der Knecht das durch Akt oder Befehl des Herrn Gewollte vollzogen habe. Darum: wenn »Gebot« auf den bezogen wird, der ein Gebot gibt, so ist es dasselbe wie der Akt des Befehlens; wenn aber auf den Untergebenen, so ist es dasselbe wie das durch den Akt des Befehlens Gewollte, ist also passiv gebraucht.

»Gebot« also, aktiv und allgemein genommen, wird von der Anordnung oder Festsetzung des Gesetzgebers gebraucht, im positiven wie im negativen Sinne, wenn sie dem Übertreter eine Strafe androht. Nach dem heutigen Gebrauch jedoch wird Gebot im eigentlichen Sinne für eine positive Festsetzung genommen. Denn die »positive Festsetzung« hat im

Sprachgebrauch keine eigene Bezeichnung, sondern hat die allgemeine Bezeichnung »Gebot« behalten; die »negative Festsetzung« aber hat eine eigene Bezeichnung für sich, sie wird ja »Verbot« genannt.

Ich nenne »positive Festsetzung« eine, die anordnet, daß etwas geschieht; »negativ« eine, die anordnet, daß etwas nicht geschieht. Ist nun eine solche Anordnung, die dem Übertreter Strafe androht, positiv, so heißt sie »Gebot«; ist sie negativ, ebenfalls mit Strafandrohung, so heißt sie »Verbot«. »Verbot« wird natürlich doppelt gebraucht: aktiv und passiv, wie »Gebot« auch. Diese beiden Anordnungen, die mit Strafandrohung, sind meistens in Gesetzen ausgesprochen, entweder in der eigentlichen Form oder in einer ähnlichen oder entsprechenden. In einer anderen Gebrauchsweise wird »Gebot« enger genommen, im göttlichen Gesetz, und ähnlich auch »Verbot«: nämlich nur für eine Festsetzung in positivem oder negativem Sinne, die die ewige Strafe androht; in diesem Sinne ist deren Gebrauch bei den Theologen üblich, die sagen, die Gebote seien *notwendig für das Heil*, d. h., sie seien notwendigerweise zu befolgen, wenn einer selig werden soll. Daher heißt es bei Luk. im 18. Kap.[87] *Willst du zum Leben eingehen, so halte die Weisungen*, d. h. die Gebote.

§ 4 Es gibt aber einige andere Anordnungen[88], ausdrücklich ausgesprochene oder nur mitverstandene, in den Gesetzen, positive wie auch negative[89], für den Menschen, der den Akt – entweder denselben oder einen anderen – verrichtet oder unterläßt ohne Strafandrohung, z. B. den Akt der Freigebigkeit auszuüben oder zu unterlassen, ähnlich auch Anordnungen über sehr viele andere Akte. Dergleichen heißen im eigentlichen Sinne »gesetzliche Erlaubnisse«, obwohl »Erlaubnis«, allgemein genommen, manchmal von Festsetzungen mit Strafandrohung gebraucht wird. Denn alles, was das Gesetz gebietet, ist erlaubt, wenn auch nicht umgekehrt[90]; so erlaubt auch das Gesetz, das nicht zu tun, was es verbietet. Von den Erlaubnissen im eigentlichen Sinne, denen ohne

Strafandrohung, sind wieder einige nach dem göttlichen Gesetz verdienstlich und heißen »Ratschläge«[91], manche aber sind es durchaus nicht, ⟨nämlich⟩ die, die schlechthin »Erlaubnisse«[92] heißen. Auch diese werden, so und im eigentlichen Sinne genommen, doppelt gebraucht, aktiv und passiv, wie die Verbote und Gebote. Doch werden sie meistens in den Gesetzen nicht ausdrücklich ausgesprochen, zumal in den menschlichen nicht, weil sie zu zahlreich sind und daher über sie für diesen Zweck eine allgemeine Anordnung genügt: Alles nämlich, was das Gesetz nicht gebietet oder verbietet, wird verstanden als durch Anordnung des Gesetzgebers erlaubt. Im Sinne des Gesetzes ist also das »Gebot«[93] in eigentlicher Bedeutung eine positive Festsetzung, die ihrem Übertreter Strafe androht; »Verbot«[94] im eigentlichen Sinne eine negative Festsetzung mit Strafandrohung; »Erlaubnis« wird im eigentlichen Sinne eine Anordnung des Gesetzgebers genannt, die niemandem eine Strafe androht. In diesen Bedeutungen, den eigentlichen, müssen wir diese Bezeichnungen im folgenden gebrauchen.

§ 5 Daraus kann man sich mit Leichtigkeit klarmachen, was das ist, was »zulässig« heißt; denn alles, was nach dem Gebot oder der Erlaubnis des Gesetzes getan wird oder nach dem Verbot oder der Erlaubnis des Gesetzes unterlassen wird, das ist zulässigerweise getan oder unterlassen und kann als »zulässig« bezeichnet werden, dessen Gegenteil aber oder Gegensatz als »unzulässig«.

§ 6 Daraus kann uns auch klarwerden, was das ist, was »fas« (»recht« = nicht unrecht) genannt zu werden pflegt; »recht« ist nämlich in einer Bedeutung dasselbe wie zulässig, fast vertauschbar damit. In einer anderen Bedeutung aber meint »recht« das, wovon man vernünftigerweise im voraus annimmt, der Gesetzgeber habe es in einem bestimmten Falle erlaubt, obwohl etwas Derartiges absolut oder in der Regel verboten ist, wie z. B. ohne die ausdrückliche Einwilligung des Eigentümers über einen fremden Acker zu gehen oder eine fremde Sache zu benutzen, manchmal recht ist, mag es

auch nicht »Recht« im normalen Sinne des Wortes in einer
der genannten Anwendungen sein. Denn Benutzung einer
fremden Sache ist in der Regel verboten; in d e m Falle jedoch ist sie »recht«, in dem man vernünftigerweise die Einwilligung des Eigentümers der Sache voraussetzt, obwohl er
das nicht ausdrücklich gestattet; deswegen ist in solchen Fällen manchmal Billigkeit (»epieikeia«) nötig.

So ist also in der einen Bedeutung »Recht« dasselbe wie Gesetz, göttliches oder menschliches, oder was im Sinne dieser
Gesetze geboten oder verboten oder erlaubt ist.

§ 7 Es gibt aber auch eine ganz andere Einteilung des
»Rechtes«, und zwar des im eigentlichen Sinne menschlichen
Rechtes in natürliches Recht und gesetzliches = vom Gesetzgeber willkürlich festgesetztes Recht. Nach Aristoteles in der
Ethik B. 4 in der Abhandlung über die Gerechtigkeit heißt
»natürliches Recht«[95] eine Bestimmung des Gesetzgebers, die
übereinstimmend alle als gut und befolgenswert anerkennen,
z. B., daß man Gott verehren und die Eltern achten soll, daß
die Eltern die menschlichen Nachkommen bis zu einer gewissen Zeit aufziehen sollen, daß man niemandem Unrecht tun
darf, daß Abwehr des Unrechtes zulässig ist und ähnliches
mehr; mag das auch von menschlicher Einsetzung abhängen,
so wird es doch in übertragenem Sinne »natürliches Recht«
genannt; denn es gilt gleicherweise in allen Ländern als zulässig und das Gegenteil als unzulässig[96], wie das Walten der
Naturkräfte, die absichtslos wirken, gleichmäßig bei allen
vor sich geht, z. B. das *des Feuers,* das *hier* so *brennt* wie *bei
den Persern.*

§ 8 Einige[97] aber nennen die Forderung des richtigen vernünftigen Denkens in Fragen des Handelns »Naturrecht«
und unterstellen sie dem göttlichen Recht; denn alles, was
nach dem göttlichen Gesetz getan wird, ist auch nach dem
Rat des richtigen Denkens schlechthin erlaubt, nicht jedoch
alles, was nach den menschlichen Gesetzen getan wird, da sie
ja in manchen Punkten von dem richtigen Denken abweichen. Aber »natürlich« wird hier und oben in verschiedenem

Sinn gebraucht. Denn es gibt nach der Forderung des richtigen Denkens vieles, was nicht allen selbstverständlich ist und folglich auch nicht von allen zugestanden ist und was daher nicht von allen Völkern als gut anerkannt wird. So gibt es auch im göttlichen Gesetz manche Gebote, Verbote oder Erlaubnisse, die in dieser Beziehung nicht mit dem menschlichen Gesetz zusammengehen; weil das in den meisten Fällen bekannt ist, habe ich auf Beispiele verzichtet, um die Darstellung abzukürzen.

§ 9 Daher kommt es auch, daß manche Dinge nach dem menschlichen Gesetz zulässig sind, die es nach dem göttlichen Gesetz nicht sind, und umgekehrt. Aber ob etwas zulässig oder unzulässig ist, muß man bei Geboten, Verboten oder Erlaubnissen, in denen sie nicht harmonieren, grundsätzlich mehr nach dem göttlichen als dem menschlichen Gesetz entscheiden.

§ 10 (2) »Recht« wird auch in einer zweiten Auffassung gebraucht von jedem menschlichen Akt und jedem Vermögen oder jedem aus den Akten erworbenen Habitus, soweit Akt und Vermögen von freiem Willen getragen sind, mag es sich um innere oder äußere Vorgänge handeln, mögen sie rein innerlich sein oder auf eine äußere Sache oder etwas an ihr übergreifen, z. B. auf Gebrauch oder Nießbrauch, Erwerb, Innehaben oder Erhaltung oder Tausch und ähnliches mehr, vorausgesetzt, daß sie übereinstimmen mit dem »Recht« in der ersten Bedeutung. Was aber Gebrauch oder Nießbrauch einer Sache nebst anderen zulässigen oder rechtlich erlaubten Benutzungen ist, soll vom Zivilrecht her für jetzt ⟨als bekannt⟩ vorausgesetzt werden.

In dieser Bedeutung sind wir gewöhnt zu sagen: *es sei das Recht jemandes*, wenn er eine Sache in Übereinstimmung mit dem Recht in der ersten Bedeutung will oder gebraucht. Daher wird ein solcher Gebrauch oder Wille »Recht« genannt; denn mit dem Recht stimmt er überein in dem, was es gebietet, verbietet oder erlaubt; so wird eine Säule als rechte oder linke bezeichnet, wenn sie der rechten oder linken Seite eines lebenden Wesens der Lage nach näher ist.[98] »Recht« also in dieser zweiten Anwendung ist nichts anderes als das, was durch Gebot oder Verbot oder Erlaubnis des Gesetzgebers im aktiven Sinne gewollt ist, und das haben wir vorhin als Gebot, Verbot oder Erlaubnis im passiven Sinne bezeichnet. Es ist auch das, was wir früher als das »Zulässige« bezeichnet haben.

§ 11 (3) »Recht« meint aber auch ferner den Spruch derer, die nach dem Gesetz richten, oder ihre Urteile nach dem Recht in der ersten Bedeutung; in diesem Sinne pflegt man zu sagen, *der Richter oder der Herrscher habe einem Recht werden lassen oder Recht verschafft,* wenn er ihn durch einen gesetzmäßigen Spruch verurteilt oder freigesprochen hat.

§ 12 (4) »Recht« wird ferner gebraucht von dem einzelnen Akt und dem Habitus der partikularen Gerechtigkeit; in diesem Sinne sagen wir, der wolle das Recht oder das Gerechte, der das Gleichwertige beim Tausch oder das Proportionale bei der Zuteilung ⟨an verschiedenwertige Personen⟩ will.

§ 13 Daran schließt sich die Unterscheidung der Anwendungen oder Bedeutungen von »dominium« (»Eigentum«, »Herrschaft«, »Herrschaftsrecht«). Eigentum bedeutet streng genommen (1) die umfassendste Gewalt, eine nach dem Recht in der ersten Bedeutung erworbene Sache in Anspruch zu nehmen, die Gewalt, sag ich, eines, der weiß, daß er diese Sache hat und nicht Einspruch dagegen erhebt, ⟨daß sie sein Eigentum sei⟩, der auch will, daß es keinem anderen erlaubt sei, jene Sache zu benutzen ohne seine, des Eigentümers, ausdrückliche Einwilligung, solange er der Eigentümer ist. Diese Gewalt ist nichts anderes als der aktualisierte oder dauernde Wille, die mit Recht erworbene Sache in dem Sinne zu haben, wie wir ihn beschrieben haben; diese Gewalt heißt nun »Recht« einer Person, da sie ja mit dem Recht in der ersten Anwendung übereinstimmt, eine Anwendung, nach der wir auch eine Säule eben als rechte oder linke bezeichnet haben, wenn sie zur rechten oder linken Seite eines Lebewesens nach der Nähe richtig in Beziehung steht.

§ 14 (2) Diese Bezeichnung wird ferner mehr allgemein von der eben erwähnten Gewalt gebraucht, mag sie sich nur auf die Sache oder nur deren Gebrauch oder Nießbrauch oder auf alles dies zugleich erstrecken.

§ 15 (3) Ferner wird dieselbe Bezeichnung von der eben genannten Gewalt gebraucht, doch so, daß ⟨der Eigentümer von seinem Eigentum⟩ nichts weiß oder nicht erklärt, es sei sein Eigentum, aber auch nicht ausdrücklich dagegen Einspruch erhebt oder darauf verzichtet; in diesem Sinne kann z. B. von einem Kinde und einem Abwesenden oder einem beliebigen anderen, der nichts davon weiß, aber rechtsfähig ist, eine Sache oder etwas in ihr erworben werden mit dem Eigentum oder der Gewalt, sie gegenüber einem, der sie wegnimmt oder wegnehmen will, in eigener Person oder durch einen anderen vor einem Richter mit Vollstreckungsgewalt in Anspruch zu nehmen. Gemeint ist das aber ⟨von der Gewalt⟩ eines, der nicht ausdrücklich gegen das Eigentum Einspruch erhebt; denn einer, der ausdrücklich Einspruch erhebt oder auf eine Sache oder etwas von ihr verzichtet, erwirbt dergleichen nicht noch das Eigentum oder die Gewalt, sie in Anspruch zu nehmen. Jeder kann nämlich zulässigerweise nach den menschlichen Gesetzen auf ein Recht, das für ihn geltend gemacht worden ist, verzichten, und niemand wird nach irgendeinem Gesetz zur Ausnutzung eines Rechtsvorteils wider seinen Willen gezwungen. Die eben erwähnten Eigentumsrechte sind aber gesetzlich; denn sie werden durch Anordnung eines Gesetzes oder des Gesetzgebers und durch den Entschluß der Menschen erworben oder sind dadurch erwerbbar.

§ 16 (4) Ferner wird »dominium« ⟨im Sinne von⟩ »Herrschaft« vom menschlichen freien Willen gebraucht oder von der menschlichen Freiheit an sich, verbunden mit dem Vermögen, ohne jedes Hemmnis ⟨das Gewollte⟩ in die Tat umzusetzen oder die Organe zu bewegen. Dadurch sind wir zu irgendwelchen Handlungen und deren Gegenteil fähig. Deswegen sagt man auch vom Menschen, er habe allein unter den Lebewesen die Herrschaft über seine Handlungen; diese Herrschaft ist dem Menschen von Natur eigen, nicht durch einen Willensakt oder durch eine Entscheidung erworben.

§ 17 Dann muß man die verschiedenen Bedeutungen von *Besitz*[99] aufzeigen. Besitz bedeutet in weiterem Sinne erstens (1) dasselbe wie Eigentum in der ersten oder zweiten oder dritten Bedeutung oder ein zeitliches Gut in seiner Beziehung zu einem, der es in demselben Sinne hat und haben will, wie es bei den ersten zwei Bedeutungen von Eigentum beschrieben ist. Daher heißt es in der Genesis im 13. Kapitel[100]: *Er war aber sehr reich in Besitz von Gold und Silber* und ebenda im 17. Kapitel[101]: *Ich will dir und deinem Samen das ganze Land Kanaan zu ewigem Besitz geben.*

§ 18 (2) In einer zweiten und engeren Auffassung heißt »Besitz« das eben genannte Eigentum verbunden mit tatsächlicher konkreter Benutzung in Gegenwart oder Vergangenheit, soviel wie Gebrauch oder Nutznießung einer Sache; in diesem Sinne gebraucht man diese Bezeichnung zumeist im Zivilrecht.

§ 19 (3) Ferner wird diese Bezeichnung von der zulässigen tatsächlichen Benutzung einer eigenen oder einer fremden Sache gebraucht, z. B. in der Apostelgeschichte im 4. Kapitel[102]: *Und keiner nannte ein Stück von dem, was er besaß, sein eigen, sondern es war ihnen alles gemeinsam.*

§ 20 (4) Ferner wird »Besitz«, wenn auch uneigentlich, von der unzulässigen Aneignung einer Sache in Gegenwart oder Vergangenheit gebraucht, die einer selbst oder ein anderer tatsächlich benutzt.

§ 21 Nun folgt die Aufgabe, die verschiedenen Bedeutungen von »proprius« (»eigen, eigentlich, eigentümlich«) und »communis« (»allgemein, gemeinsam«) zu unterscheiden. (1) »Eigen« oder »Zueigenhaben« heißt in der einen Auffassung das Eigentum in der ersten Bedeutung; in diesem Sinne gebraucht man das Wort im Zivilrecht.

§ 22 (2) Ferner wird es in weiterem Sinne vom Eigentum in dessen erster wie zweiter Bedeutung gebraucht; in diesem

Sinne ist es in Gebrauch bei den Theologen und sehr oft in der Heiligen Schrift.

§ 23 (3) Ferner ist »eigen« und »Zueigenhaben« bei den Theologen für das Besondere einer Person oder einer Sache oder eines Etwas an einer Sache sehr verbreitet, ⟨d. h. für Dinge⟩, die sich nur auf eine einzige Person beziehen, nicht auch noch auf eine andere. In diesem Sinne nehmen diejenigen »eigen« im Gegensatz zu »gemeinsam«, die untersuchen, ob es für das ewige Leben vollkommener oder verdienstlicher ist, daß jemand zeitliche Güter als sein eigen, d. h. für sich besonders, hat als zusammen mit einem oder mehreren anderen gemeinsam.

§ 24 (4) Ferner wird »proprium« oder »Eigentümlichkeit« von einer Eigenschaft gebraucht, die irgendeinem Seinsträger als solchem inhäriert; in dieser Auffassung gebrauchen die Philosophen diese Bezeichnung, in d e r jedoch am häufigsten, daß das Akzidenz ⟨in der Aussage⟩ mit dem Seinsträger vertauschbar ist.

§ 25 Das Wort »communis« (»gemeinsam, allgemein«) wird, soweit es für unser Thema in Frage kommt, als Gegensatz zu den beiden zuletzt genannten Bedeutungen von »eigen« (»eigentümlich«) genommen.

§ 26 Nun bleibt uns noch, die Anwendungen von »arm« und »reich« zu unterscheiden. (1) »Reich« ist am verbreitetsten als Bezeichnung für einen, der für sich Überfluß an zeitlichen Gütern hat, die man »Reichtum« nennt, zugleich für jede gegenwärtige und künftige Zeit, und zwar zulässigerweise.

§ 27 (2) Zweitens wird »reich« von einem gebraucht, der für sich zulässigerweise die eben genannten Dinge hat, freilich nur in genügendem Maße zugleich für jede gegenwärtige und künftige Zeit.

§ 28 Ferner wird aber »reich« in zweifachem und mehr eigentlichem Sinne gebraucht: erstens von einem, der die eben erwähnten Dinge besitzt, im Überfluß sogar, wie gesagt, und in diesem Sinne sie haben w i l l ; ferner zweitens von einem, der die eben genannten Dinge nur in genügendem Maße hat, wie auch bei der zweiten Bedeutung gesagt ist, und in diesem Sinne sie haben w i l l.

§ 29 Diesen Anwendungen geradezu entgegengesetzt wird im Sinne des Nichthabens in den beiden ersten Anwendungen »arm« verwendet: (1) in der einen Anwendung, die nur den Überfluß nicht hat, (2) in der zweiten, die auch das genügende Maß für jede Zeit zugleich nicht hat.

§ 30 (3) In der dritten Auffassung wird »arm« verwendet im Gegensatz zu »reich« geradezu als kontradiktorisches Gegenteil, zunächst von einem, der freiwillig den Überfluß für jede Zeit nicht haben w i l l.

§ 31 (4) In der vierten Auffassung dann von einem, der zugleich ⟨mit dem Überfluß⟩ auch für jede gegenwärtige und künftige Zeit genügende Güter nicht haben w i l l, sondern sie in jedem Augenblick freiwillig entbehren will.
Wir müssen aber beachten, daß »reich« in der zweiten und vierten Anwendung soviel ist wie »arm« in der ersten und dritten Anwendung von Armut. Daher steht nicht jede Auffassung von Armut oder arm in Gegensatz zu jeder Auffassung von ⟨Reichtum und⟩ reich ohne Unterschied.

§ 32 Und man darf nicht übersehen, daß unter den freiwillig Armen manche sind, die die zeitlichen Güter für einen guten Zweck und in sinnvoller Weise aufgeben. Andere aber scheinen dergleichen nicht deswegen aufzugeben, sondern um eines eitlen Ruhmes willen oder um irgendeine andere weltliche Täuschung zu begehen.

§ 33 Außerdem ist noch zu beachten, daß unter den zeitlichen Gütern, die man »Reichtum« nennt, einige sind, die infolge ihrer und der allgemein menschlichen Beschaffenheit durch eine einzige Handlung oder Verwendung verbrauchbar sind wie Speisen, Getränke, Arzneien und ähnliches mehr; es gibt aber einige, die wegen ihrer Dauerhaftigkeit in mehreren Fällen gebraucht werden können, z. B. Acker und Haus, Beil und Kleidung, Pferd oder Knecht.
Von den eben genannten Bezeichnungen gibt es vielleicht

noch andere Bedeutungen; die bekanntesten und die auf
unser Thema am meisten bezüglichen Auffassungen glauben
wir jedoch aufgezählt zu haben. Diese auseinanderzuhalten
und zu beschreiben oder im eigentlichen Sinne zu definieren,
ist schwierig wegen der Mannigfaltigkeit ihres Gebrauchs bei
den verschiedenen und sogar bei denselben Meistern und
wegen der Verschiedenheit nach Ort und Zeit. *In der Regel
wird nämlich jedes Wort vielfältig gebraucht,* so steht in dem
Werke Von der Zeugung B. 1.[103]

KAPITEL XIX

Eine Vorfrage zur Entscheidung über die eben genannte
Autorität und Vorrangstellung: An welches Wortes oder
welcher Schrift Wahrheit muß man glauben, welche
bekennen als notwendig für die ewige Seligkeit?

§ 1 Bevor wir zum Beweis unserer Thesen weitergehen,
müssen wir etwas sehr Nützliches, ja sogar Notwendiges
beachten zur Sicherung alles dessen, was wir im folgenden
sagen wollen. Es ist dies: Keine Schrift sind wir als unwider-
ruflich wahr im Glauben hinzunehmen oder zu bekennen
verpflichtet, weil sie für die ewige Seligkeit notwendig wäre,
außer den sogenannten kanonischen; ⟨wir müssen also⟩ entweder dem ⟨glauben⟩, was aus ihrem eindeutigen Wortsinn
mit Notwendigkeit folgt, oder, soweit die Heiligen Schriften
einen zweifelhaften Sinn haben, den Auslegungen oder Bestimmungen, die ein allgemeines Konzil der Gläubigen oder
Katholiken gegeben hat, besonders wo ein Irrtum die ewige
Verdammnis nach sich ziehen würde, wie in den Artikeln
des christlichen Glaubens.

§ 2 Daß man an die Wahrheit der Heiligen Schriften un-
verbrüchlich glauben und sie bekennen muß, wird als selbstverständlich von allen Christen vorausgesetzt; weil das nicht

anders als durch autoritative Stellen dieser ⟨Schriften⟩ bewiesen werden könnte, habe ich den Wortlaut weggelassen, um abzukürzen. Daß man aber an deren Deutungen, wenn sie in der genannten Form gegeben worden sind, ebenso glauben muß, ist ziemlich klar; denn daß sie uns ebenfalls vom Heiligen Geiste offenbart sind, muß man offenbar frommen Sinnes annehmen. Das können wir auch aus der Schrift und durch einen unfehlbaren in ihr gesicherten Beweis zeigen: aus der Schrift, wenn die Wahrheit bei Matthäus im 28. und letzten Kapitel[104] sagt: *Und siehe, ich bin bei euch alle Tage bis an der Welt Ende.* Dazu bemerkt Rabanus[105]: *Daraus erkennt man, daß bis ans Ende der Welt Männer auf der Erde nicht fehlen werden, die wert sind, daß Gott in ihnen Herberge und Wohnung nimmt;* diesen steht nämlich zur Erhaltung des Glaubens der Heilige Geist immer bei, daran ist frommen Sinnes festzuhalten. Daher schreibt Hieronymus[106]: *Er verspricht also, bis zum Ende der Welt bei seinen Jüngern zu sein, und zeigt, sie werden immer leben, und er wird niemals von den Gläubigen weichen.* Dasselbe wird mit klaren Worten bewiesen aus der Apostelgeschichte Kap. 15[107], wenn die Versammlung der Apostel und der Gläubigen nach der Entscheidung über jene Unklarheit sagt: *Es ist nämlich des Heiligen Geistes und unser Beschluß.* Sie haben ja versichert, und die Schrift versichert es ⟨ebenfalls⟩, ihre Entscheidung in jenem Zweifel wegen des Glaubens sei gefällt vom Heiligen Geist. Da also die Versammlung der Gläubigen oder in deren Nachfolge das allgemeine Konzil wirklich die Versammlung der Apostel und der Ältesten und der übrigen Gläubigen der damaligen Zeit bei der Entscheidung über Schriftstellen zweifelhaften Sinnes verkörpert[108], besonders wo ein Irrtum die Gefahr ewiger Verdammnis heraufführen würde, so ist wahrscheinlich, ja geradezu gewiß: Der Beratung des gesamten Konzils steht die Kraft des Heiligen Geistes bei, der die Leitung hat und Offenbarungen eingibt.

§ 3 Das kann auch durch einen unfehlbaren Beweis klarwerden, der aus der Schrift seine Kraft entnimmt: Es wäre zwecklos, daß Christus das Gesetz der ewigen Seligkeit gegeben hätte, wenn er dessen wahres Verständnis, das zu glauben für die Gläubigen zur ewigen Seligkeit notwendig ist, denen nicht eröffnete, die es suchen und deswegen ihn zugleich anrufen, sondern zuließe, daß darüber die Mehrheit der Gläubigen irre; ja ein solches Gesetz wäre nicht nur zur Seligkeit unnütz, sondern es würde so aussehen, als sei es zum ewigen Verderben der Menschen gegeben. Daher muß man fromm annehmen: Die Entscheidungen der allgemeinen Konzilien über den Sinn zweifelhafter Stellen in der Schrift erhalten vom Heiligen Geiste, aus dem sie stammen, ihre Wahrheit, vom menschlichen Gesetzgeber, wie im folgenden gezeigt werden soll, die Autorität, die ihre verbindliche ⟨Anerkennung⟩ im Bekenntnis erzwingt, ihre Verbreitung als Kirchenlehre von den Priestern und den Dienern des Evangeliums, darunter besonders von dem, den für diese Aufgabe als die oberste ⟨Autorität⟩ der gläubige menschliche Gesetzgeber, der keinen höheren ⟨über sich⟩ kennt, oder ein allgemeines Konzil eingesetzt hat.

§ 4 Daß hingegen die Wahrheit der anderen Schriften, die durch den menschlichen Geist offenbart und überliefert sind, in festem Glauben hinzunehmen oder zu bekennen, niemand verpflichtet ist, leuchtet ein. Denn einer Schrift, die etwas Falsches enthalten kann, festen Glauben zu schenken oder sie als schlechthin wahr zu bekennen, ist niemand gehalten. Diesem ⟨Bedenken⟩ unterliegen die Schriften, die sich auf die menschliche Erfindung einer Einzelperson oder eines Sonderkollegiums stützen. Sie können nämlich von der Wahrheit abweichen, wie man aus Erfahrung weiß und ⟨wie⟩ im Psalm 115[109] steht: *Ich aber sprach in meiner Verzagtheit: Jeder Mensch ist ein Lügner.* Die kanonischen Schriften sind nicht solcher Art; denn sie stammen nicht aus menschlicher Erfindung, sondern sind unmittelbar von Gott eingegeben, und der kann weder getäuscht werden, noch will er täuschen.

KAPITEL XX

Wer hat die Befugnis oder hat sie gehabt, den Sinn von zweifelhaften Stellen der Heiligen Schrift lehrmäßig festzulegen oder zu bestimmen?

§ 1 Wenn wir nun nach diesen Vorbemerkungen die bereits[110] aufgeworfenen Fragen, um sie zu erledigen, wiederaufnehmen, so wollen wir zunächst zeigen: Zweifel über Sinn und Meinung der Heiligen Schrift, die schon aufgetaucht sind oder noch auftauchen werden, zumal ⟨solche⟩ in den Glaubensartikeln, in Geboten und Verboten, wenn sie ⟨einmal⟩ aufgetaucht sind, durch Festlegung zu beheben, ist zweckmäßig und notwendig; denn zweckmäßig, ja geradezu notwendig ist doch ⟨das⟩, ohne das die Einheit des Glaubens sich überhaupt nicht aufrechterhalten ließe, ⟨vielmehr⟩ unter den Christusgläubigen Irrtum und Spaltung eintreten könnte. Dies ist aber die Entscheidung über zweifelhafte und manchmal widersprechende Meinungen einiger Kirchenlehrer über das göttliche Gesetz. Verschiedenheit oder Gegensätzlichkeit der Ansichten hierüber würde nämlich die Bildung verschiedener kirchlicher Parteien, Spaltungen und Irrlehren hervorrufen, wie in dem schon erwähnten Kodex des Isidor, in dem Kap. betitelt[111]: *Es beginnt die Vorrede zum Konzil von Nikäa*, angeführt wird. Als nämlich ein Priester von Alexandria, namens Arius, behauptete, Christus sei seiner Überzeugung nach ⟨nur⟩ in dem Sinne Gottes Sohn, daß er schlechthin Geschöpf sei und folglich Gott-Vater nicht gleich und niedriger stehe als er, da wurde durch Verbreitung dieser Irrlehre eine große Zahl von Christen wankend, und sie wäre größer gewesen und nicht von der Irrlehre abgebracht worden, wenn nicht in diesem Punkte der wahre Sinn der Schrift von dem falschen abgegrenzt worden wäre. So haben auch manche über den Heiligen Geist und über die Einheit und Vielheit der Person und der Wesenheit in Christus unsinnige Meinungen vorgetragen; diese von den wahren zu unterscheiden, zu verwerfen und zu verdammen, sind die vier ersten Synoden einberufen und versammelt worden: die von Nikäa, von Konstantinopel, von Ephesus und von Chalkedon. Denn diese Streitigkeiten unter den Lehrern der christlichen Kirche, wahren oder heuchlerischen Gläubigen, hat Christus bei Lukas im 21. Kap. und der Apostel im 1. Brief an Timotheus im 4. Kap. und im 2. Brief an denselben im 3. Kap.[112] prophezeit, aber ich habe den Wortlaut weggelassen; ⟨die Stellen⟩ sind bekannt, und ich will die Darstellung abkürzen.

§ 2 Im Anschluß daran zeige ich: Diese Befugnis zu einer solchen Entscheidung hat letztlich, mittelbar oder unmittelbar, ein allgemeines Konzil aller Christen oder ihres bedeutsameren Teiles[113] oder derer, denen die Gesamtheit der gläubigen Christen diese Vollmacht übertragen hat; dabei sollen alle Länder der Erde oder die ansehnlichen Gemeinschaften nach der Entscheidung ihres menschlichen Gesetzgebers, sei es eines einzigen, sei es mehrerer, und entsprechend der Zahl und Bedeutung[114] der Personen gläubige Männer wählen, Priester zuerst und dann Nicht-Priester, doch tüchtige ⟨Männer⟩, nämlich die in ihrer Lebensführung erprobtesten und im göttlichen Gesetz erfahrensten, und die sollen als Richter in der ersten Bedeutung von Richter die Vertretung der Gesamtheit der Gläubigen darstellen[115] – ihnen ist ja die eben erwähnte Vollmacht von den Gesamtheiten übertragen – und an einem bestimmten Ort der Welt zusammenkommen, jedoch dem nach der Entscheidung der Mehrheit[116] geeignetsten; dort sollen sie gemeinschaftlich, was am göttlichen Gesetz zweifelhaft ⟨und⟩ festzulegen nützlich, vorteilhaft und notwendig erscheint, lehrmäßig festsetzen und sonst ⟨Anordnungen⟩ für den kirchlichen Ritus oder Gottesdienst treffen, die auch zur Ruhe und zum Seelenfrieden der Gläubigen dienen sollen. Denn zwecklos und schädlich wäre es, wenn zu dieser Versammlung die unerfahrene Masse der Gläubigen zusammenkäme, auch schädlich, da sie ja von ihren für das Wirtschaftsleben notwendigen Arbeiten abge-

lenkt würde; das wäre für sie lästig oder vielleicht unerträglich.

§ 3 Indessen sollen alle Gläubigen durch göttliches Gesetz
um des vorhin genannten Zweckes willen auf dieser Versammlung ⟨zu erscheinen⟩ verpflichtet sein, wenn auch aus
verschiedenen Gründen: (1) die Priester darum, weil es ihres
Amtes ist, das Gesetz in seinem wahren Sinn zu lehren und
sich um das zu kümmern, was für dessen Reinheit und Wahrheit nützlich sein kann, die widersprechenden Irrlehren zu
verwerfen und die Menschen durch ihre Mahnungen, Ankla-
gen und Scheltworte davon abzubringen. Daher sagt die
Wahrheit bei Matthäus im letzten Kapitel[117] zu allen Priestern, jedoch in Person der Apostel: *Gehet also hin und
lehret alle Völker.* Deswegen hat auch der Apostel im Namen aller im 1. Korintherbrief im 9. Kap.[118] gesagt: *Ein
Zwang liegt auf mir; wehe mir, wenn ich das Evangelium
nicht verkündige!* (2) Nächst den Priestern sind aber mehr
als das übrige Volk d i e zu erscheinen verpflichtet, die im
göttlichen Gesetz sachkundig sind; sie müssen nämlich die
anderen anspornen und mit den Priestern zusammenkommen, zumal wenn sie zur Genüge dafür um Beistand ersucht
oder damit beauftragt sind; denn *wer weiß, Gutes zu tun,
und tut's nicht, dem ist es Sünde,* wie bei Jakobus im
4. Kap.[119] geschrieben steht. (3) Um aber auch die übrigen
⟨Angelegenheiten⟩, ⟨die⟩ außerhalb des göttlichen Gesetzes,
zu regeln, die zum gemeinsamen Nutzen und zum Frieden
der Gläubigen dienen, kann und muß am Konzil teilnehmen,
wer vom gläubigen menschlichen Gesetzgeber dazu bestimmt
ist. Die Gesetzgeber aber sind auch dazu verpflichtet, durch
Wahl geeigneter Persönlichkeiten das Konzil zu ergänzen,
für diese wegen der notwendigen irdischen Bedürfnisse Vor-
sorge zu treffen und die, die sich weigern, zur Teilnahme
jedoch geeignet und erwählt sind, Priester wie Nicht-Priester, im allgemeinen Interesse nötigenfalls zum Erscheinen
zu zwingen.

§ 4 Daß aber das eben genannte allgemeine Konzil allein

die vorhin erwähnte Befugnis besitzt, in der angegebenen
Weise lehrmäßige Entscheidungen und Anordnungen zu
treffen, ⟨dagegen⟩ keine Einzelperson oder kein Sonderkollegium, das kann durch ganz ähnliche logische Beweise
und autoritative Stellen der Heiligen Schrift gesichert werden wie die, durch die wir in I 12[120] gezeigt haben, daß die
Gesetzgebung, und in II 17[121], daß die Einsetzung in die
sekundären Ämter der Kirche ⟨dem gläubigen menschlichen
Gesetzgeber⟩ zukommt[122]; man braucht in den Beweisen nur
den Unterbegriff zu ändern: das Zweifelhafte, das im göttlichen Gesetz zu entscheiden oder lehrmäßig festzulegen ist,
muß zusammen mit dem, was sonst für den kirchlichen Ritus
oder den Gottesdienst und für den Frieden und die Einheit
der Gläubigen angeordnet werden soll, statt des Ausdrucks
Gesetz oder Einsetzung in die sekundären Ämter der Kirche
genommen werden. Auf sorgfältige Überlegung zu achten ist
hierbei um so notwendiger, je gewissenhafter man diese anstellen muß, wenn man Gesetz und Glauben im Auge hat
und das, was allen Gläubigen nützen oder schaden kann.

§ 5 Denn so haben es die Apostel zusammen mit den
Ältesten in Zweifelsfragen gehalten, die wegen des Evangeliums aufgetreten sind, wie sich aus der Apostelgeschichte
Kap. 15[123] ergibt und wie wir in II 16[124] gründlich bewiesen
haben. Denn jenen Zweifel wegen der Beschneidung hat
nicht der selige Petrus oder ein anderer Apostel für sich oder
für seine Person besonders entschieden, sondern deswegen
kamen alle Apostel und die Ältesten oder Gesetzeskundig-
sten zusammen. Beweis für die Wahrheit unserer Behauptung ist: Wenn es um die lehrmäßige Entscheidung über
zweifelhafte Stellen der Schrift ging, wohnten die gläubigen
Kaiser und Kaiserinnen mit ihren Beamten den Hauptkon-
zilien bei, wie sich aus Isidors oft genanntem Kodex zur
Genüge ergibt in den Abschnitten, aus denen wir im folgenden Kapitel von § 2 bis § 8 Stellen angeführt haben[125]; indessen war damals die Anwesenheit von Nicht-Priestern
nicht so dringend notwendig wie heutzutage, weil die Menge

der gegenwärtigen Priester und Bischöfe größer ist, die vom göttlichen Gesetz nicht so viel verstehen, wie nötig wäre. Wenn daher die Priester untereinander uneinig sind über das, was für die ewige Seligkeit zu glauben nötig sei, so hat der bedeutsamere Teil der Gläubigen zu entscheiden, welche Partei ⟨der Priester⟩ die vernünftigere ist; indessen, wenn die Priester alle einig sind in den Glaubensfragen, in denen Zweifel zu bestehen schien, so liegt ⟨die Entscheidung⟩ bei den Vorgenannten, jedoch nur soweit sie in der II 17[126] angegebenen Form zu den Weihen erhoben worden sind.

KAPITEL XXI

Wer besitzt die zwingende Befugnis oder hat sie bisher besessen, ein allgemeines Konzil der Priester und Bischöfe und der übrigen Gläubigen zu versammeln? Oder wer hat die Befugnis, dort etwas festzusetzen, was die Gläubigen mit Strafe oder Schuld für die gegenwärtige oder die künftige Welt bindet? Und ferner: Wer hat in dieser Welt das Recht, jeden zu strafen, der gegen Beschlüsse und Entscheidungen eines allgemeinen Konzils verstößt? Ferner: Kein Bischof oder Priester kann einen Herrscher exkommunizieren oder ein Volk mit dem Interdikt belegen noch zeitliche Benefizien oder Zehnten der Kirche oder Lehrerlaubnisse oder irgendwelche Staatsämter verleihen, außer wenn das allgemeine Konzil oder der menschliche Gesetzgeber oder beide das bestimmt und ihm übertragen haben

§ 1 Jetzt will ich zeigen: Allein dem gläubigen menschlichen Gesetzgeber, der keinen höheren über sich kennt, oder demjenigen oder denjenigen, dem bzw. denen der eben genannte Gesetzgeber diese Gewalt übertragen hat, kommt zu, allgemeines Konzil einzuberufen, dafür geeignete Personen zu bestimmen, es zu versammeln, abzuhalten und in der ordnungsgemäßen Form durchführen zu lassen, auch den, der sich weigert, zur Versammlung zu kommen und die eben erwähnten notwendigen und nützlichen Aufgaben zu erledigen, und die Übertreter der auf dem genannten Konzil festgelegten Lehrsätze und Ordnungen, Priester wie Nicht-Priester, Kleriker oder Nicht-Kleriker, mit Fug und Recht nach dem göttlichen und menschlichen Gesetz durch zwingende Gewalt zu strafen. Das ist zwar in I 15, II 4, II 5, II 9 und II 17[127] nachgewiesen worden, in denen wir durch Beweis gezeigt und durch die Autorität der Schrift noch mehr bestätigt haben, daß zwingende Rechtsprechungen über alle ohne Unterschied, Priester und Nicht-Priester, Ernennungen und Zulassungen von Personen und Einsetzung in alle Ämter allein dem gläubigen menschlichen Gesetzgeber zukommen, keineswegs aber einem Priester oder einem Priesterkollegium als solchem allein; aber wir wollen das jetzt überzeugend dartun durch den erwähnten Kodex des Isidor an sehr vielen Stellen, besonders solchen, in denen er Tatsachen anführt, die mit dem göttlichen Gesetz und dem vernünftigen Denken in Einklang stehen.

§ 2 Die erste ⟨Tatsache⟩ steht nun in dem Kapitel mit der Überschrift[128]: *Vorrede für das Konzil von Nikäa*, wo er sagt: *Und dort befiehlt er*, Konstantin, *dem Arius, vor den 318 anwesenden Bischöfen zu erscheinen, und ihnen*, den Bischöfen, *über dessen Thesen zu entscheiden*. Beachte: Auf Befehl des Gesetzgebers[129] waren die Bischöfe und Priester auf dem obengenannten Konzil versammelt. Dasselbe steht ferner in dem Kapitel mit der Überschrift[130]: *Konzil der 630 Bischöfe*, wo er sagt: *Die heilige und große und verehrungswürdige Synode, die nach Gottes Gnade auf Grund der Verordnung der frommen Kaiser Valentinianus und Marcianus sich versammelt hat.* Ferner in dem Kapitel mit der Überschrift[131]: *Es schließt das siebente Konzil von Toledo, es beginnt das achte*, wo er sagt: *Im Jahre aber des rechtgläubigen und ruhmreichen und durch die wahre Würde seiner Milde ausgezeichneten Königs Receswinth, als uns alle Gottes Wille auf den huldreichen Befehl dieses Herrschers in der Basilika der heiligen Apostel veranlaßt hatte, uns zur heiligen Synode zu versammeln.* Dasselbe steht ferner in dem Kapitel mit der Überschrift[132]: *Ende des elften Konzils von Toledo, es beginnt das zwölfte.* Dasselbe steht ferner in dem mit der Überschrift[133]: *Ende des ersten Konzils von Braga, es beginnt das zweite,* ferner in dem *Brief des* römischen *Papstes Leo an die Synode von Ephesus*[134], ferner in dem Brief des römischen *Papstes Leo an den Kaiser Theodosius*[135], ferner in dem *Brief des Bischofs Leo an den Marcianus Augustus*[136], der beginnt: *Ich hatte gefordert.* Dasselbe steht ferner in dem *Brief an den Marcianus Augustus*[137], der beginnt: *Vieles ist mir in allen . . .* Dasselbe findet sich an sehr vielen anderen Stellen und in Briefen des genannten Kodex; deren Wortlaut habe ich weggelassen; die Sache ist bekannt, und ich möchte die Darstellung abkürzen.

§ 3 Daß aber dem römischen Bischof allein oder ihm mit dem Kollegium seiner Kardinäle allein die obenerwähnte Befugnis nicht zusteht, kann außer durch die vorhin genannten Stellen folgendermaßen nachgewiesen werden: Wenn der römische Bischof selbst oder er mit seinem Kollegium irgendeines Vergehens angeklagt wäre, weswegen es zweckmäßig wäre, ein solches Konzil einzuberufen, so würde er wahrscheinlich eine solche Versammlung möglichst aufschieben oder ganz hintertreiben; das würde auf eine schwere Belastung und Schädigung der Gläubigen hinauslaufen. Das kann aber bei dem gläubigen Gesetzgeber oder der Gesamtheit der Gläubigen in dieser Weise nicht vorkommen, weil sie oder ihre Mehrheit nicht so ⟨leicht⟩ verführbar ist, weder in politischen, wie wir in I 13[138] gezeigt haben, noch in geistlichen Fragen, zumal in solchen des Glaubens, wie in II 19 und II 20[139] gezeigt worden ist.

§ 4 Daß es aber die Befugnis des gläubigen menschlichen

Gesetzgebers ist, der keinen höheren über sich hat, eine Vorschrift zu erlassen oder eine Verfügung herauszugeben für alle ohne Unterschied, für Priester wie Nicht-Priester, die die Befolgung der vom allgemeinen Konzil durch ein Urteil in der ersten Bedeutung festgelegten oder entschiedenen ⟨Glaubenslehren⟩ und der übrigen von ihm aufgestellten Ordnungen erzwingt, und Übertretungen dieser Vorschrift oder Verfügung mit einer Strafe an Gut oder Person oder beidem noch in dieser Welt zu belegen – das wollen wir nachweisen zunächst auf Grund der Staatsakte, die in Übereinstimmung mit der Vernunft vollzogen sind und die Isidor in dem obengenannten Kodex an sehr vielen Stellen anführt. Das ist nämlich deutlich zu ersehen aus dem Kapitel mit der Überschrift[140]: *Edikt des Kaisers Marcianus in Bestätigung des Konzils von Chalkedon.* Darin ist u. a. folgende Stelle enthalten: *Niemand soll daher, weder ein Kleriker noch ein Soldat, noch eine Person eines anderen Standes, die von Staats wegen festgelegten christlichen Glaubenslehren in Zukunft in einer Versammlung und vor Hörern zu behandeln versuchen und daraus eine Gelegenheit zu Aufruhr und Verrat suchen.* Dort wird auch etwas weiter unten hinzugefügt: *Denn bei den Verächtern dieses Gesetzes wird Strafe nicht ausbleiben.* Weiter unten heißt es ferner: *Wenn also ein Kleriker wagt, öffentlich über die Religion zu sprechen, so soll er aus der Gemeinschaft der Kleriker entfernt werden; wenn es einer ist, der im Heeresdienst steht, so soll er aus dem Heere ausgestoßen werden,* und so bestimmt er weiter über die anderen ⟨Stände⟩. Dasselbe ergibt sich ferner aus dem unmittelbar anschließenden Kapitel mit der Überschrift[141]: *Die heilige ⟨Verordnung⟩ der erhabenen Kaiser Valentinianus und Marcianus nach dem Konzil von Chalkedon in Bestätigung dieses Konzils und der Verdammung der Ketzer.* Darin steht folgende Stelle: *Durch dieses Gesetz verordnen wir: Diejenigen, die durch die Irrlehre des Eutyches getäuscht, dem Beispiel der Apollinarier folgen, denen Euty-*

ches sich angeschlossen hat, und die von den verehrungs-
würdigen Ordnungen der Väter, d. h. dem Kirchenrecht, und
von den hochheiligen Bestimmungen der erhabenen Herr-
scher verurteilt werden, sollen kein Bischof, kein Priester,
⟨überhaupt⟩ niemand zu Klerikern wählen oder so nennen,
und Eutyches selbst soll des Namens Priester, wegen dessen
unwürdigen Gebrauchs er ausgestoßen worden ist, ganz und
gar verlustig gehen. Wenn jedoch jemand wagt, gegen unsere
Bestimmungen Bischöfe, Priester und sonst Kleriker aus die-
sen ⟨Ketzern⟩ zu wählen, so sollen ebenso die, die sie dazu
machen, wie die, die dazu gemacht worden sind oder ⟨das⟩
für sich beanspruchen, unter Verlust ihrer geistlichen Güter
mit lebenslänglicher Verbannung bestraft werden; das ver-
ordnen wir. Daraus ergibt sich, daß richtig ist, was wir in
II 17[142] über die Erhebung zur Priesterwürde und zu den
anderen heiligen Weihen gesagt haben, daß dies nämlich dem
gläubigen Gesetzgeber oder Herrscher zukommt.
Ferner ergibt sich dasselbe aus dem Kapitel, das sich diesem
unmittelbar anschließt und die Überschrift[143] trägt: *Ebenso*
eine andere ⟨Verordnung⟩ des Kaisers Marcianus gegen die-
selben Ketzer, ferner aus dem Kapitel mit der Überschrift[144]:
Edikt des Königs über die Bestätigung des Konzils.
Dort finden wir unter anderen Feststellungen folgende Stelle:
Wenn also ein Kleriker oder Laie sich weigert, diesen Be-
stimmungen gehorsam zu sein, so soll er, falls er Bischof,
Priester, Diakon oder Kleriker ist, von dem ganzen Konzil
mit Exkommunikation bestraft werden, falls er aber Laie
und eine Person höheren Ranges ist, so soll er die Hälfte
seines Vermögens verlieren, die der Staatskasse zugute kom-
men soll. Daraus ergibt sich deutlich: Strafen an Gut und
Person über Ketzer zu verhängen, diese einzuziehen und für
sich zu verwenden, dazu sind die Herrscher oder die menschlichen Gesetzgeber berechtigt und pflegten tatsächlich so zu
verfahren, wie wir in II 10[145] gesagt haben. Das ⟨ergibt sich⟩
ferner aus dem Kapitel mit der Überschrift[146]: *Ende des drei-*
zehnten Konzils von Toledo, das beginnt: *Aus dem Trieb*

der Liebe, und aus sehr vielen anderen Stellen, über die ich hinweggehe; ich möchte abkürzen, und das vorhin Angeführte genügt.

§ 5 Nicht nur wegen der Befolgung der Glaubenssätze, die das Konzil festgelegt hat, ein zwingendes Dekret zu erlassen, kommt dem menschlichen Gesetzgeber zu oder dem, der kraft Ermächtigung durch ihn regiert, sondern auch ⟨das Recht⟩, über Form und Art der Besetzung des römischen apostolischen Stuhles, d. h. Wahl des römischen Papstes, Anordnungen zu geben. Das hat auch, so lesen wir, der römische Papst vom Kaiser dringend gefordert, nicht dagegen Einspruch erhoben, wie hervorgeht aus einem Kapitel desselben Kodex mit der Überschrift[147]: *Die Dekrete des Papstes Bonifatius. Brief an den Augustus Honorius mit der Bitte, der Herrscher möchte in der Stadt Rom ihn als Papst einsetzen, weil ja infolge der Umtriebe niemals einer ordiniert würde,* und aus dem unmittelbar angeschlossenen Kapitel mit der Überschrift[148]: *Verfügung des Kaisers Honorius an den Papst Bonifatius: Wenn wieder in Rom zwei Bischöfe ordiniert worden wären, dann sollten beide aus der Stadt vertrieben werden*[149]; diese ⟨Verfügung⟩ beginnt: *Der siegreiche Honorius, ruhmreicher Triumphator, immer Augustus, an den heiligen und verehrungswürdigen Papst Bonifatius in der Stadt Rom.* In diesem Dekret fügt nun der genannte Kaiser etwas weiter unten hinzu: *Wisse aber, es hat unserer Frömmigkeit recht gefallen, daß deine Heiligkeit wegen der Verwirrung in den Gemeinden oder im Volk beunruhigt ist. Daß diese auf keinen Fall eintreten könne, dafür, so glaubte unsere Milde, sei genügend Fürsorge getroffen. Endlich wünschen wir, daß das durch eine Bekanntmachung deiner Seligkeit zur Kenntnis aller Kleriker gelangt, damit, wenn etwa deiner Frömmigkeit, was wir nicht wünschen, nach Menschen Los etwas zustoßen sollte, alle wissen, sie müssen ihre ehrgeizigen Pläne aufgeben. Und wenn etwa zwei Päpste widerrechtlich durch die Unbesonnenheit der streitenden ⟨Parteien⟩ ordiniert werden sollten, so werde auf keinen Fall*

einer von ihnen Priester sein, d. h. römischer Bischof, *sondern der allein auf dem Apostolischen Stuhl bleiben, den das
göttliche Urteil und der einmütige Wille der Gesamtheit aus
der Zahl der Kleriker durch eine neue Entscheidung gewählt
hat.* Daraus ergibt sich auch die Wahrheit dessen, was wir in
II 17[150] gesagt haben, der Gesamtheit der Gläubigen oder
dem gläubigen menschlichen Gesetzgeber komme die sekundäre Einsetzung der Priester, Bischöfe und der übrigen Diener der Kirche in die höhere oder niedere Seelsorge zu.

§ 7 Dieselbe Meinung ergibt sich ferner überzeugend aus
dem Kapitel, das beginnt[151]: *Die Kaiser Theodosius und Valentinianus.* Darin wird weiter unten hinzugefügt: *In dem
gegenwärtigen plötzlich auftauchenden Zweifel haben wir es
zur Wahrung der katholischen und apostolischen Lehre und
unseres Glaubens, der, wie es ⟨tatsächlich⟩ geschieht, von
widersprechenden Meinungen umkämpft ist, was Sinne und
Seelen der Menschen verwirrt und beunruhigt, für unerträglich gehalten, ein derartiges Verbrechen hingehen zu lassen,
damit es nicht so aussieht, als ob durch eine solche Nach-
lässigkeit Gott selbst beschimpft würde. Darum verordnen
wir, daß ganz makellose und Gott wohlgefällige Männer an
einem Ort zusammenkommen, die zur Verteidigung katho-
lischer Frömmigkeit und wahren Glaubens eine sehr hohe
Redegabe besitzen, damit ein solcher allgemeiner und nichti-
ger Zweifel durch eine diesem Problem gewidmete subtile
Untersuchung behoben und der wahre gottliebende katholische Glaube gesichert wird. Daher soll auch deine Heiligkeit die zehn frömmsten Erzbischöfe mit sich nehmen, die
deiner Diözese angehören, und außerdem ähnlich zehn heilige Bischöfe, die durch Redegabe und Lebenswandel aus-
gezeichnet sind und die in Lehre und Kenntnis des rechten
und unbefleckten Glaubens vor aller Welt über alle hervor-
ragen, und mit ihnen am nächsten 1. August ohne alle Bedenken nach Ephesus, der Hauptstadt Asiens, eilen; kein
anderer nämlich außer den vorhin genannten Männern soll
die heilige Synode belästigen; denn dadurch, daß alle hoch-*

heiligen und hochseligen Bischöfe, die wir durch unsere heili-
gen Briefe zusammenkommen lassen, zur vorhin genannten
Stadt eilen und aufs genaueste untersuchen und forschen,
soll alle widersprechende Irrlehre beseitigt, aber die katho-
lische Lehre, die mit der rechten Glaubenslehre Christi[152]
unseres Heilands, völlig übereinstimmt, gefestigt werden und
im gewohnten Glanze erstrahlen; das sollen alle in Zukunft
unerschüttert, so Gott will, und unbefleckt bewahren. Wenn
aber jemand die so notwendige und Gott wahrhaft wohl-
gefällige Synode versäumt und nicht mit aller Energie zur
vorgenannten Zeit an den vorhin bestimmten Ort kommt,
so wird er keine Nachsicht finden, weder bei Gott noch bei
unserer Frömmigkeit; denn eine Zusammenkunft der Prie-
ster meidet nur der, den sein schlechtes Gewissen drückt. Was
freilich den Theodoretus, den Bischof des Landes Syrien,
angeht, dem wir früher befohlen haben, sich nur seiner
Kirche zu widmen, so verordnen wir, er solle nicht eher mit
zur heiligen Synode kommen, als bis auch das gesamte zu-
sammentretende Konzil beschließt, er möchte mit hinkom-
men und gleichberechtigt teilnehmen. Sollte aber irgendeine
Meinungsverschiedenheit seinetwegen auftauchen, so soll die
heilige Synode ohne ihn zusammenkommen und die befohle-
nen Dinge ordnen; so gebieten wir.[153] Aus diesem Edikt ergeben sich für den aufmerksamen Leser dem Sinne[154] nach
drei eben[155] vorgelegte Schlußfolgerungen. Erstens: es ist
zweckmäßig, Zweifel über das göttliche Gesetz lehrmäßig
festzulegen; zweitens, diese Entscheidung steht nicht einer
Einzelperson oder einem Kollegium zu, sondern dem allgemeinen Konzil; drittens, ein derartiges Konzil einzuberufen
oder anzuordnen, geeignete Personen dazu auszuwählen und
zu bestimmen und die Befolgung der Beschlüsse und Anordnungen dieses Konzils anzubefehlen und die Übertreter
dieser Bestimmungen im Stande und entsprechend dem
Stand der gegenwärtigen Welt zu strafen – diese Befugnis
besitzt allein der gläubige menschliche Gesetzgeber oder der,
der kraft Ermächtigung durch ihn regiert.

§ 8 Daran schließt sich gut der Nachweis: Ein einzelner Mensch, welcher Würde oder welches Standes auch immer, kann nichts über den kirchlichen Ritus festsetzen, was die Menschen unter einer Strafe für die gegenwärtige oder künftige Welt zur Befolgung verpflichtete; das kann nur ein allgemeines Konzil unmittelbar oder durch eine aus ihm vorher abgeleitete Vollmacht unter Mitwirkung eines Edikts des ersten gläubigen menschlichen Gesetzgebers oder dessen, der kraft Ermächtigung durch ihn regiert; und nichts ⟨kann festgesetzt werden⟩ über andere Fragen des menschlichen Handelns wie Fasten, Fleischessen, Enthaltsamkeit, Heiligsprechungen und Heiligenverehrung, Verbote von mechanischen oder irgendwelchen anderen Arbeiten oder Befreiungen davon, Eheschließungen unterhalb bestimmter Verwandtschaftsgrade[156], und niemand kann Orden oder Vereinigungen von frommen Männern zulassen oder ablehnen und sonst etwas dergleichen, was das göttliche Gesetz zuläßt oder erlaubt, unter irgendeine schwere Kirchenstrafe stellen, z. B. die des Interdikts oder der Exkommunikation oder eine andere ähnliche größere oder kleinere Strafe, und um so weniger ⟨kann er⟩ jemand zur Unterlassung des Erlaubten verpflichten unter ⟨Androhung⟩ einer Strafe an Gut oder Person, die in der gegenwärtigen Welt vollstreckt werden soll, ohne Ermächtigung durch den eben genannten Gesetzgeber; er allein hat ja das Recht, solche Strafen zu verhängen und zu vollstrecken, wie aus I 15[157] und II 10[158] zur Genüge hervorgeht.

§ 9 Dies ist aber, so muß man voraussetzen, durch dieselben Beweise und autoritativen Stellen bewiesen, durch die wir oben nachgewiesen haben, daß auch die Festlegung des Sinnes zweifelhafter Stellen des göttlichen Gesetzes und ⟨das Recht⟩, die menschlichen Handlungen beim Gottesdienst durch zwingende Dekrete zu ordnen, allein dem gläubigen menschlichen Gesetzgeber zusteht; man braucht nur den Unterbegriff in den Vernunftbeweisen zu ändern. Ferner ⟨wird damit gesichert⟩: Was das göttliche Gesetz erlaubt, kann nur der menschliche Gesetzgeber verbieten oder unzulässig machen. Weiter: Kein Bischof hat gegenüber einem anderen irgendeine Autorität von Christus unmittelbar, wie in II 15 und II 16[159] bewiesen worden ist, noch eine zwingende Rechtsprechung gegen seinesgleichen oder gegen andere, wie wir in II 4, II 5 und II 9[160] früher gezeigt haben. Daraus kann auch gut abgeleitet werden: Dem eben genannten Konzil allein, nicht aber einem Bischof oder Priester oder einem Sonderkollegium von ihnen allein steht es zu, einen Herrscher, ein Land oder eine andere bürgerliche Gemeinschaft zu exkommunizieren oder ihnen den Vollzug der religiösen Amtshandlungen zu untersagen. Denn wenn ein Priester oder Bischof oder ein Sonderkollegium von ⟨ihnen⟩ aus Unwissenheit oder Gehässigkeit einen Herrscher oder ein Land exkommunizieren oder mit dem Kirchenbann belegen will, so muß daraus großes Ärgernis für Frieden und Ruhe aller Gläubigen entstehen. Das hat auch fast ganz neuerdings schon die Erfahrung als Lehrerin im Leben[161] gezeigt, als der römische Papst Bonifatius VIII. Philipp den Schönen ruhmreichen Angedenkens, den katholischen König von Frankreich, zu exkommunizieren und sein Reich mit seinen Anhängern unter das Verbot der kirchlichen Amtshandlungen zu stellen versuchte, weil der vorhin genannte König Einspruch erhob gegen ein Schriftstück mit dem Anfang: *Eine heilige katholische Kirche*[162], das von dem vorhin genannten Bonifatius oder zusammen mit seinem Kardinalskollegium veröffentlicht worden ist und das unter anderem die Behauptung enthält, ja zuletzt die Folgerung zieht: Alle Herrscher der Welt, alle Gemeinschaften und Einzelpersonen seien dem römischen Papst in zwingender Rechtsprechung unterstellt. Indessen hätte sich dieser Bonifatius seinerzeit sogar vorgenommen, gegen den eben erwähnten Herrscher, seine Untertanen und Anhänger im besonderen vorzugehen und die übrigen gläubigen Herrscher und Völker, soweit er es gekonnt hätte, gegen jenen Herrscher – Zeuge sei die unsterbliche Wahrheit und die Erinnerung der meisten Lebenden – in Aufruhr zu bringen, wenn ihn nicht Menschenlos zuvor hinweggerafft hätte. Dieser aber oder ein ähnlicher Sturm einer neuen böswilligen Aufwiegelung – eher Sturm als Gewalt –, der große Spaltung und Gefahr den Gläubigen bringen würde, muß ganz und gar unterdrückt und die Form derartiger Interdikte und Exkommunikationen geregelt und allein dem allgemeinen Konzil der Christen überlassen werden, denn dessen Urteil kann, weil vom Heiligen Geist gelenkt, durch Unwissenheit oder Bosheit nicht irregeführt werden.

§ 10 Daraus folgt mit Notwendigkeit: Was verordnet und lehrmäßig festgelegt ist über den Glauben oder den Sinn des evangelischen Gesetzes wie über den kirchlichen Ritus oder den Gottesdienst und alles, was sonst das allgemeine Konzil beschlossen hat, mittelbar oder unmittelbar, unausgesprochen oder ausdrücklich oder auf irgendeine andere Weise, das kann nicht durch die Machtbefugnis und Anordnung eines Bischofs oder eines anderen Sonderkollegiums, eines Konzils oder einer Versammlung, und noch weniger einer Einzelperson, welches Standes oder welcher Würde auch immer, geändert, erweitert, gekürzt oder aufgehoben oder ausgelegt werden, zumal in schwierigen Fragen, oder ganz und gar widerrufen werden, sondern, wenn das in dieser Form Verordnete zu ändern oder schlechthin zu widerrufen eine unbestreitbare Notwendigkeit fordert, so ist das obengenannte Konzil zu berufen und diesem die Frage vorzulegen. Dieser ⟨Satz⟩ läßt sich durch dieselben Vernunftgründe und autoritativen Stellen beweisen, mit denen wir gezeigt haben, daß das eben genannte Konzil allein dergleichen anordnen, lehrmäßig festlegen und beschließen darf.

§ 11 Ferner läßt sich auch aus denselben autoritativen Stellen der Schrift und mit denselben menschlichen Vernunftgründen gut nachweisen: Keinem Bischof und keiner Einzelperson und keinem Sonderkollegium allein kommt es zu, ohne Anweisung des eben erwähnten allgemeinen Konzils oder des gläubigen menschlichen Gesetzgebers in irgendwelche kirchliche Ämter der Welt Personen einzusetzen oder sie damit zu betrauen noch zugunsten dieser Ämter irgendwelche weltliche Güter der Kirche, Benefizien genannt, zu verteilen oder die sogenannten Lehrerlaubnisse, Notariate oder sonstige öffentliche oder staatliche Ämter jemandem zu verleihen außer kraft der eben erwähnten Ermächtigung. Das ist zwar in I 15[163] und II 17[164] einigermaßen befriedigend nachgewiesen worden, trotzdem haben wir uns entschlossen, es in diesem Paragraphen ausführlicher zu entwickeln und durch das unmittelbar vorher Gesagte und einige andere Wahrscheinlichkeitsbeweise zu sichern. Denn das gehört nicht zur Befugnis des römischen oder eines anderen Bischofs oder eines Sonderkollegiums von Klerikern unter seinem Vorsitz und darf nicht dazu gehören; deswegen sind alle Reiche und alle größeren und kleineren Staaten der Gefahr der Ketzerei und der Auflösung ausgesetzt. Dazu aber kommt es, wenn dem römischen oder einem anderen Bischof allein ohne Anweisung des allgemeinen Gesetzgebers oder eines allgemeinen Konzils eine solche Gewalt überlassen wird. Nehmen wir an, wie schon oben gesagt, irgendein Ketzer oder Totenbeschwörer, ein gieriger und hochmütiger oder sonst verbrecherischer Mensch ⟨sei auf den päpstlichen Thron gekommen⟩, wie manche, man hat es gesehen und kann es lesen[165], zu römischen Bischöfen erhoben und genommen worden sind: wenn nun dieser verbrecherische Mensch die Befugnis hätte, ohne irgendeine gesetzlich bindende Anweisung des allgemeinen Konzils oder des gläubigen menschlichen Gesetzgebers in alle kirchlichen Ämter Personen einzusetzen, wie er sie wünschte, so würde höchstwahrscheinlich ein solcher Papst in den kirchlichen Ämtern, zumal den höheren, z. B. in der Würde eines Kardinals oder eines Bischofs, diejenigen vorziehen, von denen er wüßte, daß sie an seinen Verbrechen mitschuldig sind und alle seine schlimmen ⟨Neigungen⟩ begünstigen. Infolgedessen wird also die gesamte Herde der Gläubigen der Gefahr der Abwendung vom Glauben ausgesetzt sein, wie schon in II 11[166] einigermaßen gezeigt worden ist, und das zumal dann, wenn ⟨der Bischof⟩, der durch Unwissenheit oder Bosheit der Ketzerei verfallen ist, die Gewalt hätte, das göttliche Gesetz auszulegen, wie wir schon früher in II 20[167] ausgeführt haben und allen Menschen von heute – es handelt sich um zwei Päpste[168] – aus der Erinnerung und der unmittelbaren Anschauung bekannt ist.

Ferner, wenn sich schon für den römischen Bischof weder im göttlichen noch im menschlichen Gesetz die Erlaubnis findet, sondern vielmehr das Verbot, sich einen Nachfolger auf dem römischen Bischofsstuhl einzusetzen, obwohl er doch am besten wissen kann und muß, welche Persönlichkeiten aus diesem Lande sich eignen und was diesem Lande am meisten frommt, warum sollte also diesem Bischof dann die Gewalt oder Befugnis überlassen werden, Nachfolger für die Bischöfe oder andere hohe Geistliche, für Seelsorger und auch Diener der Kirche in fremden und entfernten Ländern einzusetzen, von denen er weniger erkennt, was für sie vorteilhaft ist und welche Persönlichkeiten aus ihnen geeignet sind?

KAPITEL XXII

In welchem Sinn sind der römische Bischof und seine Kirche Haupt und Führung der anderen, und aus welcher Vollmacht kommt ihnen das zu?[169]

§ 6 (4) Viertens kann aber die Möglichkeit, daß auf Grund der Vollmacht eines allgemeinen Konzils oder des gläubigen menschlichen Gesetzgebers ein Bischof oder eine Kirche Haupt und Führung der übrigen sei oder dazu eingesetzt werde, sinnvoll so verstanden werden: Wenn eine Frage des Glaubens oder eine unbestreitbare Notwendigkeit für die Gläubigen auftaucht und ihm hinterbracht wird, weswegen es ganz und gar zweckmäßig erscheint, ein allgemeines

Konzil einzuberufen, dann ist es sein Amt – doch zusammen
mit seinem Priesterkollegium, das ihm der gläubige menschliche Gesetzgeber oder das allgemeine Konzil dafür hat bei-
geben wollen –, nach vorausgehender Beratung den Fall an
den gläubigen Gesetzgeber, der keinen höheren über sich hat,
weiterzuleiten und ihm zur Kenntnis zu bringen; nach dessen zwingender Weisung müßte ja das Konzil, wie wir gesagt haben, versammelt werden. Dieses ⟨obersten Bischofs⟩
Amt soll es auch sein, auf dem genannten Konzil unter den
Bischöfen und Klerikern allen den ersten Sitz oder Platz
einzunehmen, die Tagesordnung zu bestimmen, das Ergebnis
der Beratung in Gegenwart des ganzen Konzils zusammenzufassen, die Verhandlungen schriftlich niederlegen zu lassen, versehen mit den echten amtlichen Siegeln und den
Stempeln der Geheimschreiber, es in Abschriften ausfertigen
zu lassen, allen Kirchen, die darum ersuchen, solche ⟨Be-
schlüsse⟩ mitzuteilen und an sie weiterzuleiten, auch die
⟨Beschlüsse⟩ zu kennen, zu lehren und darüber Auskunft zu
geben und diejenigen, die verstoßen gegen das, was über den
Glauben wie über den kirchlichen Ritus oder den Gottesdienst beschlossen und sonst für Frieden und Einheit der
Gläubigen angeordnet ist, durch eine schwere Kirchenstrafe
zu treffen, z. B. Exkommunikation oder Interdikt oder eine
andere ähnliche Strafe, jedoch ⟨nur⟩ nach Anweisung des
Konzils und kraft Ermächtigung durch das Konzil, keineswegs aber auf Grund einer zwingenden Befugnis, eine Strafe
an Gut oder Person für den Stand und in dem Stand der
gegenwärtigen Welt zu verhängen. Seine Aufgabe soll es
auch sein, mit dem bedeutsameren Teil oder der Mehrheit
des ihm von dem Gesetzgeber beigegebenen und eingesetzten
Kollegiums über Bischöfe und Kirchen, die einander nicht
untergeordnet sind, Gericht zu halten in geistlichen Streitigkeiten im eigentlichen Sinne, nämlich in der zweiten und
dritten Bedeutung von »geistlich«, wie sie in II 2[170] festgestellt sind; darunter fällt das, was nach Konzilsbeschluß hinsichtlich des kirchlichen Ritus zu beobachten ist. Gesetzt in-

dessen, ein Bischof einer solchen Kirche oder ein Kollegium
zeige sich in ⟨Erfüllung⟩ einer solchen Pflicht nach der offen
ausgesprochenen, wahrscheinlichen und so gut wie einhelligen Meinung der anderen Kirchen allzusehr in irrigen Anschauungen befangen oder zu nachlässig, so soll es für die
übrigen Kirchen zulässig sein, an den gläubigen menschlichen
Gesetzgeber zu appellieren, wenn ⟨der Schuldige⟩ von dem
Gesetzgeber oder dem, der kraft Ermächtigung durch ihn
regiert, in angemessener Weise zurechtgewiesen werden kann,
oder ein allgemeines Konzil zu verlangen, wenn jener Fall
nach der ⟨Meinung der⟩ Mehrheit der übrigen Kirchen und
dem Urteil des Gesetzgebers die Einberufung eines derartigen Konzils erfordert.

Nur in dieser letzten Auffassung, sage ich, ist es nun zweckmäßig, einen einzigen Bischof oder eine einzige Kirche als
Haupt oder Führung der anderen in der Seelsorge einzusetzen ohne zwingende Rechtsprechung – freilich ist das im
göttlichen Gesetz nicht geboten; auch ohne das würde ja die
Einheit des Glaubens erhalten, wenn auch nicht so leicht –,
um diese Einheit leichter und in würdigerer Form zu wahren. Nun werden wir aber zeigen müssen, was für einen
Bischof, was für eine Kirche oder was für ein Kollegium
von Priestern und Klerikern als Haupt oder Führung der
anderen einzusetzen am zweckmäßigsten und vorteilhafte-
sten ist und auch aus welcher Diözese oder Provinz; endlich,
wem die Befugnis zusteht, diese einzusetzen, zurechtzuweisen und sogar abzusetzen, wenn das zweckmäßig erscheinen
sollte.

§ 7 Die erste von diesen Thesen, nämlich daß es geraten
sei, ein solches einziges Haupt für die Kirchen einzusetzen
unter Voraussetzung der Notwendigkeit, manchmal ein allgemeines Konzil der Gläubigen und der Priester wegen der
vorhin erwähnten Vorteile für den kirchlichen Ritus oder
den Glauben und den Gottesdienst einzuberufen, kann überzeugend bewiesen werden durch folgende Überlegung: Es
wäre sinnlos, wenn mehrere Bischöfe oder Kirchen sich mit

einem Amt beschäftigten, das ein einziger Bischof oder eine einzige Kirche gleich gut ausüben und verwalten kann. Nun aber kann die vorhin erwähnte Anregung der Konzilien samt dem, was sonst, wie gesagt, zum Amte dieses Hauptes der Kirche gehört, gleich gut oder besser ein einziger erledigen und durchführen als mehrere. Weiter wird durch die Einsetzung eines Hauptes oder einer Führung dieser Art über die Bischöfe und Kirchen Streit und Ärgernis vermieden, das sonst entstehen könnte. Denn auf dem versammelten allgemeinen Konzil muß Form und Art der Verhandlungen gegeben werden. Wenn aber jeder beliebige ohne Unterschied diese Anordnungen oder Weisungen erteilen könnte und wollte, so würde unter ihnen wahrscheinlich Ärgernis, Verwirrung und Streit erregt werden. Ferner, bei einem versammelten allgemeinen Konzil ist die Ordnung im Raume, nämlich beim Sitzen oder Stehen, zu beachten, auch bei der Debatte, nämlich beim Vorschlägeeinbringen und Beraten, und ⟨die Notwendigkeit⟩, manchmal einzugreifen, indem den allzu Geschwätzigen Schweigen geboten wird; ferner muß man auch ⟨die Ergebnisse⟩ der Beratungen des Konzils zusammenfassen und in Abschriften durch die Geheimschreiber unter sicheren und echten amtlichen Stempeln und Siegeln ausfertigen lassen; daher ist es zweckmäßig, daß einer den Vorsitz führt; der soll die Befugnis haben, die anderen anzuweisen und, was sonst für die ordnungsmäßige Abhaltung und Durchführung des Konzils erforderlich ist, zu bestimmen, damit nicht wegen Verschiedenheit – manchmal auch Gegensätzlichkeit – der Meinungen hierüber das allgemeine Beste der Gläubigen durch Unruhe und Verwirrung geschädigt wird; ferner scheint das zweckmäßig zu sein, weil die christliche Kirche daran gewöhnt ist und dabei die Einheit des Glaubens durch ein sinnlich wahrnehmbares Zeichen deutlicher in Erscheinung tritt.

§ 8 Welchen Bischof und was für eine Kirche aber und die Kirche welcher Próvinz oder Diözese ist es am zweckmäßigsten, in diesem Sinne zum Haupt der anderen einzusetzen?

Wenn wir zuerst darlegen: Was für einen Mann?, wollen
wir wahrheitsgemäß sagen: den, der vor allen anderen durch
Lebensführung und theologische Gelehrsamkeit hervorragt,
wobei jedoch die sittliche Höhe des Lebenswandels stärker
zu betonen ist. Welches Ortes aber oder welches Landes
Kirche soll den anderen vorgezogen werden? Darauf ist zu
antworten: die, deren Priester- oder Klerikerschaft die meisten Männer besitzt, die im höchsten Sinne das reinste Leben
führen und durch theologische Gelehrsamkeit am stärksten
hervorleuchten; indessen unter sonst gleichen oder nicht sehr
verschiedenen Umständen scheint der römische Bischof und
seine Kirche, solange der Ort bewohnbar ist, durch sehr viele
günstige Umstände den Vorzug zu verdienen: erstens wegen
der überragenden Glaubenstreue, Gottesliebe und Berühmt-
heit ihres ersten Bischofs, des seligen Petrus oder Paulus,
oder beider, und wegen der Ehrerbietung, die die anderen
Apostel diesen erwiesen haben; ferner wegen des Glanzes,
der auf der Stadt Rom liegt, wegen ihres seit alter Zeit be-
haupteten Vorranges vor den anderen, wegen ihres Reich-
tums an berühmten, heiligen Männern und Lehrern des
christlichen Glaubens, der ⟨dort⟩ sehr lange von Anfang der
neuerrichteten Kirche an vorhanden war, und wegen ihrer
gewissenhaften Sorge und unermüdlichen Arbeit für die anderen Kirchen in der Mehrung des Glaubens und der Erhaltung seiner Einheit, ferner auch wegen der einstigen Weltherrschaft und zwingenden Machtfülle ihres Volkes und
Herrschers über alle anderen Herrscher und Völker der Erde.
⟨Volk und Herrscher der Römer⟩, die über die Wahrung des
Glaubens und Befolgung der von den allgemeinen Konzilien
beschlossenen Glaubenslehren allein allen eine zwingende
Vorschrift geben und ihre Übertreter überall strafen konnten, handelten auch dementsprechend und erhoben die Kirche
aus geringem Umfang zu gewaltiger Größe; freilich haben
durch einige von ihnen später die Gläubigen manchmal Verfolgung erlitten wegen der Bosheit gewisser Priester. Endlich
aber paßt für den römischen Bischof und seine Kirche dieser

Vorrang wegen der Gewöhnung; denn alle Gläubigen haben gelernt oder sich gewöhnt, diesen Bischof und diese Kirche mehr als die anderen zu verehren und sich durch ihre Mahnungen und Weisungen zu Tugend und Gottesverehrung antreiben, durch ihre Rügen oder Scheltworte und Drohungen mit der ewigen Verdammnis von Lastern und Verbrechen abhalten zu lassen.

§ 9 Wer hat aber die Befugnis, diese führende Stellung zu schaffen? ⟨Darauf⟩ ist zu sagen: das allgemeine Konzil oder der gläubige menschliche Gesetzgeber, der keinen höheren ⟨über sich⟩ hat. Diesen kommt auch zu, jene oberste Körperschaft oder Gruppe von Klerikern zu bestimmen; in Übereinstimmung mit diesem Verfahren wird man der Stadt Rom, solange sie existiert und ihr Volk dem keinen Riegel vorschiebt, wegen der Verehrung des seligen Petrus und des seligen Paulus und wegen der vorhin erwähnten Gründe mit Recht dauernd die erwähnte führende Stellung in Episkopat und Kirche vorbehalten können und müssen.

§ 11 Daß die Befugnis zu dieser Einsetzung dem gläubigen menschlichen Gesetzgeber oder dem, der kraft Ermächtigung durch ihn regiert, nach Beschluß und Entscheidung des allgemeinen Konzils zukommt, das kann ferner mit denselben Vernunftgründen und autoritativen Stellen nachgewiesen werden, mit denen in II 21[171] gezeigt worden ist, daß ihm die Befugnis zusteht, ein allgemeines Konzil einzuberufen und alle Priester und Nicht-Priester, die gegen die Teilnahme sich sträuben, und alle, die gegen die Anordnungen des Konzils verstoßen, zulässigerweise durch eine zwingende Macht zu strafen; man braucht in den Beweisen nur den Unterbegriff zu ändern. Aus diesen selben ⟨Voraussetzungen⟩ folgt mit Notwendigkeit, daß es zu seiner Befugnis auch gehört, zulässigerweise den eben erwähnten obersten Bischof und seine Kirche oder sein Kollegium zurechtzuweisen, sie zu suspendieren und ihres Amtes zu entheben oder sie abzusetzen, wenn es aus vernünftigen Erwägungen zweckmäßig erscheinen sollte.

KAPITEL XXV

Wie hat der römische Bischof die früher genannten
⟨Auffassungen der Vollgewalt⟩ im besonderen außer-
halb der Grenzen der Kirche gegenüber Laienwelt oder
Staat zur Geltung gebracht?

§ 16 Diese übersteigerten ⟨Übergriffe⟩, die, wie erzählt,
die römischen Bischöfe mit dem Kreise ihrer Kleriker gegenüber a l l e n Herrschern und Völkern begangen haben, wie-
wohl am meisten und offenkundigsten gegenüber den Völkern Italiens und den römischen Kaisern, wollen sie erhalten
und, hartnäckig wie Starrköpfe, verteidigen; aber nicht nur
diese, sondern sie wollen sich bereits geplante und ⟨ihnen⟩
erwünschte oder ⟨noch⟩ umfassendere gegenüber den anderen Reichen gewinnen, streben mit aller Energie danach und
unternehmen zu diesem Zwecke jeden außenpolitischen
Schritt, den sie wagen. Freilich bemerken und erkennen sie
doch (obwohl sie das verheimlichen und mit poetischem
Wortgetöse und mit Verschleierungen zu verdunkeln und zu
leugnen versuchen), daß demselben menschlichen Gesetzgeber
die Befugnis zusteht, alle Vorrechte und Berechtigungen zu
verleihen und ⟨wieder⟩ zu entziehen, wenn er das für zweckmäßig hält; daher verhindern sie Wahl und Thronerhebung
des römischen Kaisers mit aller raffinierten Bosheit und allen
Mitteln im Bewußtsein ihres Undanks und des Undanks
ihrer Vorgänger und ihrer Vergehen, aus Furcht, der römische Kaiser werde die Vorrechte und Zugeständnisse widerrufen und ihnen entreißen, und sie würden dann die ver-
dienten Strafen erleiden.

§ 17 Ferner, aus der erwähnten Furcht und weil ihnen
nicht ohne Rechtsbeugung die Möglichkeit offenstand, mit
Hilfe der obenerwähnten Privilegien Herrschaftsrechte, Gerichtshoheiten und Besitzungen in den a n d e r e n Reichen
sich anzueignen[172], ⟨vielleicht auch⟩, weil einige Fürsten Unabhängigkeit vom römischen Kaiser beanspruchten[173], haben

sie durch eine andere ganz schlaue Überlegung zum Ziel zu kommen versucht. Sie haben nämlich einen Rechtstitel in Anspruch genommen, den sie sich offen zulegen und zum Werkzeug dieser Bosheit zu machen suchen: die Fülle der Gewalt, die nach ihrer Behauptung Christus in der Person des seligen Petrus ihnen als dieses Apostels Nachfolgern im besonderen übertragen hat. Aus diesem fluchwürdigen Rechtstitel und Ausdruck, trügerisch durch seinen Doppelsinn, von allen Gläubigen nichtsdestoweniger als falsch in jedem Sinn immer und überall abzulehnen, haben sie bisher Fehlschlüsse gezogen, tun es noch und sind bemüht, es immer mehr zu tun und alle Herrscher und Völker der Welt, Kollegien und Einzelpersonen in sklavische Abhängigkeit zu bringen. Denn in dem Sinne, in dem Fülle der Gewalt die universale Seelsorge und die Universalität des Hirtenamtes, und ferner, in dem sie die Gewalt bedeutet, alle Menschen einzig und allein von Schuld und Strafe freizusprechen unter dem Schein der Frömmigkeit, Gottesliebe und Barmherzigkeit, haben die römischen Bischöfe den eben erwähnten Rechtstitel der Vollgewalt für sich zuerst in Anspruch genommen, dann sind sie von diesen Auffassungen allmählich und heimlich weitergegangen, wie wir in II 23[174] bewiesen haben, und schließlich haben sie diesen Rechtstitel so gewendet und genommen in der Bedeutung einer ganz universalen Machtstellung und der obersten Gerichtshoheit oder zwingenden Regierungsgewalt über alle Herrscher, Völker und zeitliche Dinge; den Anfang für diesen Wandel und Anspruch haben sie, wenn auch ohne jedes Recht, durch allegorische Erläuterungen dort gemacht, wie wir in Kap. II 23, 5[175] angegeben haben. Ein für alle ganz offenbarer Beweis aber, daß die römischen Bischöfe in diesem Sinne die Fülle der Gewalt sich zuschreiben, daß nämlich nach ihrem Willen ihnen die oberste Gerichtshoheit oder die oberste Regierungsgewalt über alle Herrscher, Völker und Einzelpersonen auf Grund dieser Fülle der Gewalt zukomme, ist ⟨folgendes⟩: In Band 7 ihrer Darstellungen, die sie »Dekretalen« nennen, De Sentencia et Re Iudicata (Über den Richterspruch und die entschiedene Sache), haben der römische Papst Clemens V., der als Verfasser ⟨dieser Schrift⟩ im Anfang genannt wird, und sein sogenannter Nachfolger, der später sie veröffentlicht hat, soweit es in ihrer Macht stand, einen Spruch des erhabenen Römischen Kaisers Heinrich VII. aufgehoben und haben nach sehr vielen Schimpf- und Schmähreden und respektlosen Äußerungen gegen den vorhin genannten Heinrich, wie das ihrer längst gewohnten Art entspricht, u. a. in Rede wie in Schrift folgende Stelle gebracht[176]: *Ebenso auf Grund der Obergewalt, die Wir gegenüber dem Reich ohne Zweifel haben, wie auf Grund der Gewalt, die Wir bei Erledigung des Thrones als Stellvertreter des Kaisers besitzen, und ebenso auf Grund der Fülle jener Gewalt, die Christus, der König der Könige und der Herr der Herren, Uns, wenn auch ohne Verdienst, in der Person des seligen Petrus übertragen hat, erklären Wir auf den Rat unserer Brüder: Der Spruch und die vorhin genannten Prozesse und alle Folgen, die aus ihnen und durch sie entstanden sind, waren ganz und gar ungültig und nichtig ⟨und⟩ sind es.*

§ 18 Damit nun die Tücke dieser Bischöfe künftig aller Welt bekannt sei, rufe ich als Herold der Wahrheit mit kraftvoller Stimme und verkünde euch Königen, Fürsten, Völkern, Stämmen und euch Menschen aller Zungen überhaupt: Mit dieser ihrer Schrift, die in jeder Voraussetzung ganz offenbar falsch ist, stiften die römischen Bischöfe nebst dem Klüngel ihrer Kleriker oder Kardinäle den allergrößten Schaden. Sie versuchen nämlich, euch in Abhängigkeit zu bringen, wenn ihr es hingehen laßt, daß diese Schrift gültig bleibt, zumal daß sie Wirkung und Kraft eines Gesetzes hat. Bedenkt doch die unausweichliche Folgerung: Wer die grundlegende Befugnis besitzt, den Spruch jedes Herrschers oder Richters aufzuheben, hat über ihn Gerichtshoheit und zwingende Regierungsgewalt, auch die Gewalt, seine Regierung einzusetzen, fallenzulassen und abzusetzen. Diese Befugnis schreibt sich der römische Bischof zu gegenüber allen

Herrschern und Regierungen der Welt ohne Unterschied; denn auf Grund dieser Vollgewalt, die ihm nach seiner Behauptung Christus zugestanden hat in der Person des seligen Petrus, hat er einen Spruch des obengenannten Heinrich in einer Staatsangelegenheit aufgehoben. Diese Gewalt – das folgt mit logischer Notwendigkeit – ist ihm auch ebensosehr gegenüber allen anderen Königen und Herrschern der Welt wie gegenüber dem römischen Kaiser zugestanden; denn Christus ist oder war oder wird sein ebensosehr König oder Herr der anderen Könige und Herrscher als des römischen Königs und Kaisers. Das bezeugt mit klaren Worten ihre Rede oder Schrift, wenn sie sagen oder schreiben: *König der Könige und Herr der Herren.* Wenn nämlich ihre Rede oder Schrift einen besonderen Hinweis enthielte: auf Grund der Fülle der Gewalt, die ihnen Christus als König und Herr des römischen Königs oder Kaisers überlassen hätte usw., so könnte daraus für die anderen Könige und Reiche mit einigem Recht eine Ausnahme entnommen werden. So aber, da sie in der Mehrzahl, absolut und ohne Unterschied ihre Behauptung aufgestellt haben, wie der Evangelist schreibt, freilich nicht in dem Sinne, den die römischen Bischöfe meinen, kann danach für keinen König oder Herrscher eine Ausnahme gemacht werden; tatsächlich ist auch nach ihrer eigenen Auffassung keiner davon ausgenommen, sondern jeder eingeschlossen, wie das anderswo ein Vorgänger von ihnen, Bonifatius VIII., deutlich ausgesprochen hat; wir haben es in II 20, 8 angeführt.[177]

§ 19 Doch sei ihnen gesagt, damit nicht Rede oder Schrift der Päpste irgendeines Menschen Seele vergifte: Zwar hat der Evangelist die Wahrheit gesagt, wenn er Christus als *König der Könige und Herr der Herren* verkündet, auch wenn er hinzugefügt hätte: alles Geschaffenen überhaupt, aber doch hat Falsches und eine offenbare Lüge gegen die klare Meinung Christi und der Apostel Petrus, Paulus und Jakobus gesagt und geschrieben, wer behauptet hat, eine Regierungsgewalt oder zwingende Gerichtshoheit, geschweige

eine Vollgewalt, sei in der Person des seligen Petrus oder
eines anderen Apostels dem römischen oder einem anderen
Bischof übertragen; sondern dem römischen Bischof und
allen anderen ist und war in der Person jedes Apostels eine
solche Gewalt von Christus verboten und wird verboten
bleiben, wie wir auf Grund der Schrift und der autoritativen Äußerungen der Heiligen in II 4, II 5 und II 9[178] unzweifelhaft bestätigt haben.

§ 20 In dieser neuen und früher niemals erhörten Erfindung scheut sich der römische Bischof nicht, ebenso falsch
wie dreist gegen seine eigene Vernunft und die Vernunft
wohl aller Gläubigen, die dieser Erwägung folgen, vor aller
Welt zu verkünden und hartnäckig zu versichern, *ohne jeden
Zweifel habe er die Obergewalt,* die nach seiner Auffassung
in zwingender Rechtsprechung und Regierungsgewalt besteht, *gegenüber dem römischen Kaiser,* und ferner: *bei Erledigung des Kaiserthrones sei er Stellvertreter des obengenannten Kaisers.* Dadurch wird nämlich ganz deutlich eine
unbegründete und rechtswidrige Anmaßung von kaiserlichen
Gerichtshoheiten erwiesen, die römische Bischöfe bisher sich
erlaubt haben und, wie gesagt, heutzutage sich erlauben, besonders wenn der Kaiserthron unbesetzt ist. Wer sollte nämlich so frech, so schamlos behaupten, etwas sei unzweifelhaft
wahr, was niemals seit Jahrhunderten gehört worden ist
noch durch göttliches oder menschliches Gesetz oder das richtige Denken gesichert ist und dessen Gegenteil dementsprechend immer verstanden und verkündet worden ist als Beispiel für eine allgemein geglaubte Wahrheit? Daher können
wir in Anlehnung an ein Sprichwort der Ärzte, das unge-
fähr lautet: *Die meisten heilt der, zu dem die meisten Ver-
trauen haben,* der Wahrheit gemäß sagen: Die meisten will
der verführen und betrügen, dem in heutigen Zeiten am
meisten Glauben geschenkt wird.

KAPITEL XXVI

Wie bringt ⟨der Papst diese Auffassungen der Fülle der Gewalt⟩ im besonderen gegenüber dem römischen König und Kaiser und dem Römischen Reich zur Geltung?

§ 19 So haben die römischen Bischöfe nun die Fülle der Gewalt, die aus Schlaffheit ihnen überlassen worden ist, gegenüber der weltlichen Rechtspflege des Staates bis jetzt gebraucht, gebrauchen sie ständig und werden es auch in immer schlimmerer Form tun, wenn sie nicht gehindert werden. Denn sie haben oligarchische Gesetze gegeben, durch die sie überall den Klerus und manche ihrer anderen Handlanger von den rechtmäßig gegebenen Gesetzen des Staates ausgenommen haben, für die Herrscher und Völker zum schwersten Schaden; und mit diesem Umfang ⟨ihrer Macht⟩ nicht zufrieden, lassen sie schon Laien vor ihre sogenannten Offiziale oder Richter vorladen und wollen sie aburteilen: damit zerstören sie die Rechtsprechung der Herrscher von Grund aus.

Dies aber ist Ursache des Streites und Bürgerkrieges – eine besondere und in ihrem Ursprung tief verborgene Ursache, die aufzuzeigen wir uns von Anfang an vorgenommen haben. Denn weil ⟨diese Ursache⟩ durch die falsche Auslegung der göttlichen Schriften und durch die Verschleierung in den menschlichen verhüllt wird, sind sehr viele Gläubige durch Fehlschluß zu der Meinung gebracht worden, der römische Bischof samt seinen Klerikern, den sogenannten Kardinälen, könne über die Gläubigen bestimmen, was sie wollen; dies zu befolgen, seien alle durch göttliches Gesetz verpflichtet; wer dagegen verstoße, sei der ewigen Verdammnis schuldig. Das ist jedoch – das haben wir früher und besonders in I 12 und I 13 und in II 21, 8[179] zur Gewißheit erhoben – nicht wahr, auch nicht annähernd wahr, sondern das offenbare Gegenteil der Wahrheit.

Dies ist ferner, wie in der Einleitung gesagt, die Ursache,

an der Italien schon längst gelitten hat und ständig leidet,
eine heftig ansteckende Krankheit, die ebenso auch dazu
neigt, sich in alle anderen Städte und Staaten einzuschleichen; diese alle hat sie schon irgendwie befallen und wird
sie schließlich, wenn sie nicht gehemmt wird, ganz befallen
wie Italien.

Deshalb ist es für alle Herrscher und Völker nützlich, durch
Einberufung eines allgemeinen Konzils, wie vorhin betont,
dem römischen Bischof und jedem anderen zu untersagen
und sie schlechthin zu hindern, diesen Anspruch geltend zu
machen, damit nicht durch die Gewohnheit, Falsches zu
hören, fortan das Volk verführt wird; die Gewalt, kirchliche
Ämter und zeitliche Güter oder Benefizien zu vergeben und
zu verteilen, muß ihm wieder entzogen werden; denn diese
mißbraucht dieser Bischof zur Vernichtung der Leiber der
gläubigen Christen und zum Verderben ihrer Seelen. Dazu
sind nämlich alle Träger der Gerichtshoheit, besonders die
Könige, durch das göttliche Gesetz verpflichtet; denn Gericht ⟨zu halten⟩ und Gerechtigkeit zu pflegen, dazu sind
sie eingesetzt; wenn sie das auch in Zukunft versäumen,
sind sie unentschuldbar; denn das Ärgernis, das aus einer
derartigen Unterlassung hervorgeht, kennen sie genau. Dieser römische Bischof aber mit seinen Nachfolgern auf dem
vorhin genannten Bischofsstuhl und alle übrigen Priester
und Diakone und geistlichen Diener (an sie sind diese Ausführungen gerichtet, nicht als Feinde – Gott rufe ich zum
Zeugen an bei meiner Seele und bei meinem Leibe –, sondern
vielmehr als Väter und Brüder in Christus) sollen sich bemühen, Christus und seinen Aposteln nachzuleben und weltlichen Regierungen und dem Eigentum an zeitlichen Gütern
völlig zu entsagen. Weil sie nämlich nach der Lehre Christi
und des Apostels vor aller Welt Sünder sind, habe ich sie
offen getadelt und gescholten und als Herold der Wahrheit
versucht, sie durch übereinstimmendes Zeugnis der göttlichen
und menschlichen Schriften zum schmalen Weg der Wahrheit
zurückzubringen, damit sie, besonders der römische Bischof,

der am weitesten ⟨vom rechten Wege⟩ abgekommen zu sein
scheint, vor d e m *Unwillen des allmächtigen Gottes und
der Apostel Petrus und Paulus* sich hüten können, den er
selbst in eigener Person den anderen sehr oft androht. Daher soll er künftig die Ordnung der Liebe beachten, so daß
er zuerst vor diesem ⟨Unwillen⟩ sich hütet und dann andere
lehrt, sich vor ihm in acht zu nehmen.

Denn er selbst weiß wohl und wird es fortan wohl wissen,
daß er ohne, ja wider Christi und der Apostel Rat oder Gebot nach der römischen Regierungsgewalt greift und den
Herrscher ohne das mindeste Recht hemmt und stört. Ferner
weiß er wohl, daß durch das Ärgernis, das manche seiner
Vorgänger und er selbst in Italien erregt haben, die Kriegs-
wirren entstanden sind. Daher sind so viele Tausende von
Gläubigen eines gewaltsamen Todes gestorben, die, wie sich
mit Wahrscheinlichkeit annehmen läßt, zu ewiger Verdammnis verurteilt worden sind; denn die meisten von ihnen hat
in Haß und böser Gesinnung gegen die Brüder ein plötz-
licher Tod überkommen, und die unglücklichen Überleben-
den haben denselben, fast gleichen gefährlichen Sturz und
dasselbe jämmerliche Ende zu erwarten, wenn nicht die hei-
lende göttliche Hand hilft. Denn in ihre Seelen sind Haß,
Zank- und Streitsucht eingedrungen, deren Folgen später
die Kämpfe sind; auch gute Sitte und Zucht ist bei beiden
Geschlechtern schon verdorben, und so haben Laster, Sitten-
verfall, Verbrechen und Irrlehren fast aller Art von Geist
und Körper völlig Besitz ergriffen. Abgeschnitten ist ihnen
der Ausgleich ⟨der Menschenverluste⟩ durch Nachwuchs,
verbraucht sind die Vermögen, zerstört und eingestürzt die
Häuser, die Städte (wie groß und berühmt!) leer, von ihren
Einwohnern verlassen; unbebaut und bereits wüst, haben die
Felder aufgehört, die gewohnten Früchte zu liefern, und
was das Allerbeklagenswerteste ist, der Gottesdienst ist dort
fast gänzlich abgeschafft und erloschen; die Kirchen oder
Tempel sind, bis zur Verödung ihrer Vorsteher oder Seelsorger beraubt, verlassen geblieben. In all dieses Elend hat

er die unglücklichen Einwohner auf alle Weise getrieben und
treibt sie ständig noch – durch Bruderhaß und Bruderzwist
sind sie verblendet –, *jener große Drache, die alte Schlange,
die* den Namen *Teufel und Satan* mit Recht verdient, denn
mit allen Mitteln *verführt sie die gesamte Welt* und sucht sie
zu verführen.[180]

§ 20 Welcher Sohn dieses Vaterlandes oder dieser Mutter,
die einst so schön war und jetzt so entstellt und zerfleischt
ist, wird gefühllos schweigen und einen Hilfeschrei zum
Herrn unterdrücken können, wenn er das sieht, weiß und
Kräfte ⟨zum Kampf⟩ gegen d i e in sich spürt, die sie ohne
jedes Recht mißhandeln und zerfleischen! Denn diesem
würde man mit dem Apostel ganz richtig entgegenhalten:
Er hat den Glauben verleugnet und wäre *schlimmer als* jeder
Ungläubige.[181]

Über die Fülle der Gewalt und ihre Auffassungen, ferner
über ihren Ursprung und ihre Entwicklung, weiter, in welchen Auffassungen und in welcher Form der römische Bischof
sie für sich beansprucht und gebraucht hat im Hinblick auf
den kirchlichen Ritus wie auf die weltlichen bürgerlichen
Handlungen, darüber mag somit ⟨die Erörterung⟩ abgeschlossen sein.

Teil III

KAPITEL I

Rückblick auf die Hauptthesen und Hauptergebnisse des ersten und zweiten Teils; Überleitung zu den Schlußkapiteln

Im vorstehenden haben wir die einzige Ursache der Zerrissenheit oder Unruhe im Leben der Staaten festgestellt, die bereits bestimmte Staaten und Gemeinwesen heimsucht, und wenn man ihr nicht Einhalt gebietet, alle anderen heimsuchen wird: der Wahn, das Verlangen, das Bemühen besonders des römischen Bischofs und seines Klerikerkreises mit dem Ziel, weltliche Herrschaft und zeitliche Güter im Übermaß zu besitzen. Sogar die allerhöchste Herrschaft sucht der erwähnte Bischof für sich in Anspruch zu nehmen auf Grund der Fülle der Gewalt, die Christus vornehmlich ihm, so versichert er, in der Person des seligen Petrus zugesprochen hat, wie wir das im letzten Kapitel des 1. Teils gesagt und zweckentsprechend in sehr vielen Kapiteln des 2. Teils wiederholt haben. Und doch kommt dem römischen Bischof überhaupt keine Herrschaft oder zwingende Gerichtshoheit über jemand in dieser Welt zu, geschweige denn die allerhöchste, ebensowenig einem anderen Bischof, Priester oder Kleriker als solchem – weder allen gemeinsam noch dem einzelnen –, wie wir das mit sicheren menschlichen Methoden in I 12, I 13 und I 15[1] bewiesen und in II 4 und II 5[2] durch Zeugnisse der ewigen Wahrheit, ferner durch Auslegungen ihrer heiligen Erklärer und sehr vieler anerkannter Lehrer der Schrift gesichert haben; dann haben wir auch in II 6 und II 7[3] aus Worten der Schrift und mit sicheren Vernunftgründen Wesen, Umfang und Bereiche der Gewalt der Priester oder Bischöfe festgestellt. Ferner haben wir in II 23[4] gezeigt, daß weder allen noch einem von ihnen, weder gemeinsam noch

dem einzelnen, die Fülle der Gewalt zukommt, die sie sich
angemaßt haben, allen voran der römische Bischof. Dadurch
scheinen die Wurzeln dieser beispiellosen Bosheit, die in der
Einleitung sehr oft genannt war, völlig abgehauen zu sein.
Damit auch die Zweige und Schößlinge der Zerrissenheit
oder des Streites, die bisher diese Pest für die Reiche und
Gemeinschaften hervorgebracht hat und unaufhörlich her-
vorbringt, schnellstens verdorren und sich fortan nicht mehr
zu entfalten vermögen, wollen wir jetzt auf Grund der vorausgehenden Teile einen dritten und letzten schreiben. Dieser
wird nichts anderes sein als eine Reihe von notwendigen
und ausdrücklich ausgesprochenen Folgerungen aus den evi-
denten oder logisch bewiesenen ⟨Erkenntnissen⟩, die wir bisher gewonnen haben. Werden diese sorgfältig und aufmerk-
sam überdacht und in die Tat ⟨umgesetzt⟩, so wird es mit
ihrer Hilfe ohne Schwierigkeit ⟨gelingen⟩, die obengenannte
Pest und deren verlogene Ursache aus den Reichen auszuschließen und ihr für alle Zukunft den Zutritt zu ihnen und
den anderen Gemeinwesen zu sperren.

KAPITEL II

Eine Reihe von deutlich formulierten Folgerungen aus
den Feststellungen der ersten beiden Teile, die sich mit
Notwendigkeit ergeben. Schenken ihnen die Herrscher
und Untertanen Beachtung, so können sie leichter das
mit diesem Buche angestrebte Ziel erreichen

An den Anfang dieser Folgerungen wollen wir setzen:

1. Allein die göttliche oder kanonische Schrift und jede
aus ihr mit Notwendigkeit gefolgerte Deutung und die durch
ein allgemeines Konzil gegebene ist wahr; diese zu glauben
ist für die ewige Seligkeit notwendig, wenn sie einem in

richtiger Weise vorgelegt wird. Hierüber besteht Gewißheit; sie kann entnommen werden aus II 19, 2–5.[5]

2. Den Sinn zweifelhafter Stellen im göttlichen Gesetz darf allein ein allgemeines Konzil der Gläubigen oder die bedeutsamere Mehrheit oder der bedeutsamere Teil davon lehrmäßig festlegen, besonders in den sogenannten Artikeln des christlichen Glaubens und in allem anderen, was man als heilsnotwendig glauben muß; kein Teilkollegium, keine Einzelperson, welches Standes auch immer, hat das Recht zu der eben erwähnten Entscheidung. Darüber wird Sicherheit gewonnen II 20, 4–13.[6]

3. Die Gebote des göttlichen Gesetzes zu befolgen, wird niemand durch weltliche Buße oder Strafe genötigt; so fordert es die Heilige Schrift: II 9, 3–10.[7]

4. Allein die Gebote des evangelischen Gesetzes oder was aus ihnen mit Notwendigkeit folgt und was nach dem richtigen Denken zu tun oder zu lassen sinnvoll ist, muß man unbedingt wegen der ewigen Seligkeit befolgen, die des Alten Testaments aber keineswegs alle: II 9, 10[8] bis Schluß.

5. Von den Geboten oder Verboten Gottes oder des evangelischen Gesetzes kann kein Sterblicher entbinden; Erlaubtes aber kann unter ⟨Androhung⟩ einer Schuld oder Strafe für die gegenwärtige oder künftige Welt allein ein allgemeines Konzil oder der gläubige menschliche Gesetzgeber verbieten, kein Teilkollegium, keine Einzelperson welches Standes auch immer: I 12, 9; II 9, 1 und II 21, 8.[9]

6. Menschlicher Gesetzgeber ist allein die Gesamtheit der Staatsbürger oder deren bedeutsamerer Teil: I 12 und I 13.[10]

7. Die Dekretalen oder Dekrete der römischen oder aller anderen hohen Geistlichen, von allen gemeinsam oder von einzelnen ohne Genehmigung des menschlichen Gesetzgebers oder des allgemeinen Konzils erlassen, verpflichten niemand unter ⟨Androhung⟩ einer weltlichen oder geistlichen Buße oder Strafe: I 12 und II 28, 29.[11]

8. Von menschlichen Gesetzen kann allein der Gesetz-

geber oder ein anderer kraft Ermächtigung durch ihn entbinden: I 12, 9.[12]

9. Eine gewählte Regierung oder irgendein anderes Amt, das allein aus einer Wahl seine Machtvollkommenheit erhält, hängt ⟨nur⟩ von der Wahl ab, von keiner anderen Bestätigung oder Anerkennung: I 12, 9 und II 26, 4–7.[13]

10. Die Wahl jeder Regierung oder ⟨die Besetzung⟩ eines anderen Wahlamtes, zumal eines mit zwingender Gewalt, hängt allein von dem ausdrücklichen Willen des Gesetzgebers ab: I 12 und I 15, 2–4.[14]

11. In jeder Stadt oder jedem Staat darf es nur e i n e oberste Regierungsgewalt geben: I 17.[15]

12. Personen für die Staatsämter ⟨zu bestellen⟩, deren Eignung ⟨zu prüfen⟩ und ihre Zahl ⟨zu bestimmen⟩, ebenso auch alle politischen Entscheidungen zu treffen kommt ausschließlich dem gläubigen Herrscher zu nach Maßgabe der Gesetze und erprobter Gewohnheitsrechte: I 12 und I 15, 4 und 10.[16]

13. Kein Herrscher und noch weniger ein Teilkollegium oder eine Einzelperson, welches Standes auch immer, hat über fremde persönliche oder staatliche Akte ohne Anweisung des sterblichen Gesetzgebers Fülle der Befehlsgewalt oder der Macht: I 11 und II 23, 3–5.[17]

14. Regierungsgewalt oder zwingende Rechtsprechung über einen Kleriker oder Laien, auch einen Ketzer, hat kein Bischof oder Priester als solcher: I 15, 2–4; II 4; II 5; II 9 und II 10, 7.[18]

15. Über jede sterbliche Einzelperson, welches Standes auch immer, und jedes Kollegium von Laien oder Klerikern hat kraft Ermächtigung durch den Gesetzgeber ausschließlich der Herrscher zwingende Rechtsprechung im Sachenrecht wie im Personenrecht: I 15 und I 17; II 4; II 5; II 8.[19]

16. Jemand zu exkommunizieren ist einem Bischof oder Priester oder deren Kollegium nur kraft Ermächtigung durch den gläubigen Gesetzgeber erlaubt: II 6, 11–14 und II 21, 9[20].

17. Alle Bischöfe haben unmittelbar von Christus gleiche

Machtvollkommenheit ⟨erhalten⟩; aus dem göttlichen Gesetz läßt sich nicht nachweisen, daß im Geistlichen oder Zeitlichen einer dem anderen untergeordnet oder übergeordnet sei: II 15 und II 16.[21]

18. Das göttliche Gesetz gibt den anderen Bischöfen, allen gemeinsam oder nur einigen, die Ermächtigung – Einwilligung oder Zustimmung des gläubigen menschlichen Gesetzgebers vorausgesetzt –, den römischen Bischof zu exkommunizieren oder sonst zu maßregeln, wie umgekehrt: II 6, 11 bis 14 und II 15 und II 16.[22]

19. Von Ehe- oder Heiratsverboten des göttlichen Gesetzes kann kein Sterblicher entbinden; Verbote des menschlichen Gesetzes aufzuheben steht allein dem menschlichen Gesetzgeber zu oder dem, der in seinem Namen regiert: I 12, 9 und II 21, 8.[23]

20. Uneheliche Kinder legitim zu machen, so daß sie erbberechtigt sind und Ämter und Benefizien des Staates und der Kirche übernehmen können, steht allein dem gläubigen Gesetzgeber zu, wie aus den oben angeführten Stellen unmittelbar hervorgeht.

21. Die Kandidaten für die kirchlichen Weihen und deren Eignung durch ein zwingendes Gericht zu beurteilen kommt allein dem gläubigen Gesetzgeber zu; ohne seine Ermächtigung jemand dazu zu erheben ist keinem Priester oder Bischof erlaubt: I 15, 2–4 und II 17, 8–16.[24]

22. Die Zahl der Kirchen oder Tempel und der Priester, Diakonen und der anderen Amtsträger, die in ihnen amtieren sollen, zu bemessen steht allein dem Herrscher zu nach Maßgabe der Gesetze der Gläubigen: an der ⟨zweiten⟩ oben angeführten Stelle unmittelbar ersichtlich.[25]

23. Abtrennbare kirchliche Ämter dürfen allein kraft Ermächtigung durch den gläubigen Gesetzgeber verliehen und ebenso entzogen werden, wie auch Benefizien und sonstige Stiftungen für fromme Zwecke: I 15, 2 und 4; II 17, 16–18 und II 21, 11–15.[26]

24. Notare oder andere öffentliche Amtsträger des Staa-

tes einzusetzen steht keinem Bischof als solchem zu, weder
allen gemeinsam noch einem einzelnen: I 15, 2. 3. 10 und
II 21, 15.[27]

25. Zulassung für ein öffentliches Lehramt in einer wissenschaftlichen Disziplin oder für die öffentliche Ausübung
eines Berufes kann kein Bischof als solcher, weder alle gemeinsam noch ein einzelner, gewähren; sondern das steht
ausschließlich dem Gesetzgeber zu, wenigstens dem gläubigen, oder dem, der kraft Ermächtigung durch ihn regiert:
an den oben angeführten Stellen unmittelbar ersichtlich.[28]

26. Wer als Diakon oder Priester und sonst Gott unwider-
ruflich geweiht ist, muß bei ⟨Besetzung der⟩ Ämter und
Pfründen der Kirche den Vorzug haben vor den übrigen,
die nicht in dieser Weise geweiht sind: II 14, 6–8.[29]

27. Die zeitlichen Güter der Kirche kann der Gesetzgeber,
wenn der notwendige Bedarf der Priester und der anderen
Diener des Evangeliums einschließlich der Kosten des Gottes-
dienstes und ⟨der Bedarf⟩ der hilflosen Armen befriedigt
ist, mit vollem Recht und in Übereinstimmung mit dem göttlichen Gesetz für allgemeine oder öffentliche Zwecke oder
für die Verteidigung ganz oder teilweise verwenden: I 15,
10; II 17, 16 und II 21, 14.[30]

28. Alle Stiftungen für fromme Zwecke oder Werke der
Barmherzigkeit – z. B. Vermächtnisse für den Überseever-
kehr ⟨nach dem heiligen Lande⟩, zum Widerstand gegen die
Ungläubigen oder für den Loskauf der von ihnen Gefange-
nen oder für den Unterhalt von hilflosen Armen und dergleichen mehr – zu verwalten kommt allein dem Herrscher
zu, ⟨allerdings⟩ nach den Richtlinien des Gesetzgebers und
den Wünschen des Erblassers oder eines anderen Stifters: an
der letzten oben angeführten Stelle unmittelbar ersichtlich.

29. Eine freie Stelle in einem Kollegium oder einer religiösen Gemeinschaft jemandem zu übertragen und ⟨die Ein-
setzung⟩ zu bestätigen oder zu vollziehen kommt allein dem
gläubigen Gesetzgeber zu: I 15, 2–4 und 10; II 17, 8–16 und
II 21, 8 und 15.[31]

30. Ketzer und alle Verbrecher, die mit einer zeitlichen Buße oder Strafe getroffen werden müssen, durch ein zwingendes Gericht abzuurteilen, Leibesstrafen zu verhängen und Vermögensstrafen einzuziehen und ⟨das Geld⟩ zu verwenden kommt allein dem Herrscher zu nach der Anweisung des Gesetzgebers: I 15, 6–9; II 8, 2 und 3 und II 10.³²

31. Einen Untertan, der einem anderen durch einen rechtmäßigen Eid verpflichtet ist, kann kein Bischof oder Priester davon entbinden ohne einen vernünftigen Grund, über den der gläubige Gesetzgeber durch ein Gericht in der dritten Bedeutung zu urteilen hätte; das Gegenteil davon widerspricht der gesunden Lehre: II 6 und II 7 und II 26, 13–16.³³

32. Einen Bischof oder eine Kirche als Führung für die gesamte Christenheit schlechthin einzusetzen, sie eines solchen Amtes zu entkleiden oder sie abzusetzen steht allein dem allgemeinen Konzil aller Gläubigen zu: II 22, 9–12.³⁴

33. Ein allgemeines Konzil oder ein Teilkonzil der Priester und Bischöfe und der übrigen Gläubigen durch zwingende Gewalt zu versammeln steht in den Gemeinschaften der Gläubigen ausschließlich dem gläubigen Gesetzgeber zu oder dem, der kraft Ermächtigung durch ihn regiert; was auf einem in anderer Form einberufenen Konzil festgelegt ist, hat keine Gültigkeit oder Rechtskraft und verpflichtet niemand unter ⟨Androhung⟩ einer weltlichen oder geistlichen Strafe oder Schuld zur Befolgung: I 15, 2–4; I 17; II 8, 6 bis Schluß und II 21, 2–8.³⁵

34. Fastengebote und Verbote irgendwelcher Speisen darf allein ein allgemeines Konzil der Gläubigen oder der gläubige Gesetzgeber aussprechen; auch handwerklich-technische Arbeiten und wissenschaftlichen Unterricht, die das göttliche Gesetz an keinem Tage verbietet, kann allein das obenerwähnte Konzil oder der obenerwähnte Gesetzgeber untersagen; zur Befolgung solcher ⟨Vorschriften⟩ kann allein der gläubige Gesetzgeber durch eine weltliche Buße oder Strafe nötigen oder wer kraft Ermächtigung durch ihn regiert: I 15, 2–4 und 8 und II 21, 8.³⁶

35. Heiligsprechung oder Heiligenverehrung darf allein das allgemeine Konzil bestimmen und anordnen: II 21, 8.[37]

36. Ob das Eheverbot für Bischöfe, Priester und andere Diener der Kirche richtig ist und über andere Fragen der kirchlichen Praxis kann allein das allgemeine Konzil der Gläubigen Bestimmungen und Anordnungen treffen; nur d e r , ein Kollegium oder eine Einzelperson, kann hierin wie auch in den obenerwähnten ⟨Punkten⟩ Dispens erteilen, dem dazu das obengenannte Konzil Vollmacht gegeben hat: An der oben angeführten Stelle unmittelbar ersichtlich.

37. Von dem zwingenden Gericht, das einem Bischof oder Priester zugestanden ist, soll der Rechtsuchende immer an den Gesetzgeber appellieren dürfen oder an den, der kraft Ermächtigung durch ihn regiert: I 15, 2 und 3 und II 22, 11.[38]

38. Wer die evangelische Vollkommenheit der höchsten Armut wahren muß, kann Liegenschaften in seiner Verfügungsgewalt nur mit dem festen Vorsatz haben, jedes solche Gut so bald als möglich zu verkaufen und den Erlös an die Armen zu verteilen; an keiner beweglichen oder unbeweglichen Sache darf er Eigentumsrecht oder Gewalt haben, d. h. nicht mit dem Vorsatz, die Sache vor einem zwingenden Richter gegenüber jemand, der sie wegnimmt oder wegnehmen will, zu beanspruchen: II 13, 22 und 30 und II 14, 14.[39]

39. Den Bischöfen und den übrigen Dienern des Evangeliums ist die Gemeinde oder die Einzelperson, der sie das Evangelium spenden, soweit es in ihrer Macht steht, nach göttlichem Gesetz verpflichtet, das Notwendige an Nahrung und Kleidung, wenigstens Tag für Tag, zu liefern; Zehnten aber oder etwas anderes, was über die Befriedigung des notwendigen Bedarfs der genannten Diener hinausgeht, auf keinen Fall: II 14, 6–11.[40]

40. Der gläubige Gesetzgeber oder wer kraft Ermächtigung durch ihn regiert kann in seinem Lande die Bischöfe wie die übrigen Diener des Evangeliums, die mit Nahrung und Kleidung ausreichend versorgt sind, dazu nötigen, Got-

tesdienst zu halten und die kirchlichen Sakramente zu spenden: I 15, 2–4; II 8, 6 bis Schluß und II 17, 12.⁴¹

41. Den römischen Bischof und jeden anderen Diener der Kirche oder eines Tempels darf nach dem göttlichen Gesetz allein der gläubige Gesetzgeber oder wer kraft Ermächtigung durch ihn regiert oder ein allgemeines Konzil der Gläubigen zu einem abtrennbaren kirchlichen Amt erheben, ebenso sie suspendieren oder des Amtes entkleiden, wenn ein Vergehen es erforderlich macht: I 15, 2–4 und 10; II 17, 8–16 und II 22, 9–13.⁴²

42. Noch sehr viele andere nützliche Folgerungen ließen sich aus den ersten beiden Teilen mit Notwendigkeit ziehen; doch mit diesen begnügen wir uns; denn die obengenannte Pest samt ihrer Ursache auszurotten, dazu geben sie eine bequeme und ausreichende Handhabe, und wir wollen die Darstellung abkürzen.

KAPITEL III

Vom Titel dieses Buches

Dieses Werk soll »Verteidiger des Friedens« heißen; denn es behandelt ausführlich die wichtigsten Ursachen, die Frieden oder Ruhe im Staate erhalten und bewahren, wie diejenigen, die das Gegenteil davon, den Streit, hervorrufen, verhindern und beseitigen. Aus ihm kennt ⟨der Leser⟩ die Autorität, die Ursache und das Zusammenwirken der göttlichen und menschlichen Gesetze und jeder zwingenden Regierungsgewalt, die die Handlungen der Menschen regeln, auf deren harmonische Ausgeglichenheit der ungestörte ⟨Bestand von⟩ Ruhe oder Friede im Staate sich gründet.

Ferner können Regierung und Volk, die primären Elemente jedes Gemeinwesens, daraus entnehmen, was zu beachten ist, um Frieden und Freiheit im eigenen Lande zu erhalten: Der erste Bürger oder der erste Bestandteil der Staatsverwaltung,

d. h. der regierende – ein einziger Mensch oder mehrere –,
soll mit Hilfe der menschlichen und göttlichen Wahrheiten,
die in diesem Buche niedergeschrieben sind, begreifen: Er
allein hat die Befugnis, für das Volk im ganzen oder im einzelnen Vorschriften zu erlassen und gegebenenfalls jeden
nach den bestehenden Gesetzen zu bestrafen, aber er darf
nichts Ungesetzliches tun, zumal nichts Wichtiges, ohne Zustimmung des Volkes, d. h. des Gesetzgebers; er darf auch
das Volk oder den Gesetzgeber nicht durch Übergriffe her-
ausfordern; denn auf dem klar ausgesprochenen Volkswillen
ruht Kraft und Autorität der Regierung. – Das Volk aber
und jeder einzelne Bürger kann aus diesem Buche lernen,
was für Männer mit der Leitung des Staates betraut werden
müssen; daß jeder ⟨nur⟩ den Anordnungen der Regierung
als zwingend für den Stand und in dem Stand des gegenwärtigen Lebens zu gehorchen verpflichtet ist, doch ausschließlich nach Maßgabe der bestehenden Gesetze, soweit
sie Bestimmungen treffen; wo nicht, nach den Ausführungen
in I 14 und I 18[43]; daß soviel als möglich darauf zu achten ist,
daß die Regierung oder ein anderer Bestandteil des Gemeinwesens sich nicht die Freiheit nimmt, widergesetzlich oder
ohne gesetzliche Grundlage gerichtliche Urteile zu fällen
oder einen anderen staatlichen Akt zu vollziehen.

Begreift jeder dies und vergißt es niemals, sondern hält es
fest und beachtet es sorgfältig, so wird ein Reich und jede
andere gutgeordnete staatliche Gemeinschaft wohlbehalten
bleiben in einem friedlichen oder ruhigen Dasein. Hierdurch
erlangen die Staatsbürger ein glückliches Leben in dieser
Welt; ohne es gehen sie notwendig eines solchen Lebens verlustig und werden auch auf die ewige Seligkeit schlecht vorbereitet. Daß dies beides die Ziele und die höchsten Wünsche
der Menschheit sind – jedoch das eine für diese, das andere
für jene Welt –, haben wir in den früheren Ausführungen
als allen unmittelbar einleuchtend angenommen. Zum Schluß
noch eins: Sollte in diesen Feststellungen, Definitionen oder
sonstigen Auslassungen und Aufzeichnungen etwas nicht

ganz dem katholischen Glauben entsprechen, so wäre das
keine hartnäckig ⟨aufrechterhaltene⟩ Behauptung; sie zu berichtigen und genau festzulegen, stellen wir der Autorität
der katholischen Kirche oder eines allgemeinen Konzils der
gläubigen Christen anheim.

Im Jahre eintausenddreihundertvierundzwanzig ist dieser
»Verteidiger« abgeschlossen worden, am Fest Johannes' des
Täufers.
Dir sei Lob und Preis, Christus!

ANMERKUNGEN

TEIL I

1. Cassiodorus Senator, *Variae* I 1, rec. Th. Mommsen, *M. G. Auct. Ant.* XII 10.
2. *Hiob* 22, 21.
3. *Lukas* 2, 14.
4. *Johannes* 20, 19.
5. *Markus* 9, 49.
6. *Matthäus* 10, 12.
7. *Johannes* 14, 27.
8. Aristoteles, *Politik* VIII 8, 1307b 29.
9. Sallust, *Jugurtha* 10, 6.
10. Aristoteles, *Politik* VIII.
11. Cicero, *De officiis* I 7, 22.
12. *2. Timotheus* 1, 7–8.
13. *Johannes* 18, 37.
14. *Jakobus* 4, 17.
15. Antenor ist der sagenhafte Gründer von Padua. Vgl. Vergil, *Aeneis* 1, 242–249.
16. *Jakobus* 1, 17.
17. nach heutiger Einteilung Aristoteles, *Politik* I 5, 1254a 31–39; VIII 3, 1302b 33–1303a 2; vgl. ebd., VI 4, 1290b 24 ff.
18. = in Form eines Vergleichs zwischen Staat und Lebewesen.
19. Aristoteles, *Physik* I 1, 184a 12–14.
20. Aristoteles, *Politik* I 2, 1252a 26 ff.
21. Aristoteles, *Oekonomik* I 3, 1343b 8 ff.
22. Aristoteles, *Politik* I 2, 1252b 9 ff.
23. Aristoteles, *Nikomachische Ethik* V 10, 1134b 8–9.
24. Aristoteles, *Politik* III 14, 1284b 35 ff. Vgl. ebd., III 15, 1286b 8.
25. Aristoteles, *Politik* I 2, 1252b 27–29.
26. Cicero, *De officiis* 1, 4, 11.
27. Aristoteles, *Politik* I 2, 1253a 29.
28. Gewirth S. 13 übersetzt mit »Naturwissenschaft« und verweist auf Aristoteles, *De animalium generatione* IV 10, 687a 25.
29. »communicantes civiliter«. Staatlich darf also nicht in neuzeitlichem Sinne aufgefaßt werden.

30. Aristoteles, *Politik* IV 8, 1328b 2 ff.
31. »honorabilitatem«.
32. Aristoteles, *Politik* IV 9, 1328b 33 ff. u. 1329a 18 ff.
33. »vulgaris«.
34. Aristoteles, *De anima* II 4, 415b 13.
35. Aristoteles, *Metaphysik* I 1, 980b 27.
36. Aristoteles, *Politik* IV 8, 1328 6.
37. »artes«.
38. Aristoteles, *Politik* VI 4, 1291a 2 ff.
39. ebd., VI 4, 1291a 6 ff.
40. ebd., IV 8, 1328b 7 ff.
41. Siehe S. 68.
42. Aristoteles, *Politik* VI 4, 1291a 4.
43. wörtlich bei Aristoteles, *De anima* III 9, 432b 22.
44. I 4 § 3; I 5 §§ 1, 5–13. Oben S. 17, 19, 22 ff.
45. Aristoteles, *Politik* IV 17, 1337a 1.
46. Siehe S. 32 ff.
47. richtig I 12 § 1 u. I 15 §§ 8–14.
48. in dieser Auswahl nicht abgedruckt.
49. I 5 § 7 S. 23.
50. I 15 §§ 7, 11, 12 S. 74, 77.
51. Aristoteles, *Politik* III 7, 1279a 22 ff.
52. »vulgus«.
53. »policia«.
54. Bewirkende Ursache ist der Gesetzgeber, das beste Verfahren die Wahl; die Wahl ist somit letzte Ursache der Handlungen der Regierung, auch insofern, als die Wahl den besten Mann an die Spitze bringt.
55. *Johannes* 19, 11.
56. *Römer* 13, 1.
57. Augustinus, *De civitate Dei* V, 21 (PL 41, 167).
58. I, 3 § 4 S. 13 ff.
59. Aristoteles, *Politik* III 14, 1284b 35 ff.
60. ebd., III 14, 1285a 22.
61. ebd., III 14, 1285a 31 f.
62. ebd., III 14, 1285b 4–5.
63. ebd., VIII 10, 1310b 10, 12 u. 31–40.
64. I 8 § 2 S. 30.
65. Aristoteles, *Politik* VI 10, 1295a 15–17.
66. ebd., III 14, 1285b 2.

67. ein Hinweis auf den Averroismus bei Marsilius.
68. Die Ablehnung der Summa potestas des Papstes wird hier deutlich formuliert.
69. Vgl. Aristoteles, *Politik* II 6, 1266a 9.
70. I 12 § 7 S. 56. I 16 handelt von der Überlegenheit der Wahlmonarchie und wurde hier nicht abgedruckt. I 17 ist undeutlich. Gewirth vermutet I 17 § 11 S. 85.
71. Aristoteles, *Politik* III 14, 1284b 37–40, 1285a 19–24.
72. I 5 § 7 S. 23.
73. »regulam, quam statutum vel consuetudinem et communi nomine legem appellant«.
74. *Römer* 7, 23.
75. *Hesekiel* 43, 12–13.
76. *Hebräer* 7, 12.
77. *Jakobus* 1, 25.
78. Aristoteles, *Metaphysik* II 3, 995a 4.
79. ebd., XII 8, 1074b 3.
80. Aristoteles, *Nikomachische Ethik* X 10, 1180a 21 ff.
81. »debita et vera ordinacione i u s t o r u m«! Das »Moralische« ist daher ungenau.
82. II 8 §§ 4–5 S. 115; II 9 §§ 1–9 (nur teilweise abgedruckt) S. 122 ff.
83. S. 23.
84. Aristoteles, *Politik* III 15, 1286a 17 ff.
85. Aristoteles, *Rhetorik* I 1, 1354b 4 ff.
86. ebd., I 2, 1356a 15 f.
87. Aristoteles, *Politik* II 2, 1264a 1 ff.
88. Aristoteles, *Rhetorik* I 1, 1254b 1–2.
89. Aristoteles, *Nikomachische Ethik* VI 9, 1142a 11 ff.
90. Aristoteles, *Metaphysik* II 1, 993b 2.
91. ebd., II 1, 993b 15.
92. Averroes, *Commentarius in Aristotelis Metaphysicam*, Lib. II cap. 1. In: Aristotelis opera, ed. Manardus, Venedig 1560, Bd. 4 fol. 49 r.
93. Aristoteles, *Sophistische Widerlegungen* 34, 183b 22 ff.
94. Aristoteles, *Nikomachische Ethik* VIII 1, 1155a 15 f.
95. Aristoteles, *Politik* III 16, 1287b 26 ff.
96. I 14 §§ 3–7. Hier nur § 7 S. 67 f. abgedruckt.
97. Aristoteles, *Nikomachische Ethik* V 10, 1134a 35.
98. Aristoteles, *Politik* III 11, 1282b 1 ff.

99. ebd., III 16, 1287a 28 ff.
100. ebd., III 16, 1287a 32.
101. Aristoteles, *Rhetorik* I 1, 1134b 31 ff.
102. Aristoteles, *Politik* VI 4, 1292a 33 ff.
103. ebd., VII 10, 1312b 38 ff.
104. *Daniel* 13, 28.
105. Aristoteles, *Politik* III 15, 1286b 26 ff.
106. richtig: die erste Unterabteilung der vierten Bedeutung. Siehe I 10 § 4 S. 41 f.
107. »prudentes«.
108. Aristoteles, *Politik* III 10/11, 1281a 11 – 1282b 1.
109. »eius valenciorem partem« wird durch »Mehrheit« schief ausgedrückt; siehe A. Gewirth, *Marsilius of Padua*. Vol. 1. New York 1951. S. 182 ff.
110. »valencior pars« heißt es auch im folgenden, für den es auf Quantität und Qualität der Personen ankommt.
111. Aristoteles, *Politik* III 1, 1275a 22; 1275b 19; III 3, 1277b 33; III 13, 1283b 42.
112. »Secundum p o l i c i a r u m consuetudinem« könnte auf die italienischen Städte hinweisen.
113. Aristoteles, *Politik* VII 4, 1318b 27 ff.
114. »Hoc autem est civium universitas aut eius pars valencior, que totam universitatem r e p r e s e n t a t«.
115. bezieht sich wohl nur auf I 5 § 7 S. 23.
116. Aristoteles, *Politik* III 13, 1283b 40.
117. I 11 ganz. Abgedruckt §§ 1–7 S. 43 ff.
118. Aristoteles, *Politik* VI 8, 1294a 3 ff.
119. ebd., VII 8, 1322a 5 ff.
120. ebd., III 6, 1279a 21.
121. I 4 § 2 u. 5 S. 16, 18 f. u. I 5 §§ 2 u. 7 S. 20, 23.
122. Eine Umschreibung der berühmten Regel »quod omnes tangit ab omnibus approbari debet«, die für die Entwicklung repräsentativer Körperschaften von Bedeutung war. Bei Marsilius lautet sie: »Que igitur omnium possunt tangere commodum et incommodum, ab omnibus sciri debent et audiri, ut commodum assequi et oppositum repellere possint.«
123. »policia«.
124. richtig I 12 § 5 S. 54.
125. I 11 §§ 1 u. 3 S. 43, 45.
126. *Prediger* 1, 15.

127. I 4 §§ 3–5 S. 17 ff.
128. Aristoteles, *Politik* I 2, 1253a 29.
129. »communitatem, civilem scilicet«.
130. Aristoteles, *Politik* VI 12, 1296b 14.
131. ebd., IV 14, 1332b 29 ff.
132. »politizare«.
133. Aristoteles, *Politik* VI 8, 1294a 1 f.
134. I 11 § 3 S. 45 ff.
135. »orbacio«, zu diesem Ausdruck siehe Gewirth, a. a. O., Bd. 1 S. 58 f.
136. Aristoteles, *Politik* III 11, 1282a 17 ff.
137. ebd., III 11, 1282a 38 ff.
138. »concilium«.
139. »honorabilitas«. »Oberschicht« ist ein zu moderner Ausdruck.
140. Aristoteles, *Politik* III 11, 1282a 15 ff.
141. 1. *Korinther* 3, 19.
142. II 28 § 29. Hier nicht abgedruckt.
143. S. 48 f.
144. Aristoteles, *Sophistische Widerlegungen* 34, 183b 22 ff.
145. Aristoteles, *Nikomachische Ethik* I 2, 1095b 8 ff. Zitat aus Hesiod.
146. S. 19 f.
147. »viri, qui vicem et auctoritatem universitatis civium representantes supradictas quesitas et propositas regulas approbabunt vel reprobabunt in toto vel parte«.
148. Für die damalige Zeit unzutreffender Ausdruck. Bei Marsilius heißt es nicht »ius publicum«, sondern »civile: ad civilem culpam et penam«.
149. Das hier beschriebene Verfahren ähnelt dem der italienischen Kommunen jener Zeit.
150. S. 36.
151. Aristoteles, *Politik* III 4, 1277b 25 ff.
152. Aristoteles, *Nikomachische Ethik* V 10, 1134b 1 f.
153. dieser = sittliche Tüchtigkeit, insbesondere Gerechtigkeit.
154. Aristoteles, *Nikomachische Ethik* V 14, 1137b 13.
155. »aequitas«, ein Ausdruck der Rechtssprache. »Sinn für« ist deshalb nicht ganz richtig.
156. Vgl. corp. jur. civ. Digest. I III 18.
157. »petencia coactiva«.
158. Aristoteles, *Politik* IV 8, 1328b 7 ff.

159. ebd., III 15, 1286b 35 ff.
160. »et unius et simul plurium maior« – zur Verdeutlichung des folgenden.
161. Aristoteles, *Politik* II 11, 1273a 32 ff.
162. ebd., III 11, 1281b 31 ff.
163. I 12 § 3 S. 52 f.
164. Siehe Anm. 162.
165. S. 61 ff.
166. Aristoteles, *Politik* III 11, 1282a 38.
167. I 12 §§ 5–9 S. 54 ff.
168. Aristoteles, *Physik* II 2, 194a 21.
169. Aristoteles, *Politik* I 5, 1254a 31 ff.; VIII 3, 1382b 33 ff.
170. Aristoteles, *De partibus animalium* III 4, 665a 29 ff.
171. Galen, *De formatione foetus*, cap. IV. In: Opera, ed. R. Chartier, Paris 1679, Bd. 5, S. 292 ff.
172. Bewegendes Prinzip ist die Seele der Gemeinschaft oder des Gesetzgebers; Herz = Regierung. Form oder Kraft oder erste Wärme des Herzens = Gesetz. Diese Wärme wirkt auf das Herz, ebenso das Gesetz auf die Regierung. Die aktive Gewalt des Herzens bildet und lenkt durch eine zweite Wärme (= spiritus) den Gesamtkörper, ebenso leitet die aktive Gewalt der Regierung Gericht, Verwaltung und Bildung der Berufsstände.
173. Siehe Anm. 170.
174. Aristoteles, *Politik* IV 8, 1328b 13 ff.
175. »per navigium et reliqua vectigalia«.
176. *Matthäus* 18, 7.
177. Aristoteles, *Politik* IV 14, 1332b 16 ff.
178. Aristoteles, *De generatione et corruptione* II 9, 336a 13.
179. Aristoteles, *De anima* II 7, 418b 11 ff.
180. S. 43 ff.
181. I 7 § 1 S. 27 f.
182. Aristoteles, *Nikomachische Ethik* I 1, 1094a 28 ff.
183. Aristoteles, *Politik* IV 14, 1333a 37 ff.
184. ebd., V 1, 1337a 11 ff.
185. I 12 §§ 5–9 S. 54 ff.
186. Aristoteles, *Politik* VIII 3, 1302b 33.
187. ebd., III 12–13, 1282b 14 ff.
188. Aristoteles, *Nikomachische Ethik* II 2, 1104b 16 ff.
189. »regnum« siehe I 2 § 2 S. 10 f.

190. I 8 § 3 S. 31.
191. »omnis communis utilitas«.
192. »nullum regnum aut civitas erat una« = so wird kein Reich eines oder keine Stadt eine sein. Diese sind nämlich eine und werden so genannt wegen der Einheit (unitas) der Regierung (principatus). Der Text spricht also nicht immer von Einheit.
193. Aristoteles, *De motu animalium* I 698a 15 ff.; VIII 702a 21 ff.
194. I 15 §§ 5–7 S. 72 ff.
195. Aristoteles, *Physik* II 13, 198a 13 f.
196. Aristoteles, *Metaphysik* XII 10, 1076a 3 f.
197. Skepsis gegen die Universalmonarchie also.
198. Marsilius verweist hier auf Averroes und seine Doktrin der ewigen Zeugung (generatio eterna).
199. Zur häufigen Verwendung von Einheit vgl. oben Anm. 192.
200. »formaliter«: Jeder Berufsstand hat seine eigene forma. Also kann aus einer einheitlichen forma der Stände die Einheit des Staates nicht abgeleitet werden. Die Trennung der Stände nach dem Wohnbezirk entspricht der mittelalterlichen Ordnung.
201. d. h. nicht wegen des Wunsches nach einer einheitlichen Regierung.
202. Einheitlicher Bestandteil des Staates ist jeder Berufsstand, weil er von der Regierung nach dem Gesetz durch einen einheitlichen Befehl geschaffen ist.
203. S. 32 ff., 51 ff., 58 ff., 69 ff.
204. I 15 §§ 5–7 S. 72 ff.
205. I 5 § 7 S. 23; I 11 §§ 4–5 S. 48 ff.
206. I 12 § 3 S. 52; I 15 § 2 S. 70.
207. I 11, §§ 3–4 S. 45 ff.
208. Bei Aristoteles handelt es sich um Mängel in den Gesetzen. Aristoteles, *Politik* II 8, 1269a 16 ff.
209. ebd., II 8, 1269a 20.
210. ebd., VIII 8, 1307b 34 ff.
211. ebd., VIII ganz.
212. I 2, § 3 S. 11 f.
213. »institutio«, die die Zuweisung eines bestimmten Aufgabenbereichs einschließt.
214. S. 85 f.
215. I 15 §§ 11–14 S. 77 f.

216. »Cum igitur accio debita principantis sit omnium civilium commodorum et predictorum causa efficiens et conservans«.
217. S. 77.
218. 1. *Timotheus* 2, 1–2.
219. Aristoteles, *Politik* VIII ganz, Staatslehre = »Civilis Sciencia«.
220. Gemeint ist der Anspruch auf Weltherrschaft unter Hinweis auf die Gewalt, die Christus Petrus und seinen Nachfolgern als Statthalter Christi verliehen habe. Da Christus der König der Könige gewesen sei, so hätten die Päpste dessen Rechte ohne Einschränkung durch ein menschliches Gesetz.
221. *corp. jur. can. Clem.* Lib. II Tit. 11 cap. 2.
222. unten S. 172 ff.
223. Hier nicht abgedruckt. Es handelt sich um das »Unam sanctam«; vgl. corp. jur. can. Extravag. comm. Lib. 1 Tit. 8 cap. 1.
224. Zum Text vgl. Einführung.
225. Vgl. die Bullen Papst Johannes' XXII. gegen Kaiser Ludwig den Bayern vom 8. 10. 1323 und 23. 3. 1324. In: MGH, Constitutiones V Nr. 792 u. 881 S. 616, 692.
226. I 15 §§ 1–9 Rechtsstellung des Regenten; I 17 §§ 1–9 Einheit der Regierung. S. 69 ff. u. S. 78 ff.
227. Aristoteles, *Politik* VI 15, 1299a 16 ff.
228. Gemeint ist der Wahn von der plenitudo potestatis.
229. Marsilius ruft hier also zum Handeln auf.
230. Cicero, *De officiis* I 7, 23.

TEIL II

1. »tam monasticorum quam civilium«.
2. Aristoteles, *Metaphysik* II 3, 995a 4.
3. Gemeint sind hier die Kanonisten.
4. *Psalm* 118, 6.
5. Ugucio von Pisa, Bischof von Ferrara, kommentierte das *Decretum Gratiani*. Nach Gewirth ist das Zitat in seinen edierten Werken nicht enthalten.
6. I 12 ganz; I 15 §§ 1–7; I 17 §§ 1–9 S. 51 ff., 69 ff., 78 ff.
7. I 19 § 9 ist hier nicht abgedruckt.
8. Aristoteles, *Sophistische Widerlegungen* I 1, 165a 15–17.

9. »ecclesia, iudex, spirituale, temporale«.

10. Aristoteles, *Politik* II 10, 1272a 10–11.

11. 1. *Korinther* 11, 22.

12. Siehe Petrus Lombardus, *Collectanea* (PL 191, 1639).

13. 1. *Korinther* 1, 2.

14. Siehe Petrus Lombardus, *Collectanea* (PL 191, 1535).

15. *Acta* 20, 28.

16. *Lukas* 22, 19.

17. Gewirth verweist auf Theophylacts Glosse bei Thomas von Aquin, *Catena aurea* (XII, 228).

18. richtig *Epheser* 5, 25.

19. *Korinther* 16, 1 u. 9; 1. *Thessalonicher* 1, 1; 2. *Thessalonicher* 1, 1; *Kolosser* 4, 15 u. 16; *Philemon* 1, 2.

20. Bei Kusch heißt es hier stets »zeitlich«. Da »temporale« jedoch ein feststehender mittelalterlicher Begriff war, ist es besser, ihn als solchen hier zu verwenden. Entsprechendes gilt für »spiritual«.

21. Vgl. Aristoteles, *Posteriora Analytica* I 6, 74b 5 ff.

22. Aristoteles, *Physik* IV 19–22, 187a 12 ff.

23. *Römer* 15, 27.

24. 1. *Korinther* 9, 11.

25. Gewirth verweist auf Petrus Lombardus, *Collectanea* (PL 191, 1609), wo die Glosse teilweise Ambrosius, teilweise Augustinus zugeschrieben wird.

26. Autoren, die »spiritual« diese Bedeutung unterlegten, waren beispielsweise Aegidius Romanus und Johannes von Viterbo.

27. *Römer* 15, 27.

28. 1. *Korinther* 9, 11.

29. Vgl. Anm. 25.

30. 1. *Korinther* 3, 3.

31. I 15 § 4 S. 71 f.

32. II 8 §§ 4–5 S. 115 f.

33. »iudex atque iudicium«.

34. Aristoteles, *Nikomachische Ethik* I 1, 1095a 1–2.

35. Aristoteles, *Rhetorik* I 1, 1354b 6.

36. I 6 § 4 nicht abgedruckt.

37. I 10 § 2 S. 40.

38. I 11 §§ 1–3 S. 43 ff.; I 12 § 3 S. 52 f.; I 13 §§ 1–7 S. 58 ff.

39. II 2 § 8 S. 111 f.

40. Aristoteles, *Nikomachische Ethik* V 7, 1132a 21 f.

41. *Römer* 13, 4.
42. 1. *Petrus* 2, 14.
43. Aristoteles, *Physik* II 13, 199a 9 ff.
44. I 15 § 4 u. 11 S. 71 f. u. 77; I 17 §§ 1–9 S. 78 ff.; II 4–5 nicht abgedruckt.
45. II 2 § 5 S. 108 f.
46. II 5 § 8 nicht abgedruckt.
47. 1. *Timotheus* 3, 2 u. 12.
48. *corp. jur. can. Sext.* Lib. III Tit. 2 cap. 1 (De clericis coniugatis).
49. Die »fratres gaudentes« waren die Ritter der Jungfrau, gegründet 1261 in Bologna. Bei den Beginen handelt es sich um religiöse Vereinigungen. Die Templer und Hospitalarier waren Laienorden. Die Ritter von Altopascio unterhielten Pilgerhospize.
50. *Römer* 13, 6.
51. I 17 §§ 1–9 S. 78 ff.
52. I 15 § 10 S. 76.
53. *Jakobus* 4, 12.
54. nicht abgedruckt.
55. *Lukas* 5, 31.
56. II 7 § 5 nicht abgedruckt.
57. *Matthäus* 10, 18.
58. *Acta* 7, 35.
59. 2. *Mose* 18, 13–26.
60. *Matthäus* 22, 17. 20–21.
61. *Markus* 12, 13–17.
62. *Römer* 13, 1.
63. 1. *Timotheus* 6, 1–2.
64. nicht abgedruckt.
65. *Lukas* 12, 14.
66. Siehe Thomas von Aquin, *Catena aurea* (XII, 145).
67. Ambrosius, *Epistolae* 21 (PL 16, 1045–1049).
68. II 9 § 1 S. 122.
69. nicht abgedruckt.
70. nicht abgedruckt.
71. Petrus Lombardus, *Sententiae*, Lib. IV, dist. 18, cap. 9 (PL 192, 889).
72. I 15 § 11 S. 77.
73. II 4–5 (Christus u. die Apostel unterwerfen sich der Obrig-

keit) nicht abgedruckt; II 8 §§ 7–9 (der Priester steht unter dem weltlichen Gericht) S. 117 ff.; II 9 §§ 1–9, bes. §§ 1–3 (zwingendes Gericht nach dem göttlichen Gesetz gibt es nur im Jenseits) S. 122 ff.; II 10 §§ 1–3 (beim Ketzergericht ist der Priester nur Gutachter) S. 128 ff.

74. II 6–7 nicht abgedruckt; II 8–10 S. 113 ff.

75. 1. *Timotheus* 3, 1–13.

76. *Titus* 1, 5.

77. Seneca, *Epistolae* 98 (Lib. XVI, Epist. 3, 17).

78. *Lukas* 2, 7.

79. *Matthäus* 8, 20; *Lukas* 9, 58.

80. *Matthäus* 19, 16–21; *Markus* 10, 17–21; *Lukas* 18, 18–22; zitiert ist Lukas.

81. *Lukas* 14, 33.

82. »dives et pauper«.

83. »ius«.

84. richtig: Unterbedeutung b von Recht im vierten Sinne.

85. I 10 § 4 S. 41 f.

86. II 8 § 5 S. 115 f.; II 9 §§ 1–3 S. 122 ff.

87. nach *Lukas* 18, 18 ff.; gemeint ist *Matthäus* 19, 17.

88. »proprie« oder »lege permissa« ist das, was im Leben Erlaubnisse heißt; darauf steht keine Strafe.

89. Erlaubnis, etwas zu tun oder nicht zu tun.

90. Nicht alles, was erlaubt ist, ist geboten.

91. »consilia«.

92. »permissa«.

93. »preceptum«.

94. »prohibitum«.

95. »ius naturale«.

96. Aristoteles, *Nikomachische Ethik* V 10, 1134b 24 ff.

97. Vgl. Cicero, *De re publica* III 22, 33.

98. Rechts und links sind im Körper objektiv bestimmt; ebenso liegt das objektive Recht fest; von dem objektiv Festliegenden wird im einzelnen Falle rechts und links und das subjektive Recht hergeleitet.

99. »possessio«.

100. 1. *Mose* 13, 2.

101. 1. *Mose* 17, 8.

102. *Acta* 4, 32.

103. Aristoteles, *De generatione et corruptione* I 6, 322b 30 f.

104. *Matthäus* 28, 20.
105. In Thomas von Aquin, *Catena aurea* (XI, 334).
106. ebd. (XI, 334).
107. *Acta* 15, 28.
108. »Cum igitur fidelium congregacio seu concilium generale per
     successionem vere representet congregacionem apostolorum et
     seniorum ac reliquorum tunc fidelium . . .«
109. *Psalm* 116, 11.
110. II 18 § 8 nicht abgedruckt.
111. Pseudo-Isidor, *Decretales*, ed. Hinschius p. 256.
112. *Lukas* 21, 8; 1. *Timotheus* 4, 1–3; 2. *Timotheus* 3, 2–9. 13.
113. »pars valencior«.
114. »secundum ipsarum proporcionem in quantitate ac qualitate
     personarum«.
115. »universitatis fidelium representantes«.
116. »plurima pars«.
117. *Matthäus* 28, 19.
118. 1. *Korinther* 9, 16.
119. *Jakobus* 4, 17.
120. I 12 § 8 S. 57.
121. nicht abgedruckt.
122. Lücke im Text.
123. *Acta* 15, 6. 22–25. 28.
124. nicht abgedruckt.
125. II 21 §§ 2–7, teilweise abgedruckt S. 155 ff.
126. nicht abgedruckt.
127. I 15 § 8 S. 75 f.; II 4 § 1; II 5 §§ 1 u. 10 nicht abgedruckt;
     II 9 §§ 2–3 teilweise abgedruckt S. 123; II 17 §§ 8 (Abs. 2)
     – 13 nicht abgedruckt.
128. Pseudo-Isidor, *Decretales*, ed. Hinschius, S. 256.
129. d. h. Konstantins.
130. Pseudo-Isidor, *Decretales*, ed. Hinschius, S. 283.
131. ebd., S. 383.
132. ebd., S. 411.
133. ebd., S. 424.
134. ebd., S. 600 f.
135. ebd., S. 576.
136. ebd., S. 608 f.
137. ebd., S. 582.
138. Hinweis zweifelhaft, vielleicht I 13 § 5 S. 63.

139. II 19 §§ 1 u. 3; II 20 § 2 S. 147, 148 f., 151 f. In dieser Form kommt der Gedanke darin nicht vor.

140. Pseudo-Isidor, *Decretales*, ed. Hinschius, S. 288.

141. ebd., S. 288 f.

142. nicht abgedruckt.

143. Pseudo-Isidor, *Decretales*, ed. Hinschius, S. 289 f.

144. ebd., S. 361 f.

145. II 10 § 8 nicht abgedruckt.

146. Pseudo-Isidor, *Decretales*, ed. Hinschius, S. 419.

147. ebd., S. 554.

148. ebd., S. 554 f.

149. Gegen den eben gewählten Bonifatius I. hatte sich ein Gegenpapst erhoben.

150. II 17 § 8–15 nicht abgedruckt.

151. Im gedruckten Text des Pseudo-Isidor nicht enthalten. Siehe Gewirth Bd. 2 S. 292 Anm. 19.

152. Der Streit geht um das Verhältnis der beiden Naturen in Christus.

153. Vgl. I. D. Mansi, *Sacrorum conciliorum amplissima collectio*, VI, Florenz 1761, 587 ff.

154. »intencio«.

155. II 18 § 8 nicht abgedruckt. Teilweise wiederholt in II 21 § 1 S. 154 f.

156. Vgl. dazu die spätere Schrift des Marsilius, *De iurisdictione imperatoris in causis matrimonialibus*.

157. I 15 § 11 S. 77.

158. II 10 § 12 nicht abgedruckt.

159. II 15 § 8; II 16 §§ 12–13 nicht abgedruckt.

160. bis auf II 9 nicht abgedruckt.

161. *corp. jur. can. Sext.* Lib. I Tit. 6 cap. 6.

162. Bulle *Unam sanctam catholicam ecclesiam.*

163. I 15 § 8 S. 75 f.

164. II 17 §§ 8–15 nicht abgedruckt.

165. Sylvester II. und Bonifaz VIII. wurden der Nekromantie, Bonifaz VIII. auch wie Johannes XXII. der Häresie bezichtigt.

166. II 11 § 4 nicht abgedruckt.

167. II 20 §§ 6–12 nicht abgedruckt.

168. Bonifaz VIII. und Johannes XXII.

169. Marsilius beschäftigt sich in diesem Kapitel mit der Frage,

ob eine Kirche Haupt einer anderen sein kann. Er lehnt dies
(1) in dem Sinne ab, daß alle Kirchen und Einzelpersonen
verpflichtet sind, ihre Auslegung in Zweifelsfällen über das,
was man glauben muß, anzunehmen. Er verwirft (2) die Annahme, daß alle Kleriker einem einzigen Bischof in zwingender Rechtsprechung unterstellt sind. Er äußert sich (3) dagegen, daß es einem einzigen Bischof zukommt, alle kirchlichen Würdenträger einzusetzen und die Kirchengüter zu
verteilen. Daher kann auch kein Bischof einen anderen exkommunizieren, weil alle gleiches Verdienst und gleiche Vollmacht haben, es sei denn, ein allgemeines Konzil oder der
gläubige menschliche Gesetzgeber habe ihm diese Gewalt über
einen anderen zugesprochen.

170. II 2 § 5 S. 108 f.
171. II 21 §§ 4, 8, 9 S. 157, 161 f.
172. Die dem Kaiser gegenüber angeblich bestehenden Rechte helfen nichts gegenüber den Nationalstaaten.
173. Frankreich und Neapel.
174. nicht abgedruckt.
175. nicht abgedruckt.
176. Bulle *Pastoralis cura*, von Johannes XXII. bestätigt und veröffentlicht am 16. Juli 1317 (MGH, Constitutiones V
Nr. 443 S. 367 ff.).
177. nicht abgedruckt. Marsilius zitiert aus der *Unam sanctam*-
Bulle die Sentenz: »Ferner, daß dem römischen Papst alle
menschliche Kreatur untertan ist – so erklären, behaupten
und bestimmen wir – ⟨das zu glauben, ist⟩ unbedingt notwendig für das ⟨ewige⟩ Heil«.
178. Abgedruckt ist nur II 9 §§ 1, 2, 7, 8, 9 S. 122 ff.
179. S. 51 ff., 58 ff. bzw. S. 161 f.
180. *Offenbarung* 12, 9.
181. 1. *Timotheus* 5, 8.

TEIL III

1. Siehe S. 51 ff., 58 ff., 69 ff.
2. nicht abgedruckt.
3. nicht abgedruckt.
4. nicht abgedruckt.

5. nur §§ 2–4 S. 147 ff. abgedruckt.
6. abgedruckt §§ 4–6 S. 152 ff.
7. teilweise abgedruckt S. 123 ff.
8. teilweise abgedruckt S. 125 ff.
9. S. 58, 122, 161 f.
10. S. 51 ff., 58 ff.
11. S. 51 ff.; II 28 § 29 nicht abgedruckt.
12. S. 58.
13. S. 58; II 26 §§ 4 ff. nicht abgedruckt.
14. S. 51 ff., 70 ff.
15. S. 78 ff.
16. S. 51 ff., 71 f., 76.
17. S. 43 ff.; II 23 §§ 3 ff. nicht abgedruckt.
18. S. 70 ff.; II 4 nicht abgedruckt; II 9 teilweise abgedruckt
    S. 122 ff.; II 10 § 7 S. 132 f.
19. II §§ 4, 5 nicht abgedruckt; II 8 S. 113 ff.
20. nicht abgedruckt.
21. nicht abgedruckt.
22. nicht abgedruckt.
23. S. 58, 161 f.
24. S. 70 ff.; II 17 nicht abgedruckt.
25. II 17 § 17 nicht abgedruckt.
26. S. 70 ff. Das übrige nicht abgedruckt.
27. S. 70 ff.; II 21 § 15 nicht abgedruckt.
28. I 15 § 10 S. 76; II 21 § 15 nicht abgedruckt.
29. nicht abgedruckt.
30. S. 76; II 17 u. II 21 nicht abgedruckt.
31. Siehe Anm. 30.
32. S. 73 ff., 113 f., 128 ff.
33. nicht abgedruckt.
34. S. 171 teilweise abgedruckt.
35. S. 70 ff., 78 ff., 116 ff., 134 f.
36. S. 70 ff., 161 f.
37. S. 161 f.
38. S. 70 f., 171.
39. nicht abgedruckt.
40. nicht abgedruckt.
41. S. 70 ff., 116 ff.; II 17 § 12 nicht abgedruckt.
42. S. 70 ff.; II 17 nicht abgedruckt, II 22 teilweise S. 171.
43. I 14 §§ 3–7 (abgedruckt § 7 S. 67 f.) und I 18 S. 87 ff.

LITERATURHINWEISE

A. Werkausgaben

C. W. Previté-Orton (Hrsg.), *The Defensor Pacis of Marsilius of Padua.* Cambridge 1928 (lat.).

Richard Scholz (Hrsg.), *Marsilii de Padua Defensor Pacis* (= Fontes Iuris Germanici. Hannover 1932 (lat.).

Alan Gewirth (Hrsg.), *The Defender of Peace by Marsilius of Padua.* New York 1956 (engl.). (Zitiert als: Gewirth.)

Ernst Engelberg und Horst Kusch (Hrsg.), *Marsilius von Padua, Der Verteidiger des Friedens (Defensor Pacis).* 2 Bde. Berlin 1958 (lat., dtsch.) in der Reihe »Leipziger Übersetzungen und Abhandlungen zum Mittelalter«.

B. Sonstige Werke

C. K. Brampton (Hrsg.), *Defensor Minor.* Birmingham 1922.

Melchior Goldast, *Monarchia S. Romani Imperii.* Frankfurt a. M. 1611–14. Bd. 2, darin S. 154–312: *Tractatus de Jurisdictione Imperatoris in Causis Matrimonialibus* und *Tractatus de Translatione Imperii.*

C. Literatur zur geistesgeschichtlichen und politischen Einordnung

Otto Bornhak, *Staatskirchliche Anschauungen und Handlungen am Hofe Kaiser Ludwigs des Bayern.* Weimar 1933.

Marshall Clagett, Gaines Post u. Robert Beynolgs (Hrsg.), *Twelfth Century Europe and the Foundations of Modern Society.* Madison 1966.

Alois Dempf, *Sacrum Imperium.* Darmstadt ³1962.

Werner Goez, *Translatio Imperii. Ein Beitrag zur Geschichte des Geschichtsdenkens und der politischen Theorien im Mittelalter und der frühen Neuzeit.* Tübingen 1958.

Martin Grabmann, *Studien über den Einfluß der aristotelischen Philosophie auf die mittelalterlichen Theorien über das Verhältnis von Kirche und Staat*. In: Sitzungsberichte der Bayer. Akademie der Wissensch., Phil.-hist. Klasse. München 1934. Heft 2, S. 41–60.

Sergio Mochi Onory, *Fonti canonistiche dell'idea moderna dello stato*. Mailand 1951.

John B. Morrall, *Political Thought in Medieval Times*. London 1958.

Alexander Passerin d'Entreves, *The Medieval Contribution to Political Thought – Thomas Aquinas, Marsilius of Padua, Richard Hooker*. Oxford 1939.

Gaines Post, *Studies in Medieval Legal Thought. Public Law and the State 1100–1322*. Princeton 1964.

Sigmund Riezler, *Die literarischen Widersacher der Päpste zur Zeit Ludwigs des Baiern, ein Beitrag zur Geschichte der Kämpfe zwischen Staat und Kirche*. Leipzig 1874. Neudruck Aalen 1961.

Hermann Otto Schwöbel, *Der diplomatische Kampf zwischen Ludwig dem Bayern und der Römischen Kurie im Rahmen des kanonischen Absolutionsprozesses 1330–1346*. Köln 1968.

Paul E. Sigmund, *Nicholas of Cusa and Medieval Political Thought*. Cambridge/Mass. 1963.

Gerd Tellenbach, *Libertas. Kirche und Weltordnung im Zeitalter des Investiturstreites*. Stuttgart 1936.

Brian Tierney, *Foundations of the Conciliar Theory*. Cambridge 1955.

Walter Ullmann, *Medieval Papalism: the Political Theories of the Medieval Canonists*. London 1949.

John A. Watt, *The Theory of the Papal Monarchy in the 13th Century. The Contribution of the Canonists*. London 1965.

Helene Wieruszowski, *Vom Imperium zum nationalen Königtum*. München 1933. Neudruck Aalen 1965.

Michael Wilks, *The Problem of Sovereignty in the Later Middle Ages*. Cambridge ²1964.

D. Literatur zu Marsilius

C. K. Brampton, *Marsiglio of Padua. Life.* In: The English Historical Review 37 (1922) S. 501 ff.

Aldo Checchini – Norberto Bobbio (Hrsg.), *Marsilio da Padova. Studi raccolti nel VI centenario della morte.* Padua 1942.

Ephraim Emerton, *The Defensor Pacis of Marsiglio of Padua.* Cambridge/Mass. 1920.

Alan Gewirth, *Marsilius of Padua and Medieval Political Philosophy.* New York ²1956.

Otto von Gierke, *Johannes Althusius und die Entwicklung der naturrechtlichen Staatstheorien.* Aalen ⁵1958.

Mario Grignaschi, *Le rôle de l'Aristotélisme dans le Defensor Pacis.* In: Revue d'histoire et de philosophie religieuse 25 (1955) S. 301 ff.

Johannes Haller, *Zur Lebensgeschichte des Marsilius von Padua.* In: Zeitschrift für Kirchengeschichte 48 (1929) S. 166 ff.

Justus Hashagen, *Marsilius von Padua im Lichte der neueren Forschung.* In: Historisches Jahrbuch 61 (1941) S. 277 ff.

Johannes Heckel, *Marsilius von Padua und Martin Luther.* In: Zeitschrift für Rechtsgeschichte 75, Kanonist. Abt. 44 (1958) S. 264 ff.

Horst Kusch, *Friede als Ausgangspunkt der Staatstheorie des Marsilius von Padua.* In: Das Altertum 1 (1955) S. 116 ff.

Georges de Lagarde, *Marsile de Padoue ou le premier théoricien de l'état laïque.* Paris ²1948.

Ewart Lewis, *The Positivism of Marsiglio of Padua.* Speculum 38 (1963) S. 541 ff.

C. W. Previté-Orton, *Marsilius of Padua.* In: Proceedings of the British Academy 21 (1935) S. 137 ff.

Richard Scholz, *Marsilius von Padua und die Genesis des*

modernen Staatsbewußtseins. In: Historische Zeitschrift 156 (1936) S. 88 ff.

Hermann Segall, *Der Defensor Pacis des Marsilius von Padua – Grundfragen der Interpretation.* Wiesbaden 1959.

Paul E. Sigmund, *The Influence of Marsilius of Padua on XVth Century Conciliarism.* In: Journal of the History of Ideas 23 (1962) S. 392 ff.

Leo Strauss, *Marsilius of Padua.* In: Leo Strauss – Joseph-Cropsey, History of Political Philosophy. Chicago 1963. S. 228 ff.

NACHWORT

Politisches Denken vollzieht sich in der Zeit. Sein Gegenstand, die zu gestaltende Ordnung menschlichen Zusammenlebens, bleibt zwar jeweils derselbe, seine Ergebnisse jedoch sind stets Ausdruck einer bestimmten, geschichtlichen Situation. Sie müssen im Zusammenhang mit dieser Lage verstanden werden, ja man kann sie nur richtig werten als Ausdruck dieser Lage. Die gesellschaftliche Entwicklung steht nicht still. Neue Situationen mit neuen Spannungen treten auf. Sie wollen bewältigt werden. In der Auseinandersetzung gesellschaftlicher Kräfte in einem lebendigen Gemeinwesen gestaltet sich dieses. Die Entwicklung des politischen Denkens erfolgt aus der andauernden Reflexion dieses steten Wandels der Wirklichkeitsgestaltung. Weil also die Wirklichkeitsformen und Wirklichkeitsgestaltungen des sozialen Lebens der Menschen sich dauernd ändern, ist auch das fortgesetzte Nachdenken über das Gerechte, über die Bedingungen des Friedens und über die Prinzipien menschlicher Ordnung überhaupt notwendig. Aus der Verdichtung und Vergeistigung der in Wesentliches und Unwesentliches geschiedenen, sich fortwährend ändernden Realitäten entsteht das zeitlich bedingte Ordnungsbild eines politischen Denkers.

Diese Zeitbezogenheit schließt indes nicht aus, daß die einmal ausgesprochenen Ideen und Prinzipien menschlichen Gemeinschaftslebens ein eigenes Leben entwickeln und sich ihr Weiterwirken unabhängig von der gesellschaftlichen Wirklichkeit, in der sie ausgesprochen wurden, vollzieht. Indem sie nämlich als Reflexion über ein zu realisierendes Ordnungsbild entwickelt worden sind, beanspruchen sie, Normen und Wahrheiten zu enthalten, die allgemeingültig sein sollen (weil sie Wesentliches zur Bestimmung menschlicher Ordnung beinhalten und für alle Zeiten Zutreffendes aussagen wollen). Deshalb können sie auch auf Zeiten und Verhältnisse einwirken, die historisch nichts zu tun haben mit denjenigen, in denen diese Ideen zuerst geformt wurden.

Gerade daraus folgt das immer neue Interesse, der immer neue Wertanspruch von Doktrinen, Philosophien, Ideologien und Weltanschauungen, die der Gegenwart fernzustehen scheinen. Dabei bleibt zu beachten, daß Ideen nie aus sich selbst heraus wirken, nachdem sie einmal gedacht worden sind. Es sind immer Menschen, die sich ihrer bedienen, sie für ihre Zwecke gebrauchen und dafür auch verfälschen. Wollte man Ideengeschichte als Geschichte aus sich selbst wirkender Ideen begreifen, liefe diese Betrachtung über einen Geschichtspessimismus hinaus zu einem Geschichtsfatalismus. Denn sie führte dahin, daß (von Menschen) verwirklichte Ideen einem »Geist der Zeit« entsprachen, nicht in die Tat umgesetzte jedoch nicht. Die Folge einer solchen »Zeitgeist«-betrachtung wäre, daß die sich durchsetzende Idee auch die richtige sein müsse – und dies wiese wiederum einer »normativen Kraft des Faktischen« die Richtung. Für jeden, der sich mit der Geschichte der politischen Ideen beschäftigt, gilt es daher, alle Faktoren einzubeziehen, überzeitliche Aussagen eines Denkers zu scheiden von dem Zeitbedingten, von der nur historisch verständlichen Form. Daher muß es die besondere Aufgabe einer jeden Darstellung von Gestalten der politischen Philosophiegeschichte sein, Lehren und Anschauungen historisch verständlich zu machen, aus ihrer geschichtlichen Entstehungszeit zu erklären und zu begreifen und nicht den Fehler zu begehen, Ideen als von Zeit und Raum getrennte Erscheinungen aus sich selbst heraus erklären und so in ihrem Weiterwirken begreifen zu wollen. Nicht übersehen werden darf dabei auch die Tradition, innerhalb derer sich das politische Denken vollzieht. Politisches Denken baut – vielfach als Gegenmeinung zu eingenommenen Positionen – auf vorigem auf. Althergebrachte Gedanken werden neu interpretiert, der veränderten Wirklichkeit angepaßt. Schöpferisches Denken unterscheidet sich dabei von reiner Adaption durch Tiefe und Originalität, durch die das Alte mit dem Neuen verbunden wird und dazu beiträgt, das Ordnungsproblem in der Verflochtenheit einer historischen

Zeit und in der zeitlos wirkenden Tragkraft der Besinnung auf das Wesen menschlicher Gemeinschaft geistig zu bewältigen und Maßstäbe oder Denkweisen zu schaffen, die über die eigene Zeit hinaus wirksam in ihren Aussagen bleiben. Daß in diese geistige Bewältigung Anreize von Zeitgenossen und auch länger vorhandene Strömungen einfließen und dann in einem Gesamtrahmen artikuliert werden, spricht nicht gegen die Originalität. Denn zu ihr gehört auch, bereits aufgetretene Konzeptionen und Erscheinungen in einen einheitlichen Bau einzufügen und zu verbinden.

Schließlich ist politisches Denken untrennbar verbunden mit der Person des Denkenden. Das bedeutet, daß es bewegt und auch gestaltet wird von den persönlichen Erfahrungen und Entscheidungen des in der Schicksalhaftigkeit seiner eigenen Zeit Reflektierenden. Deshalb müssen psychologische Komponenten ebenso in die Betrachtung einbezogen werden wie die sozialen, wirtschaftlichen und politischen Hintergründe. Dieses Erfahren der eigenen Zeit, das vielfach in ein Leiden an der eigenen Zeit übergeht, ist oft ein bestimmender Faktor der Reflexion über die Ordnung dieser Welt, einer Welt des Menschen und einer von ihm zu gestaltenden Ordnung. Politisches Denken entspricht daher nicht immer einem philosophischen Anliegen, auch wenn es in ein philosophisches Gewand gekleidet ist, sondern einem politischen Wunsch. Das gilt insbesondere für den Denker, dessen Hauptwerk hier in Auswahl vorgestellt wird und mit dem wir uns im folgenden näher beschäftigen wollen: Marsilius von Padua. Denn gerade seine politische Theorie entstand aus einer politischen und geschichtlichen Lage und war getragen von dem Wunsche nach Befriedung des durch innere Kämpfe zerrissenen friedlosen Abendlandes.

I. Die Zeit

Mit der Wende zum 13. Jahrhundert erfolgte ein alle Bereiche des menschlichen Lebens langsam erfassender Um-

schichtungsprozeß, dem neue Denk- und Verhaltensformen
zugrunde lagen und der das Weltbild des frühen Mittelalters
zutiefst erschütterte: »Modern Europe was coming into
being«, wie es der amerikanische Historiker Gaines Post
formulierte. Der allmählich aufkommende kritische Geist
begann, den überlieferten Stoff zu sammeln, zu ordnen, zu
durchdenken und mit Hilfe der scholastischen Methode zu
systematisieren. Das wirkte sich nicht nur auf das Staats-
und Rechtsdenken, sondern auch auf die politische Wirklichkeit aus. Die im Investiturstreit beginnenden Auseinandersetzungen um den Primat des Papstes gegenüber dem Kaiser
führten zu lebhaften Polemiken zwischen den Vertretern des
Kaiserrechtes, vornehmlich der Bologneser Juristen, und den
kirchlichen Interpreten des in der *Concordantia discordan-
tium canonum* des Kamaldulensermönches Gratian – später
kurz *Decretum Gratiani* genannt – gesammelten Kirchen-
rechts, den Kanonisten. Ihre Untermauerung der päpstlichen
Forderungen griff tief in den weltlichen Bereich ein; sie war
verbunden mit neuen Vorstellungen von Recht, Politik und
Gemeinwesen und bildet eine Brücke zum modernen Staats-
denken, wenn auch die Verwirklichung des modernen Staates auf eigenen Wegen in England, Frankreich, Sizilien erfolgte. Mit den Namen der kraftvollen Herrschergestalten
Friedrich I., Heinrich VI. und Friedrich II. sowie ihrer ebenso profilierten Gegenspieler, insbesondere der Päpste
Alexander III. (als Rolandus Bandinelli selbst bekannter
Kanonist) und Innozenz III., sind die Höhepunkte der politischen Auseinandersetzungen verbunden. Der Tod Fried-
richs II. 1250 bedeutete einen Markstein in diesem politischen Ringen zwischen geistlicher und weltlicher Gewalt.
Durch die Erschütterungen des staufischen Endkampfes in
Italien, das Interregnum im Reich und die wenig imperiale
Politik der ersten Habsburger hatte das Römische Imperium
im politischen Leben des Abendlandes eine nicht wiederzu-
gewinnende Einbuße an Macht und Ansehen erlitten, von
der es sich trotz der Bemühungen Heinrichs VII. und Lud-

wigs des Bayern nicht mehr erholen sollte. Denn selbst in Deutschland hatten sich als gestaltende, zentrifugale Kräfte die Fürsten durchgesetzt und verhalfen auch hier dem Partikularstaat zum Durchbruch. Das Papsttum schließlich konnte durch Bonifaz VIII. den langen Streit vorläufig in der Bulle *Unam sanctam* 1302 mit den Worten beenden: »Beide [Schwerter] liegen in der Gewalt der Kirche, das geistliche Schwert nämlich und das weltliche, nur daß dieses für die Kirche, jenes von der Kirche zu führen ist, jenes von der Hand des Priesters, dieses von der des Königs und der Krieger, doch nach dem Wink und nach Erlaubnis des Priesters. Es muß aber ein Schwert unter dem anderen stehen und die weltliche Autorität der geistlichen Gewalt unterworfen sein.«

Das Kaisertum war also selbst problematisch geworden, und doch setzte noch einmal eine neue Hochblüte der kaiserlichen Publizistik ein, die in Dante, Marsilius und Occam ihre bedeutendsten Gestalten hatte. Die meisten dieser Werke einschließlich Dantes monumentalen Schwanengesangs *De Monarchia* entsprachen indes nicht mehr einer Welt, die sich anschickte, das Mittelalter zu überwinden und in die nationalstaatliche Entwicklung einzutreten, in der dem Prinzip ›unus imperator in orbe‹ das Prinzip des im eigenen Reich souveränen Monarchen entgegengesetzt wurde. Gewiß wird bei Jordanus von Osnabrück (*De praerogativa Romani Imperii*), Alexander von Roes (*De translatione Imperii*) und Engelbert von Admont (*De ortu et fine Romani Imperii*) die politische und geistige Situation derjenigen sichtbar, die gegen die drohenden neuen Mächte der Zeit das politisch, kirchlich und kulturell einheitliche Gefüge des mittelalterlichen Imperiums erhalten wollten. Aber ihren Argumenten fehlte die schöpferische Kraft des Neuen ebenso wie das tatsächliche politische Gewicht des Kaisertums. Bei Marsilius und Occam fließen denn auch zumindest impliziter Gedanken ein, die neben das Imperium den nationalen Staat und die Vielheit der Staatenwelt stellen.

Zwei Kaiser allerdings nahmen noch einmal den Kampf mit
dem Papsttum auf: Heinrich VII. und Ludwig der Bayer,
wobei das zersplitterte und in unablässige Parteikämpfe
verwickelte Italien mit seinem Verlangen nach Frieden einer
Erneuerung des Kaisertums zu Hilfe zu kommen schien. So
jubelte Dante über das Eintreffen Heinrichs VII. und er-
wartete von ihm den Anbruch einer neuen Zeit der Gerechtigkeit und des Friedens, und so widmete Marsilius seine
Schrift Ludwig mit der Hoffnung auf einen Kaiser, der das
sich befehdende Italien einigen würde. Aber sowohl der eine
wie der andere blieb reinen Abwehrmaßnahmen verhaftet.
Für Heinrich gilt, daß er, »die Rechte des Kaisertums wahr-
nehmend, doch auch zugleich die Unmöglichkeit, sie zur
Geltung zu bringen, zur Anschauung brachte« (Ranke); und
von Ludwig wird bezeugt, daß er bei allem Scheitern seiner Italienpolitik dennoch durch seine standhafte Abwehr
der kurialen Eingriffe ins Reich »eine unheilbare Niederlage
für das päpstliche System« herbeiführte (A. Hauck). Das
Ergebnis seiner Politik mit der Wahrung der Reichsrechte,
insbesondere der deutschen Königswahl ohne jede päpstliche
Mitwirkung als Anspruch auf das universale Kaisertum, auf
dem Kurverein zu Rhens und dem Reichstag zu Frankfurt,
bedeutete am Ende doch den Sieg des nationalen und ständi-
schen Prinzips. Entsprechend wurde auch das Reichsrecht
weniger von den imperialen Mitstreitern Ludwigs, Marsilius
und Occam, geprägt und weitergebildet, sondern mehr von
dem »konservativere[n] Sinn für das historisch Gewordene«
(H. Grundmann), der bei Lupold von Bebenburg (*De juribus
Regni et Imperii*) trotz seiner Rechtfertigung der Rhenser
Beschlüsse in der Abgrenzung der Kaiserrechte von den
päpstlichen Ansprüchen anzutreffen ist.

II. Die Person

Von Marsilius – in der Beurteilung der Nachwelt und der
Historie sowohl »Geschichtsfälscher« wie »Herold der

Wahrheit«, »unsympathische Person« wie »italienischer Patriot«, »ruchloser und kriecherischer Kleriker« wie «religiöser Reformator« – sind uns nur wenige Lebensdaten überliefert. Weder Geburts- noch Todesjahr stehen eindeutig fest. Lediglich den Geburtsort, Padua, hat Marsilius uns selbst genannt (*Defensor Pacis* I 1 § 6: »ich, ein Nachkomme Antenors«, also des sagenhaften Gründers von Padua). Man vermutet, daß er zwischen 1275 und 1280 als Sohn des Universitätsnotars Bonmatteo dei Mainardini geboren wurde. Ausbildung und Entwicklungsgang liegen im Dunkel. Bezeugt ist er 1312 als Magister Artium an der Pariser Universität, deren Rektor er auch für eine kurze Zeit gewesen ist.

Durch seinen Landsmann, den Dichter und Historiker Albertino Mussato, der auch eine Geschichte Heinrichs VII. geschrieben und über den Romzug Ludwigs berichtet hat, wissen wir allerdings, wenn auch undatiert, etwas mehr über Marsilius. In einem *Ad Magistrum Marsilium Physicum Paduanum eius inconstantiam arguens* gerichteten Brief erzählt Mussato, daß Marsilius auf Anraten des Dichters Medizin studierte, die ärztliche Kunst auch mit Erfolg ausübte, sie aber immer wieder zugunsten politischen und militärischen Handelns unterbrach. Marsilius sei dabei an den oberitalienischen Parteikämpfen beteiligt gewesen, und zwar auf der ghibellinischen Seite bei Cangrande della Scala von Verona und Matteo Visconti von Mailand. Endlich habe er sich auch mit dem »deutschen Schwert« gegürtet. Zwischendurch habe er sich allerdings wieder mit naturwissenschaftlichen Studien beschäftigt, und es ist das Anliegen des Dichters, ihn wieder von den Verirrungen weltlichen Handelns zur Wissenschaft zurückzuführen.

Dennoch blieb Marsilius weiterhin an der Ghibellinenpolitik beteiligt und erregte dadurch den Unmut Papst Johannes' XXII., der ihm 1316 eine Exspektanz auf ein Kanonikat in Padua und 1318 ein Reservat des ersten vakant werdenden Benefiz in der Diözese Padua eingeräumt hatte. In

einem Brief aus dem Jahre 1319 bezeichnet der Papst Marsilius als Gesandten der beiden vorhin erwähnten Ghibelli-
nenführer an den französischen Prinzen Karl, ohne daß seine
Mission allerdings einen Erfolg zeigte. Ob dieses Scheitern
die Ursache dafür war, daß Marsilius um 1320 wieder in
Paris anzutreffen ist, ist ungewiß. Jedenfalls unterrichtete er
erneut an der Artistenfakultät und studierte gleichzeitig Na-
turphilosophie und Theologie.

Wann er mit der Konzeption und Niederschrift seines *Defensor Pacis* begonnen hat und welche Ursache ihn dazu
bewog, läßt sich nicht ausmachen. Sie dürfte jedoch in den
Prozessen liegen, die Papst Johannes XXII. 1323 gegen
Ludwig führte und in denen er ausdrückte, daß Ludwig den
Königstitel widerrechtlich führe, sich Herrschaftsrechte an-
maße und insbesondere die ghibellinischen Ketzer in Italien
unterstütze. Eine Appellation des Königs blieb vom Papst
unberücksichtigt: Ludwig wurde am 23. März 1324 wegen
Mißachtung des päpstlichen Gerichtes und Ungehorsams ge-
bannt, und am 11. Juli wurden ihm alle durch die Wahl
begründeten Herrschaftsrechte abgesprochen. Gleichzeitig
wurde seinen Anhängern der Bann angedroht. Bei der Ab-
fassung des Traktates dürften auch die italienischen Ereig-
nisse eine Rolle gespielt haben, waren doch inzwischen die
Visconti ebenso wie Cangrande, für die ja Marsilius in seiner Mission noch die Vermittlung Frankreichs bei ihrem
Konflikt mit dem Papst erbeten hatte, als Ketzer verurteilt
und entrechtet worden. Es wurde bereits zum Kreuzzug
gegen Mailand gerüstet. Als Tag der Vollendung meldet
Marsilius selbst den 24. Juni 1324 (*Defensor Pacis* III 3).

Nachdem Marsilius 1326 als Verfasser bekannt geworden
war, mußte er aus Paris fliehen. Er begab sich mit seinem
Freund Johann von Jandun, der lange Zeit als Mitverfasser
angesehen wurde, an den Hof Ludwigs und stieg schnell zu
einem Ratgeber des Königs auf. Unter seinem Einfluß
dürfte sich dieser auch entschlossen haben, den seit 1324 an-
gekündigten Italienzug zu unternehmen. Am 7. Januar 1328

zog Ludwig unter dem Jubel des Volkes in Rom ein und wurde von Sciarra Colonna als dem Vertreter des römischen Volkes, das seinen Willen vorher auf dem Kapitol zum Ausdruck gebracht hatte, zum Kaiser gekrönt. Diese Kaiserkrönung ohne und gegen den Willen des Papstes ging weitgehend auf Marsilius zurück, ebenso die Absetzung des Papstes im April 1328 unter Berufung auf das Vorbild Kaiser Ottos I.

Nach dem Scheitern der Italienpolitik und der Rückkehr Ludwigs 1330 verbrachte Marsilius, dessen Werk 1327 als ketzerisch verworfen worden war, den Rest seines Lebens in der kaiserlichen Umgebung. Näheres wissen wir von ihm nicht mehr, außer der Tatsache, daß er noch einige Male zur Feder griff. So entstand als Entgegnung auf die gleichnamige Schrift des kurialen Landulf von Colonna *De translatione Romani Imperii* sowie der *Defensor Minor*. Politisch bedeutsam für die Hausmachtpolitik des Kaisers wurde sein Gutachten *De iure Imperatoris in causis matrimonialibus*, das die kaiserliche Nichtigkeitserklärung der Ehe der Tiroler Gräfin Margarete Maultasch mit dem Luxemburger Johann Heinrich als dem Kaiser zustehende lex humana rechtfertigte. Damit ebnete Marsilius wie auch der gleichfalls befragte Occam dem Kaiser den Weg, seinen Sohn Ludwig von Brandenburg mit der Tiroler Gräfin zu verheiraten.

In München dürfte Marsilius wahrscheinlich 1342 gestorben sein. Die Nachricht von seinem Tode ist in einem Brief Papst Clemens' VI. vom 10. April 1343 enthalten, in dem der Papst ihn als kürzlich verstorben bezeichnet.

III. Das Werk

Hubert Jedin hat den *Defensor Pacis* als die in »der Nüchternheit ihrer Beweisführung revolutionärste aller Kampfschriften gegen das mittelalterliche Papsttum« bezeichnet – und in der Tat gehört diese Schrift zu den radikalsten Kritiken des päpstlichen Machtanspruches. Dies wird schon im

Aufbau des Werkes deutlich: Marsilius beginnt mit dem politischen Gemeinwesen und handelt dann erst die Kirche ab.

1. Aufbau und Auswahl

Marsilius hat den *Defensor Pacis* in drei Teile gegliedert. Über ihren Gegenstand sagt er selbst (I 1 § 8): »Daher werde ich die eben genannte Aufgabe ...[= Analyse der Gründe für Friede und Unfriede] in drei Teilen durchführen. In dem ersten werde ich das, was mir als Ziel vorschwebt, beweisen mit sicheren, vom menschlichen Geist gefundenen Methoden ..., die jedem denkenden Menschen unmittelbar einleuchten, der nicht verdorben ist von Natur, durch eine verkehrte Gewohnheit oder Neigung. Im zweiten Teil werde ich das, was ich bewiesen zu haben glaube, durch Zeugnisse der Wahrheit bestätigen, die für alle Ewigkeit begründet sind, und durch autoritative Äußerungen ihrer heiligen Erklärer und ferner auch anderer anerkannter Lehrer des christlichen Glaubens; so ruht dieses Buch in sich, keiner Bestätigung von außen bedürftig. Von dieser Grundlage aus werde ich auch falsche Meinungen bekämpfen, die meinen Ergebnissen widersprechen ... In dem dritten [Teil] werde ich gewisse Schlußfolgerungen oder sehr nützliche Lehren bringen, die die Staatsbürger, die Regierenden wie die Regierten, beachten müssen und die auf Grund der vorausgehenden Ergebnisse eine einleuchtende Gewißheit haben.«
Diese Disposition scheint unserer Aussage hier Staat, dort Kirche zu widersprechen – und sie bedarf tatsächlich der Einschränkung insoweit, als Marsilius in den Ursachen des Friedens und des Unfriedens ein leitendes Motiv hat. Dennoch bleibt die Gegenstellung erhalten, weil Marsilius im Staat den Garanten des Friedens erblickt und im Zusammenhang mit ihm nur gewöhnlichen Ursachen des Unfriedens nachgeht, während die Kirche als außergewöhnliche Quelle des Unfriedens im Staat eine eigene Darstellung erfordert,

damit ihre angemaßten Ansprüche zurückgewiesen werden können. Damit aber wird Marsilius, da er den Staat über die Kirche stellt und in der Kirche seiner Zeit ein Hindernis für die Funktionsfähigkeit des Staates erblickt, zum »ersten Theoretiker des laizistischen Staates« (de Lagarde).

Diese wohl zu rechtfertigende Kennzeichnung des Denkers war auch für die Auswahl ein bestimmendes Merkmal. Ihr Schwergewicht liegt auf dem Teil, in dem Marsilius mit »vom menschlichen Geist gefundenen Methoden«, d. h. also mit rationalen Argumenten, die Kriterien des Staates und die Bedingungen seiner Ordnung darlegt. Die einzelnen Kapitel wurden dabei, soweit es der eingeschränkte Rahmen einer Auswahl erlaubt, vollständig wiedergegeben. Wo dies nicht der Fall ist (Kap. 5, 6, 9, 11, 14 und 19), wurden in der Regel Stellen weggelassen, die für das Gesamtbild unwichtig, wenn auch nicht unnötig erscheinen oder angesichts unserer Auswahlkriterien vernachlässigt und auf eine Zusammenfassung reduziert werden konnten. Beispiele für dieses Vorgehen sind etwa Kap. 5 und 6, in denen Marsilius den Priesterstand als solchen und insbesondere den christlichen abhandelt: hier genügte die kurze Zusammenfassung in Kap. 6 §§ 8 ff. Für jenes sei auf Kap. 11 § 8 verwiesen, in dem Marsilius seine Beweisführung noch mit Zitaten des Aristoteles stützt.

Völlig unberücksichtigt blieb nur das Kapitel 16, das von vielen Autoren lediglich als Reverenz vor den im Reich vorgefundenen Realitäten angesehen wird und in dem sich Marsilius – an vorhergehende Gedanken anknüpfend – mit der Wahlmonarchie befaßt. Marsilius stellt elf Gründe für die Erbmonarchie zusammen und entkräftet sie anschließend unter anderem mit dem Argument: »Denn die Wahl des menschlichen Gesetzgebers erstrebt und verwirklicht fast immer – mit seltenen Ausnahmen das allgemeine Beste ...; davon ist fast das Wichtigste der geeignete Monarch, wie die Erfahrung lehrt und I 14 deduziert worden ist. Einen solchen kann aber zumeist nicht so gewiß die zufällige Geburtsfolge

ergeben, wie ein Überblick über die einzelnen Reiche, die in
dieser Form den Monarchen erhalten, beweist« (I 16 § 11).

Stärker beschränkt werden mußte der zweite Teil, in dem
Marsilius das Papsttum als die besondere Ursache des Unfriedens beschreibt und seinen Herrschaftsanspruch mit Argumenten des Neuen Testamentes zurückzuweisen versucht.
Hier konnten nur die beiden einleitenden Kapitel, das achte,
in dem Marsilius eine Einteilung der menschlichen Handlungen vornimmt, und das wichtige zwölfte Kapitel, in dem
Begriffe erklärt werden, vollständig aufgenommen werden.
Ansonsten wurden in der Regel nur die Quintessenzen verschiedener Ausführungen ausgewählt, um zumindest einen
Überblick über das hier Abgehandelte zu bieten. Weite Ab-
schnitte mußten dennoch ausgespart werden; eine kurze
Übersicht über den Inhalt des zweiten Teiles sei daher hier
trotz der thesenhaften Folgerungen im dritten Teil niedergelegt.

Da es Marsilius darum geht, den Frieden des Staates zu
sichern, und sich die ihn gewährleistende »legitime Zwangsgewalt« (Max Weber) nur durch eine einheitliche Regierung
und das geschaffene Gesetz auszeichnet, ist es das Anliegen
des zweiten Teiles, alle Argumente zu verwerfen, die auf
einen päpstlichen Einfluß im Staat hinlaufen oder gar ein
päpstliches Supremat verkünden. In der Einleitung gibt
Marsilius das Thema und den weiteren Gang seiner Untersuchung bekannt. Dazu erklärt er auch einige dafür wichtige
Begriffe wie Kirche, Richter, zeitlich, weltlich, geistlich. Danach beschäftigt er sich mit dem Verhältnis von Priester
und weltlicher Gewalt, dabei die Argumente aufzählend,
die für den päpstlichen Herrschaftsanspruch vorgebracht
werden.

In diesem Zusammenhang führt er auch die Translations-
lehre an, den späteren Traktat bereits ankündigend, wenn
auch hier schon alle wesentlichen Argumente vorgetragen
werden: Am Ende des 30. Kapitels nämlich widerlegt er
diese Lehre – und zwar so, wie es politisch beim Romzug

Ludwigs des Bayern praktiziert worden ist. Die Transla-
tionslehre der Kurie, nach der der Papst das Kaisertum von
den Griechen auf die Deutschen übertragen habe (woraus
zugleich das Recht entspringe, die Kaiser ein- und abzusetzen, da ja der Papst höher als der Kaiser sei), sei – so führt
Marsilius aus – falsch, weil der Papst gar nicht aus eigener
Macht das Kaisertum transferiert habe. Vielmehr habe er
auf Anweisung der Römer Karl dem Großen im Jahre 800
das Kaisertum übertragen. Handelnder war also das römische Volk, womit die päpstlichen Ansprüche auf Grund
der Translation widerlegt sind. Denn: »Für den, der ⟨die
Sache⟩ vernünftig überlegt, hat ein und derselbe die oberste
Machtvollkommenheit, menschliche Gesetze zu geben, die
Staatsform einzusetzen, die Regierung zu bestellen, ihr die
Regierungsgewalt zu übertragen und in alledem Änderungen
zu treffen: aufheben, Zusätze oder Streichungen machen,
suspendieren, zurechtweisen, absetzen, versetzen, abberufen
oder sonst regeln, was dem förderlich scheint, der die eben
erwähnte Machtvollkommenheit ganz ursprünglich, nicht
durch Übertragung besitzt, und was er durch seinen Willen
zum Ausdruck gebracht hat ...« (II 30 § 8). Das aber ist der
menschliche Gesetzgeber, der vielleicht »Verkündigung und
Veröffentlichung ... später allein dem römischen Papst als
der ehrwürdigsten Person der gesamten Menschheit oder ihm
mit seinen Priestern als dem geachtetsten Kollegium von
Klerikern übertragen hat, nicht weil es unbedingt notwendig
gewesen wäre, daß dieser Akt erfolgte oder erfolgt war,
sondern nur um die Feierlichkeit ⟨des Vorgangs zu erhö-
hen⟩«.

In den auf die Aufzählung der Gegenargumente folgenden
Kapiteln befaßt sich Marsilius mit der wirklichen Gewalt
der Priester. Er legt dar, daß ihnen keine zwingende Gewalt
eigen ist, sondern sie sich nur um die Sakramente zu kümmern haben. Marsilius unterscheidet dabei zwischen göttlichem und menschlichem Recht. Das göttliche Recht bezieht
sich auf das Jenseits und ist auf der Erde nicht bindend,

es sei denn, der irdische Gesetzgeber habe die religiösen
Normen mit irdischem Zwangscharakter versehen. In der
Regel jedoch werden Verstöße gegen die Glaubensgesetze
nur von Gott selbst und damit im Jenseits geahndet. Auf
Erden können sie nicht verfolgt werden. Nur das menschliche Gesetz kann auf dieser Welt durchgesetzt werden, und
die zwingende Gewalt dazu ist dem weltlichen Herrscher
eigen, während – wie Marsilius in Kap. 11–14 zu beweisen
versucht – der Priester sich gerade durch Armut auszeichnet.
Auf Grund der durchgeführten Scheidung von diesseitiger
und jenseitiger Welt unterliegen aber auch alle menschlichen
Angelegenheiten dem menschlichen Gesetzgeber, so daß es
einen eigenen Rechtsbereich der Kirche als Gemeinschaft
menschlichen Rechts nicht geben kann.

Was Aufgabe von Kirche und Priester dagegen ist, damit
befaßt sich Marsilius in den Kapiteln 15–22. Er untersucht
zunächst die Gewalten des Priesters innerhalb der Kirche
und bei Auslegung der Heiligen Schrift. Dabei unterscheidet
er zwischen primären und sekundären Vollmachten. Gemäß
der primären Vollmacht sind alle Priester gleich, nach der
sekundären, vom zuständigen Gesetzgeber gegebenen erfolgt
die Amtszuweisung. Hier wird daher auch die Entwicklung
des päpstlichen Primats behandelt, die im 22. Kapitel weiter
ausgeführt wird. Dort wird auch die Abgrenzung der Stellung des Papstes gegenüber dem allgemeinen Konzil vorgenommen, das schon vorher als Gesetzgeber für kirchliche
Belange (und zwar Glaubensangelegenheiten, nicht etwa
weltliche Rechtssetzungen) bestimmt wurde. Aufgabe des
Konzils ist es weiterhin, lehrmäßige Entscheidungen und
Anordnungen zu treffen und die oberste Kirchenleitung ein-
und abzusetzen. Auf diese Weise entmachtet Marsilius den
Papst: er wird als die vom allgemeinen Konzil als der Versammlung aller Gläubigen eingesetzte oberste Kirchenleitung
verstanden, der nur mehr repräsentative Funktionen zukommen: der Papst wird zum Symbol der Einheit der christlichen Kirche.

Da aber die Päpste diese Würde nicht als Privileg, sondern als Amt auffaßten, beanspruchten sie letztlich die vollständige Gewalt auf Erden und leiteten diese gar aus dem göttlichen Gesetz ab. Der Verwerfung dieser Einlassungen sind die Kapitel 23–26 gewidmet. Marsilius führt hier acht Auffassungen zur vollkommenen Gewalt an, um festzuhalten, daß keine den Sachverhalt richtig wiedergibt, obwohl der Papst sich ihrer bediente, um sich die Gewalt über Kaiser und Könige anzumaßen. Die Auswirkungen dieser Anmaßung schildert Marsilius dann in eindringlichen Worten, indem er frühere und gegenwärtige Zeit einander gegenüberstellt, das Römische Reich seiner Zeit beschreibt und zuletzt über die schrecklichen Verhältnisse in seinem Vaterland Italien klagt. Die abschließenden Kapitel des zweiten Teiles dienen der Auseinandersetzung mit und der Entgegnung von Einwänden gegen seine Darlegungen und runden diesen Teil ab.

Der dritte Teil, die Zusammenfassung, ist vollständig in dieser Ausgabe enthalten. Hier gibt Marsilius die Hauptthesen und Hauptergebnisse seiner Untersuchung wieder und leitet Folgerungen daraus ab. Außerdem wird hier der Buchtitel erläutert: Das Buch selbst will durch das Aufzeigen der Gründe von Frieden und Unfrieden der Verteidiger des Friedens sein.

Der Auswahl liegt die Ausgabe von Horst Kusch zugrunde. Von daher verboten sich Eingriffe in den Text. Veränderungen wurden nur vorgenommen in den Anmerkungen, die entweder ergänzt wurden, wenn Kusch etwa nur auf die *Monumenta Germaniae Historiae*-Edition von Scholz hinwies, oder aber neu eingefügt wurden, um entweder gewisse Textstellen im Original zugänglich zu machen oder um einige Begriffe zu verdeutlichen. Kusch legt nämlich seiner Übersetzung gelegentlich Worte zugrunde, deren Inhalt auf die mittelalterlichen Verhältnisse nicht angewandt werden können. Das gilt, um einige herauszugreifen, für Staat, politisch, bürgerlich. Wenn es auch legitim ist, mit ihnen zu arbeiten, so wird der Text dadurch oft nicht richtig getroffen. Hier schien daher eine Verdeutlichung angebracht, um nicht falsche Rückschlüsse entstehen zu lassen: den Staat im modernen Sinne gab es noch nicht, ›Staat‹ meinte damals ein Geflecht von Herrschaftsbeziehungen; ebenso unbekannt war eine Trennung von Staat und Gesellschaft, politisch und bürgerlich. Die »Geburtsstunde des modernen Staates« (von der Heydte) zeichnete sich ja gerade erst ab.

2. Bezugspunkte und Quellen

Wollte man Marsilius am Grade der Originalität seiner Ideen messen, würde man einen falschen Maßstab anlegen. Vieles, wenn nicht das meiste dessen, das sich in seinem Werke findet, ist von Vorläufern und Zeitgenossen auch niedergeschrieben worden. Bei ihnen sticht jedoch allein die Individualität eines Gedankens heraus, während Marsilius sich gerade dadurch auszeichnet, daß er die jeweils isolierten Gedanken zusammenfaßt und in einem geschlossenen System vereinigt. Darin liegt seine Originalität.

Einige dieser Bereiche seien hier zumindest andeutungsweise herausgegriffen. Marsilius gilt als einer der ersten und konsequentesten Verfechter der Lehre von der Volkssouveränität, die in der Tat durch ihn eine ihrer bekanntesten Formulierungen erfahren hat. Man kann sie indes zurückverfolgen auf die Fälschung des *Privilegium maius* aus der Zeit um 1080, in der die Volkssouveränität als Grundlage der Königsherrschaft gedeutet wird. Noch bekannter ist die Lehre des Manegold von Lauterbach, der das Verhältnis zwischen Herrscher und Volk als Pakt verstand, bei dessen Bruch durch den Herrscher das Volk seine ursprüngliche Staatsgewalt zurückerhält. In diese Reihe gehört auch der Dominikaner Johannes Quidort von Paris, der 1305 in seinem Werk *De potestate regia et papali* die Volkssouveränitätslehre national ausgestaltet hat. Der Einfluß, den die in Paris versammelten Geister auf Marsilius ausübten, darf im übrigen nicht zu gering erachtet werden. Paris war um jene Zeit die Hochburg des Geisteslebens. Von hier nahm eine Pamphletliteratur ihren Ausgang, wie sie vergleichsweise bis dahin noch unbekannt war. Sie konnte sich dabei einer gewissen säkularen Freiheit bedienen, da das Papsttum unter französischem Einfluß stand.

Inwieweit insbesondere der Averroismus auf Marsilius wirkte, ist noch weithin umstritten, handelte es sich doch dabei mehr um eine Haltung als um eine Lehre. Wenn auch der Einzelnachweis schwierig ist, so lassen sich bei Marsilius durchaus averroistische Gedanken finden: Kusch nennt beispielsweise unter anderem die Trennung von Rationalem und Geoffenbartem. Da sowohl der Freund, Johannes von Jandun, als auch der Lehrer, Pietro d'Abano, bekannte Averroisten waren, wäre es auch verwunderlich, wenn der Umgang mit ihnen keinen Niederschlag im Marsilianischen Werk gefunden hätte.

Von Averroes stammt auch die Kennzeichnung »Aristoteles divinus«, die Marsilius aufgreift und damit zugleich zu erkennen gibt, welcher obersten Autorität er sich verpflichtet fühlt. Wenn immer notwendig, zitiert er Aristoteles und vertritt dessen Positionen, so im Aufbau der menschlichen Gemeinschaft von der Familie über das Dorf und die Stadt zum Staat, so in der Staatsformenlehre und so nicht zuletzt auch bei der Darlegung des eigenen Anliegens. Marsilius nämlich möchte den Aristoteles ergänzen in der Beschreibung der Quellen des Unfriedens, die Aristoteles, der verschiedene Ursachen aufgezeigt hatte, als Heide gar nicht erkennen konnte: das Papsttum mit seinem Verlangen, Gewalt über Könige, Fürsten, Länder und Völker auszuüben. Dieser Anspruch ist für Marsilius deshalb besonders gefährlich, weil die von Aristoteles beschriebenen Gefahrenquellen diese oder jene Regierung betreffen, während die von Marsilius erkannte nicht nur die Früchte des Friedens, sondern den bloßen Frieden schon gefährdet.

Doch Marsilius, so aristotelisch er auch denkt, bleibt nicht bei einer reinen Rezeption stehen, sondern verkehrt zuweilen – unter Berufung auf Aristoteles – diesen ins Gegenteil. Auch hierfür einige Beispiele. In der Staatsformenlehre sagt Marsilius ganz in Übereinstimmung mit dem »großen Philosophen«, daß das Unterscheidungsmerkmal darin besteht, ob die Regierung den Herrschenden oder den Beherrschten dient. Aber sodann unterscheidet er sich von ihm, wenn er hinzufügt, daß in den guten Regierungsformen der Herrscher in Übereinstimmung mit dem Willen des Volkes regiert und in den entarteten entsprechend nicht. In dieser Formulierung handelt es sich nicht nur um eine geringfügige Ergänzung, sondern um eine fundamentale Neuschau des Aristoteles, der der Ansicht war, daß einige zum Herrschen, die anderen zum Gehorchen geboren seien. Noch stärker entfernt sich Marsilius von seinem Vorbild, wenn er das Gemeinwohl als Ziel der Regierung aufgibt zugunsten der Art und Weise der Herrschaftsausübung. Und schließlich entfernt er sich von Aristoteles völlig in seiner Konzeption des Rechtes als Ausfluß irdischer Autorität. Da es durch den Staat bedingte Schöpfung ist, kann es daneben kein göttliches Naturrecht mehr geben, kein als transzendentes objektives Prinzip verstandenes Recht; darauf wird weiter unten noch ausführlicher zurückzukommen sein.

Neben Aristoteles und fast mit derselben Intensität steht Marsilius im Banne des Rechtsdenkens der Kanonisten und Legisten, auch wenn dies in Zitaten weniger deutlich heraustritt. In seinen zentralen Aussagen über den Konsens zur Herrschaft bis hin zur Charakterisierung des Gesetzes und des Rechts kommt der Einfluß der mittelalterlichen Rechtstheorie zum Ausdruck, so daß gelegentlich hervorgehoben wird, daß Aristotelismus und römisches und kanonisches Recht sich die Waage halten. In der Tat sind in den juristischen Diskussionen der Zeit die meisten Positionen, die Marsilius einnimmt, vorgezeichnet. Das gilt beispielsweise für die Repräsentativtheorie und die mit ihr verbundene Konsenstheorie, die auf der römisch-rechtlichen Formel »quod

omnes tangit, ab omnibus approbari debet« aufbaut (vgl.
I. Teil Anm. 111). Wie vornehmlich Gaines Post gezeigt hat,
lassen sich Vorformen von Repräsentativkörperschaften bis
ins 11. Jahrhundert nachzeichnen, und jene Formel spielte bei
den Legisten eine herausragende Rolle. Marsilius nimmt sie
auch auf, etwa in der Umschreibung »quae igitur omnium
tangere possunt commodum et incommodum, ab omnibus
sciri debent et audiri«.

Ähnlich finden sich andere Positionen im Rechtsdenken der
Kanonisten und Legisten vorgezeichnet. So schufen beispielsweise die Kanonisten durch die Unterscheidung von ›iurisdictio per se inspecta‹ und ›iurisdictio administrativa‹ =
›executio‹ einen von Normen bestimmten Bereich, dem auch
der Herrscher unterworfen ist, und in der zuletzt genannten
›iurisdictio‹ ein Gebiet, das der ausübenden Gewalt des
Regierenden oder der Regierenden (insofern es sich auf die
Ratsverfassungen der Städte bezog) unterstellt ist. Damit
aber war die traditionelle mittelalterliche Einheit von Recht
und Politik aufgelöst. Darüber hinaus ist in der ›iurisdictio
divisa‹ bereits ein Ansatz zur Teilung der Gewalten vorhanden, und es zeichnete sich die Unterscheidung von priva-
tem und öffentlichem Recht ab. Denn das Herrschaftsgebiet
wird in der Rechtstheorie vielfach nicht länger als Privat-
besitz des Herrschers gesehen. Er hat vielmehr für die Ordnung im Innern und für Frieden mit anderen Staaten zu sorgen, unabhängige Richter einzusetzen und gerechte Be-
steuerung durch unbestechliche Beamte vornehmen zu lassen.
Gelegentlich wird dies als ›iurisdictio publica‹ umschrieben.
Auch von hierher gelangen wir wieder in den Bereich des
Rechts: teilweise wird ein verselbständigtes Gebiet geschaffen, in dem positives Recht wirksam werden konnte. Durch
die klare Differenzierung nämlich von ›iurisdictio spiritualis‹ und ›iurisdictio temporalis‹ vollzog sich nicht nur teilweise eine Trennung von Staat und Kirche, sondern es
konnte sich auch eine Lebensordnung formen, für die das
gesetzte Recht gestaltend wurde, etwa die Steuergesetze, die

›consuetudines‹ usw. Das Majoritätsprinzip wäre in diesem Zusammenhang ebenso zu nennen wie die Idee des souveränen europäischen Staatensystems, von dem bereits gesprochen wurde, das in dem berühmten Satz »rex, imperator in regno suo, superiorem in temporalibus non recognoscit« (der König, Herrscher in seinem Reich, erkennt in weltlichen Angelegenheiten keinen Höheren an) seinen Niederschlag fand. Denn von hierher läßt sich der Zweifel an der Autorität der ›potestas spiritualis‹ auch in der ›temporalitas‹, also die Nichtanerkennung der Verbindlichkeit der Normen und Institutionen des Papsttums und der Kirche, ableiten.

Daß Marsilius sich bei seinen Referenzen darauf kaum bezieht, mag verwundern. Ohne Zweifel hat er mehr gelesen, als er selbst angibt. Das gilt insbesondere für die Kanonisten, auf die er so gut wie nicht eingeht. Ebenso erwähnt er das *Decretum Gratiani* selten, und dann auch nur in einem abfälligen Sinn wie etwa in II 30 § 7: »Was aber in Teil 7 gewisser Darstellungen steht, die man Dekretalen nennt«. Die Antwort auf diese Auslassungen kann man darin sehen, daß Marsilius zum einen kein Jurist ist und sich bei allem juristischen Wissen enthält, allzusehr auf die Argumente der Glossatoren einzugehen, obwohl er ihr methodisches Vorgehen durchaus kennt. Zum anderen aber – und das bezieht sich auf die Kanonisten – will Marsilius die Folgerungen der Kanonisten hinsichtlich der Kirche nicht anerkennen. So bezieht er sich nur dann auf sie, wenn sie seine eigene Haltung unterstützen. Dem entspricht auch, daß er eben nicht das Gratianische Dekret bemüht, sondern die vorhergehende Sammlung des Pseudo-Isidor. Würde er nämlich Gratian mit seiner Sammlung und die davon abgeleitete Wissenschaft der Kanonistik anerkennen, so würde er auch ihre Geltung voraussetzen. Gerade das aber verneint Marsilius.

Neben den bisher genannten Quellen greift Marsilius – ein Zeichen der Zeit – insbesondere im zweiten, auf der Offenbarung aufbauenden Teil auf die biblischen Autoritäten, die Kirchenväter und die Festlegungen der Konzilien zurück. Dagegen ist Marsilius' historisches Wissen nicht sonderlich groß; wenn möglich – etwa bei der *translatio imperii* –, läßt er daher die historischen Bezüge und Quellen außer acht. Auf der Höhe seiner Zeit ist Marsilius damit nicht.

3. Grundgedanken

Aus den vorausgegangenen Ausführungen wurden bereits mehrere Schwerpunkte der Marsilianischen Ausführungen deutlich. Auf einige grundlegende sei hier gesondert noch einmal eingegangen:

a) Der *Friede* ist das zentrale Thema des Marsilius. Insofern scheint er sich in den Bahnen zu bewegen, die das politische Denken des christlichen Abendlandes von jeher bestimmt haben und die Thomas von Aquin ein Lebensalter früher bestimmt hatte: »Das Gute aber und das Heil einer verge-sellschafteten Menge beruht darin, daß ihre Einigkeit be-wahrt werde, welche Friede genannt wird; wird der Friede hinweggenommen, so geht der Nutzen des gesellschaftlichen Lebens unter, so daß die zerfallende Menge sogar sich selbst zur Last wird.« Stellt man dem gegenüber die an Cassiodor angelehnte Bestimmung des Friedens bei Marsilius »Jedem Reich muß ja Ruhe erwünscht sein, in der die Völker gedei-hen und der Nutzen der Menschen gewahrt wird. Denn sie ist der edlen Künste schöne Mutter«, so halten sich Überein-stimmung und Widerspruch zunächst die Waage. Deutlicher wird der Unterschied jedoch dann, wenn man sich die Zweckbestimmung des Friedens ansieht: bei Thomas dient der Friede dem Guten und dem Heil, bei Marsilius aber der Ruhe des Staates. Es geht ihm also nicht um einen meta-physisch begründeten Frieden, sondern um den Frieden als Ausdruck der Stabilität eines Gemeinwesens, er steht also ganz im Gegensatz zur – antik und mittelalterlich verstan-den – Revolution.

Friede ist für Marsilius die Verwirklichung des letzten Zieles der Gemeinschaft, nicht aber das höchste und einzige Gut

und Ziel der politischen Gemeinschaft. Sein Friede ist ein
öffentlicher Zustand, der die Funktionsfähigkeit der sozialen Beziehungen ausdrückt und das vollkommene ungehin-
derte Zusammenwirken der einzelnen Mitglieder des Staates
garantiert. Denn die notwendigen Folgen des Staates hat
Marsilius in I 19 § 2 ausgedrückt. Sie »sind doch wohl wechselseitiger Verkehr der Bürger, Austausch ihrer Erzeugnisse,
gegenseitige Hilfe und Unterstützung und überhaupt die
von außen nicht gehemmte Möglichkeit, ihre eigenen und
die gemeinsamen Aufgaben zu erfüllen, auch die Beteiligung
an den gemeinsamen Vorteilen und Lasten in dem einem jeden
zukommenden Maß«, kurz also der soziale Güteraustausch.
Garant dieser gesicherten Bedürfnisbefriedigung des Menschen ist das politische Gemeinwesen, ist der Staat. Von daher stellt sich demnach die Aufgabe, das selbständige Ord-
nungsgebilde »Staat« in seiner Wirkungsweise aufzuzeigen,
die Bedingungen seines Bestehens darzulegen und alles auszuschließen, was der Bewahrung des Staates entgegensteht.

b) Der *Staat* ist für Marsilius der Ort, wo jeder Bestandteil
der menschlichen Gemeinschaft seine ihm zukommenden
Aufgaben erfüllen kann. Im Staate werden alle Güter be-
reitgestellt, die die Menschen wünschen und deren sie bedürfen. Der Staat stellt sich daher als Produkt des natürlichen Wunsches der Menschen nach Zusammenleben dar.
Seine Ziele sind demgemäß weltlich. Der Staat dient der
Bedürfnisbefriedigung des Menschen in der Gemeinschaft
mit anderen Menschen. Der dem Menschen zukommende
Verstand bringt ihn zur Einsicht seiner Unzulänglichkeiten,
dieser erfordert den Staat und zwingt zu seiner Erhaltung.
Denn Zweck des menschlichen Zusammenschlusses ist es,
»Vorteile zu gewinnen und Nachteile zu vermeiden«. Das
aber kann nur dadurch geschehen, daß die Tätigkeit des
Staates und insbesondere seines regierenden Bestandteiles nie
aussetzt.
Bestandteile des Staates sind die verschiedenen Glieder der

menschlichen Gemeinschaft, sind Stände. Sie sind Teile des »beseelten oder organischen Wesens« Staat, wie ihn Marsilius im Anschluß an Aristoteles kennzeichnet. Mit diesem unterscheidet er auch sechs Berufsstände: Bauern, Handwerker, Krieger, Kaufleute, Priester und Richter. Sie werden eingesetzt durch den ›legislator humanus‹, den menschlichen Gesetzgeber, der die bewirkende Ursache allen staatlichen Lebens ist.

c) *Volkssouveränität.* Das ganze Marsilianische Werk führt auf den originären Begriff des menschlichen Gesetzgebers zurück. Da nämlich zur Ordnung des Gemeinwesens Gesetze notwendig sind, muß festgelegt werden, wem die Befugnis zur Gesetzgebung zusteht. Für Marsilius liegt sie ausschließlich bei einer irdischen Autorität, und zwar bei der Gesamtheit der politischen Gemeinschaft. Sie ist die unbeschränkte Trägerin der politischen Gewalt. Marsilius verdeutlicht diese Aussage durch drei Argumente: erstens trete der Eigennutz wenig deutlich hervor, wenn alle am Gesetzgebungsprozeß beteiligt seien; zweitens folge man eher einer Verpflichtung, die man sich selber auferlege; drittens stehe es denjenigen zu, sich zu äußern, die betroffen sind (also die Übernahme der quod-omnes-tangit-Formel). So liegt das Recht zur Gesetzgebung beim Volk – entweder bei der Gesamtheit der Bürger oder bei deren quantitativer wie qualitativer Mehrheit, die in diesem Falle die Gesamtheit rechtsverbindlich repräsentiert.

Diese ›pars valencior‹, diesen ›mehreren‹ Teil des Volkes, versteht Marsilius jedoch nicht im Sinne einer demokratischen Mehrheit. Er lebt ja noch in einer Welt, deren Ordnung sich in verschiedenen Ständen ausdrückt. Diese sind Bestandteil des Staates und nicht etwa Individuen. Allerdings ordnet er die Stände einander so zu, daß nicht einige unqualifizierte vorherrschende Gruppen die Macht innehaben. Vielmehr steht allen Ständen gemeinsam ein Teil der Autorität des Gesetzgebers zu.

Daß die Mehrheit mit Geltungskraft für alle beschließen kann, ist erforderlich, weil es nur schwer möglich ist, alle zu einer Meinung zu bringen. Ohne diese Identifizierung könnte die Natur des Menschen mit all ihren Schwächen dazu führen, daß einige aus Böswilligkeit, mangelnder Einsicht oder Unkenntnis mit dem allgemeinen Urteil nicht übereinstimmen und so die gemeinsamen Belange hindern. Gerade diese dürfen aber nicht gestört werden. Deshalb liegt es der Mehrheit ob, die Gesetze zu geben, und von hierher erscheint sie ihm geradezu als Vollzugsorgan der Vernunft, weil es selbstverständlich ist, daß von ihr der Nutzen der Allgemeinheit am sorgfältigsten beachtet wird. Umgekehrt werden auch die so gegebenen Gesetze am besten befolgt, da ja niemand wohl sich selbst schaden möchte.

Der so bestimmte Gesetzgeber ist die Grundlage der politischen Autorität des Staates. Er wählt die Regierung und wird damit zur bewirkenden Ursache des regierenden und rechtsprechenden Bestandteils des Staates. Die Regierung ist dabei an die vom Gesetzgeber gegebenen Gesetze gebunden. Ihm, also der Gesamtheit aller Bürger oder deren Mehrheit, steht die Überwachung, Zurechtweisung und auch Absetzung der Regierung zu, falls dies aus Gründen des Gemeinwohls geboten erscheint.

d) *Recht und Gesetz.* Da dem menschlichen Gesetzgeber die alleinige Rechtssetzungsbefugnis zusteht, wird alles Recht im Bereich der politischen Ordnung menschliches Recht. Eine transzendente Rechtsquelle gibt es nicht. Das Recht ist nicht vor oder über dem Staat, sondern Schöpfung des Staates. Es ist in den Gesetzen niedergelegt.

Auf das Gesetz, das Maß aller menschlichen Handlungen, laufen alle Linien der staatlichen Verfassung zu. Ohne Gesetz ist keine Gemeinschaft denkbar. Jeder Bürger und jeder Amtsinhaber ist an seine Weisung gebunden. Nur durch das Gesetz erhält ein jeder seinen Stand und Platz im Staate. Die Achtung vor dem Gesetz sichert die Freiheit der Bürger und den Frieden; seine Mißachtung führt zur Zersetzung und zum Untergang der staatlichen Gemeinschaft.

Die Bestimmung des Gesetzgebers sowie die Ausführungen zu Gesetz und Recht sind der tiefste Bruch mit den mittelalterlichen Ordnungsvorstellungen im Marsilianischen Werk. Denn das Recht nahm im mittelalterlichen Denken die zentrale Stellung als Ordnungselement des politischen, gesellschaftlichen und wirtschaftlichen Lebens ein. Als selbstverständlich galt es, daß das Recht in Gott gegründet ist. Festgelegt wurde es im Wege der Wahrheitsfindung, denn Recht war »schlechthin ein Teil des Guten, Gerechten, das immer ist« (Kern). Es war gut, wenn es alt war, wenn schon die Vorfahren es als Recht angesehen hatten. Altes Recht brach daher auch jüngeres Recht.

Für die Wahrung des Rechtes zu sorgen gehörte zu Amt und Pflicht des Herrschers. Es war seine eigentliche Aufgabe, von der sich alle anderen ableiteten. Dementsprechend meinte die ›iurisdictio‹ auch mehr als bloße Rechtsprechung. Sie beinhaltete Regierung und Verwaltung. Politisches Handeln bedeutete dem mittelalterlichen Herrscher soviel wie rechtes Tun. Rechtsprechen, und das heißt Rechtfinden, ist identisch mit Regieren. Gerichtsherr einer Landschaft zu sein entspricht der Teilhabe an der ›iurisdictio‹ des Herrschers und erstreckt sich auch auf Verwaltung und Regierung. Deshalb erscheint jeder, der Anteil an der Herrschaft hat, in mittelalterlichen Quellen als Richter: »das politische Handeln selbst ist Erkenntnisquelle des Rechts« (Mitteis).

Marsilius erkennt dieses System verteilender Gerechtigkeit und die enge Verbindung von Recht und Politik nicht weiter an. An die Stelle des Richters tritt der Gesetzgeber, der das Recht nicht findet, sondern schafft. Über dem Bewahrer des Rechten steht so der Gesetzgeber, der vermöge seiner Autorität des Rechts mächtig ist, wenn er auch nicht schrankenlos darüber verfügen kann. Denn das Gesetz muß für Marsilius ausdrücklich im Dienste der Gerechtigkeit und des Gemeinwohls stehen, soll sich nicht ein reiner Gewaltakt in dem mißbrauchten Gewand des Gesetzes verbergen, der dann auch nicht den Bedingungen genügt, unter welchen ein Gesetz Gehorsam verlangen kann.

e) Denselben Bedingungen, die Marsilius für den Staatsaufbau entworfen hat, unterwirft er auch die *Kirche* als Gemeinschaft der Gläubigen. Er identifiziert das christliche Volk mit dem Gesetzgeber der Gläubigen, der sich in einem allgemeinen Konzil einfindet, um dort die für die Kirche geltenden Normen festzulegen. Dieses Konzil wird von Laien und Priestern gebildet. Es repräsentiert die Apostel und steht unter der Anleitung des Heiligen Geistes. Deshalb hat das Konzil auch die Gewalt, alle den Glauben betreffenden Angelegenheiten zu regeln. Wie schon bemerkt, wird der Papst dadurch auf eine Repräsentativrolle beschränkt, zumal im Grunde alle Priester gleich sind. Die hierarchische Verfassung der Kirche ist ja nur mehr auf Übereinkunft zurückzuführen, der unterschiedliche Rang der Priester verwaltungstechnischer Art.

IV. Wirkungen

Marsilius war Italiener. Er stammte aus einem Stadtstaat, die dortigen Verhältnisse haben ihn ohne Zweifel geprägt. Beides wirkt sich auf sein Werk aus. Die an verschiedenen Stellen verstreuten Klagen über die italienischen Zustände wurden bereits genannt. Aber auch seine politische Philosophie wurde von den Verhältnissen der oberitalienischen Stadtstaaten beeinflußt. Unrichtig ist es jedoch, sein Werk als Ideal einer norditalienischen Kommune zu bezeichnen oder – wie Herbert Grundmann – ohne Berücksichtigung des Anliegens und der Zielsetzung festzuhalten, daß die Lehre des Marsilius »eher der politischen Wirklichkeit italienischer Stadtstaaten oder Frankreichs als Deutschland« entsprach. Marsilius ging es ja gar nicht um die Beschreibung des Ist-Zustandes, sondern darum, wie es sein soll. Anlehnungen an die Wirklichkeit sind zwar vorhanden, aber sie bestimmen das Werk nicht. Sein Kaisertum ist auch nicht imperialistisch im Sinne von Weltherrschaft oder römisch-deutscher Vorherrschaft gedeutet, sondern als Garantie des Friedens. Neben ihm treten gleichberechtigt die Partikularstaaten auf. Nicht Universalismus, nicht Vorherrschaft sind das Anliegen des Marsilius, auch nicht die bestehende Realität, sondern die Konzeption eines friedlichen, geeinten Abendlandes, in dem durchaus »zum ruhigen Zusammenleben der Menschen ... Individual-Einheiten der Regierung[en] in den einzelnen Ländern« (II 28 § 15), d. h. Nationalstaaten, vorhanden sind. Keine Reichslehre stellt Marsilius auf, sondern eine politische Theorie.

Das macht auch verständlich, warum Marsilius in der Reichstheorie ohne Wirkung blieb. Die Realität stellte Lupold von Bebenburg weitaus richtiger dar. Seine Darlegung ist eine Rechtfertigung der Rhenser Beschlüsse der Kurfürsten. Hier werden die wirklichen Kräfte des Reiches geschildert, hier werden die Entwicklungsmöglichkeiten aus der Analyse der Gegenwart beschrieben. Lupolds Werk konnte daher als »Staatsrecht« seiner Zeit das politische Geschehen beeinflussen, zumal es in Einklang mit den Entwicklungen stand. Den Kurfürsten wird die Rolle zugeschrieben, die sie mit der Goldenen Bulle dann auch rechtlich endgültig für Jahrhunderte einnehmen sollten, während Marsilius sie zwar auch erwähnt, dabei aber innerhalb seines Systems bleibt: »So muß man auch in allen Stücken über die Einsetzung des Amtes der Fürsten denken, die den römischen Kaiser wählen; denn sie besitzen hierbei keine andere Vollmacht und ⟨haben sie⟩ von keinem anderen; und niemand sonst kann ⟨diese Vollmacht⟩ suspendieren oder sie ihnen wieder entziehen als der genannte oberste menschliche Gesetzgeber des römischen Reiches« (II 30 § 8).

Marsilius wirkte also nicht innerhalb des Reiches und der Reichsstaatslehre, sondern in der Geschichte der politischen Ideen und – in der politischen Wirklichkeit – in der Konzils-

bewegung. Es bedürfte einer noch ausstehenden Untersuchung, um seinen tatsächlichen Einfluß aufzuzeigen. Niko-
laus von Cues beispielsweise fußt weitgehend auf Marsilius,
obwohl das Werk offiziell von der Kirche verworfen worden war, nicht weniger als 240 unorthodoxe Behauptungen
in ihm festgestellt wurden und Papst Clemens V. das Buch
als das ketzerischste bezeichnet hat, das er je gelesen habe.
Aber die Entwicklung des Konziliarismus verlief in den Bahnen, in denen Marsilius gedacht hat – nicht als einziger gedacht hat, denn neben ihm stehen Namen wie Johann von
Paris und William Occam, und nach ihm folgen Konrad von
Gelnhausen und Dietrich von Niem. Dennoch könnte das
Dekret *Sacrosancta* des Konzils von Konstanz fast wörtlich
aus dem *Defensor Pacis* stammen: »Diese heilige Synode
von Konstanz, die ein allgemeines Konzil ist . . ., erklärt,
daß sie rechtmäßig im Heiligen Geist versammelt ist, daß
sie ein allgemeines Konzil bildet und die kämpferische
katholische Kirche repräsentiert, daß sie ihre Gewalt unmittelbar von Christus hat und daß alle Menschen ohne
Ansicht ihres Standes oder ihrer Würde einschließlich des
Papstes verpflichtet sind, ihr in Angelegenheiten zu gehorchen, die den Glauben, die Beendigung des gegenwärtigen
Schismas und die allgemeine Reform der Kirche Gottes an
Haupt und Gliedern betreffen.« Hier also hat Marsilius
einen zeitbedingten, auch politischen Einfluß gewonnen,
denn die Konzilstheorie hatte von Anfang an dazu gedient,
die werdenden Nationalstaaten gegen den Universalismus
des Papstes aufzubauen. Auch sie war ein aktuelles politisches Mittel, und die Diskussion bewegte sich weniger um
theologische Fragen, sondern mehr um kirchenrechtliche und
politische Streitpunkte.
Wenn man jedoch von diesem zeitbedingten Einfluß auf eine
im Ende gescheiterte Bewegung absieht, verdient sich Marsilius seinen Standort in der politischen Ideengeschichte sowohl durch sein System als solches als auch durch neue
Aspekte, mit denen er das immerwährende Problem der

Ordnung menschlicher Gesellschaft konfrontierte. Denn wenn Marsilius aus der Überlegung, daß die Gemeinschaft selbst für die Verfassung des Staates zu sorgen habe, folgert, daß dann jeder Staat als Minimum ein gewisses Maß an Einheit, Unabhängigkeit und Ausschließlichkeit besitzen müsse, so stellen diese Thesen einen Wendepunkt in der Geschichte der politischen Philosophie dar.

Einheit der politischen Regierung bedeutete nämlich die Absage an die Zwei-Gewalten-Lehre des Mittelalters. Unabhängigkeit des Gemeinwesens hieß Abwehr eines jeglichen Eingriffes der kirchlichen Hierarchie in die Belange des Staates. Ausschließlichkeit der obersten rechtsetzenden Gewalt aber meinte die Einbeziehung eines jeden irdischen Sachbereichs unter die staatliche Gewalt. Er schuf damit die Grundlage für einen noch heute weiterwirkenden staatlichen Anspruch. Durch all dies, durch sein Eintreten für einen säkularisierten Staat, seine Überwindung mittelalterlicher Traditionen, seine Ablehnung letzter Normbezüge für die Rechtfertigung des Staates, seine Charakterisierung des Staates als legitime Zwangsgewalt und nicht zuletzt auch durch sein Fragen nach den Wirkursachen und nicht nach den Zweckursachen des Staates leistete Marsilius einen wesentlichen Beitrag zur Entwicklung der Souveränitätstheorie des Staates, die dann von Machiavelli und Bodin weiter ausgebaut wurde.

Heinz Rausch

INHALT

TEIL I

TEIL III

Politologische Texte

IN RECLAMS UNIVERSAL-BIBLIOTHEK

Auswahl

Philipp Reclam jun. Stuttgart